国家教育宏观政策研究院智库建设成果书系

追问大学逻辑

对大学"企业化"倾向的省思

卢威 著

华东师范大学出版社
·上海·

图书在版编目(CIP)数据

追问大学逻辑:对大学"企业化"倾向的省思/卢威著.—上海:华东师范大学出版社,2022
(国家教育宏观政策研究院智库建设成果书系)
ISBN 978-7-5760-2433-3

Ⅰ.①追… Ⅱ.①卢… Ⅲ.①高等学校-教学改革-研究-中国 Ⅳ.①G642.0

中国版本图书馆 CIP 数据核字(2022)第 022644 号

追问大学逻辑
对大学"企业化"倾向的省思

著　　者　卢　威
策划编辑　彭呈军
责任编辑　白锋宇
特约审读　秦一鸣
责任校对　宋红广　时东明
装帧设计　高　山　郝　钰

出版发行　华东师范大学出版社
社　　址　上海市中山北路3663号　邮编 200062
网　　址　www.ecnupress.com.cn
电　　话　021-60821666　行政传真 021-62572105
客服电话　021-62865537　门市(邮购)电话 021-62869887
地　　址　上海市中山北路3663号华东师范大学校内先锋路口
网　　店　http://hdsdcbs.tmall.com

印 刷 者　上海龙腾印务有限公司
开　　本　787×1092　16开
印　　张　10.25
字　　数　173千字
版　　次　2022年3月第1版
印　　次　2022年3月第1次
书　　号　ISBN 978-7-5760-2433-3
定　　价　36.00元

出版人　王　焰

(如发现本版图书有印订质量问题,请寄回本社客服中心调换或电话 021-62865537 联系)

目 录

自序   1

导言   大学制度的时代挑战   1
  第一节   研究缘起与选题意义   1
  第二节   理解大学"企业化"倾向的若干维度   5
  第三节   相关研究的学术史考察   8
  第四节   本书的研究问题、方法与框架   17
    一、本书需要解答的研究问题   17
    二、方法论基础与研究方法   19
    三、研究的基本思路与结构框架   21

第一章   市场驱动：大学"企业化"倾向的产生机制   23
  第一节   新自由主义：市场领地的扩张   23
    一、对市场推崇备至的新自由主义   24
    二、市场向高等教育领域的拓展   28
  第二节   新公共管理：企业家精神的移植   31
    一、崇尚企业家精神的新公共管理   31
    二、新公共管理运动中的高等教育改革   34
  第三节   知识社会：大学与产业的融合   38
    一、知识社会与作为直接生产力的知识   39
    二、大学与产业合作关系的深化   42

第二章　制度变革：大学"企业化"倾向的轮廓审视　46
第一节　大学知识活动中的商业取向　47
一、知识产权经营与研究的商业化　47
二、作为商品和服务的高等教育　52
三、教学科研关系的紧张与学科地位的分化　55
第二节　大学治理与管理中的企业逻辑　57
一、管理科层化和管理者行政权力的增长　58
二、效率崇拜：企业管理方式的引入　62
三、学术职业面临的压力和挑战　68

第三章　价值张力：大学"企业化"倾向的现实困境　71
第一节　主张大学效仿企业的合理性和局限性　72
第二节　"企业化"倾向与大学的身份焦虑　75
一、"企业化"倾向对大学教育使命的挑战　79
二、"企业化"倾向与大学公共性的困境　87
第三节　寻回大学的教育性与公共性　95

第四章　理念回归：大学"企业化"倾向的扭转超越　98
第一节　大学—政府—市场关系再定位　99
一、高等教育市场化的必要限度　99
二、从推崇市场机制到强化政府责任　103
第二节　走出移植企业家精神的误区　105
一、新公共管理改革高等教育的局限　106
二、从移植企业家精神到尊崇大学逻辑　110
第三节　超越狭隘的学术工具主义　112
一、大学何以不应沦为产业的工具　112
二、从"产业工具"复归"公共领域"　117

第五章　本土反思：对我国大学"企业化"倾向的检视　120
第一节　我国大学的"企业化"倾向　120

一、我国大学"企业化"倾向之缘起　　121
　　二、我国大学"企业化"倾向的主要表现　　124

第二节　"企业化"与"行政化"问题交织的后果　　128
　　一、我国高等教育体制的特殊性　　128
　　二、"企业化"与"行政化"合流的风险　　130

第三节　我国大学"企业化"倾向的扭转超越　　134
　　一、尊重高等教育发展的内在价值尺度　　135
　　二、充分彰显大学的非功利性价值　　137
　　三、求索大学制度的多元现代性　　139

结语　追问大学逻辑：在变革中坚守大学文化传统　　142

主要参考文献　　146

自 序

在国内高等教育界,对大学"行政化"问题的讨论要远多于对大学"企业化"问题的讨论。固然"行政化"制约着我国高等教育高质量发展和现代大学制度建设,但这并不意味着,"去行政化"是建成现代大学制度的唯一关键条件。事实上,现代大学自走入社会的中心,一直深受政府力量和商业文化的影响。在全球范围内,近半个世纪以来,市场对高等教育的影响逐步加深,商业机构的运营方式、企业组织的管理逻辑正在深刻地改造着大学,给大学的学术使命和组织身份带来了巨大挑战。我国高等教育体制改革深受经济体制改革影响,后者主要调整的是政府和市场的关系,这就使得高等教育改革长期以来并没有超越"政府—市场"二元对立的思维定势,经常借助市场化的途径解决过去计划经济体制和过度行政管制导致的问题。实践证明,这样的改革路径不仅没有让高等教育和大学走出"行政化"困境,而且在某些方面与"行政化"产生了合流和共振。理想意义上的大学既不应归属于第一部门,也不应归属于第二部门,而是应当作为非政府、非营利的第三部门组织存在。当下,我国高等教育改革需要一种新的范式,即超越"政府—市场"的二元框架,按照第三部门的方向推进改革。让大学成为大学本身,才应该是建设现代大学制度的要义。

因此,有关高等教育改革的研究,不仅要关注高等教育与政府的关系,为大学"去行政化"提供理论依据与行动方案,而且还要同步关注高等教育与市场的关系,对高等教育过度市场化的风险有所警觉,避免陷入用企业逻辑改造大学的误区。实际上,海外的一些高等教育研究者,近年来对高等教育市场化和大学"企业化"多有检讨和批判,并发表了诸如《学术资本主义:政治、政策和创业型大学》(*Academic Capitalism: Politics, Policies, and the Entrepreneurial University*)、《知识社会中的大学》(*Challenging Knowledge: The University in the Knowledge Society*)、《废墟中的大学》(The University in Ruins)等一系列颇具影响力的论著,深刻讨论了高等教育繁荣景象背后大学面临的深层危机。反观国内,这方面的反思性研究还相对不足。实际上,对我国大学而言,今天所面临的很多问题并不单单是"行政化"的结果,而是"行政化"与市场逻辑交织的产物。与西方大学一样,"企业化"倾向在我国大学中也客观存在。正是基于这样一种认识,拙著尝试对大学"企业化"倾向的缘起、形态、困境及其超越路向进行研究,并对我国大学"企业化"与"行政化"倾向的合流风险做一些分析。当然,我并不讳言,自己始终抱有一种情怀,怀旧的大学观贯穿着我的研究和写作过程,从而使得我的见解和主张带有某种理想主义色彩,甚至可能与现实格格不入。这或许是我的研究的一个缺憾。但我也认为,我的反思性研究仍有其意义。人们常说,一项好的研究或许只是做到了"片面的深刻"。就拙著而言,我不敢奢谈"深刻",但如果能在片面的一孔之见中为高等教育改革提供另外一种视角,提出一些值得进一步思考的问题,那么我的心愿也就达到了。

拙著得以付梓,得益于华东师范大学国家教育宏观政策研究院的慷慨资助,得益于华东师范大学出版社教育心理分社彭呈军社长的大力提携,得益于责任编辑白锋宇老师的悉心指导。我深知,学术成长之路离不开平台的支持、前辈的关爱和师友的帮助。在此,我要向任职机构和出版社的老师们致以深深的谢意!

谨以此拙著敬献给我的母亲王婉卿。四岁丧父后,母亲含辛茹苦地将我拉扯长大,个中辛酸,无以言表。对母亲的亏欠,让我时常自责。我惟愿以加倍的努力,回报母亲的养育之恩。

卢 威

2022 年 1 月 20 日凌晨于上海

导言　大学制度的时代挑战

近年来,全球高等教育领域最引人注目的变革之一,便是市场影响不断加深,高等教育急剧走向市场化、商业化,知识开始成为商品,大学则趋于像企业一般运作。这种"企业化"的发展倾向不仅使得大学在理念层面面临一系列价值冲突,而且也使其在实践层面遭遇何去何从的挑战。大学是要在学术与市场一体化的洪流中将追求、创造经济价值置于首位,还是要在市场社会中坚守传统的理想使命?大学是要积极地融入市场之中并接受自身"企业化"倾向的现实,还是要继续与世俗功利保持一定距离从而保全传统的学术共同体身份?诸如此类问题,背后隐含着不同的价值取向,学界内外也并未达成共识。大学要把控自己的命运,就必须在形形色色的理由言说中谨慎作出选择。这些问题的存在,迫切需要我们重新审视大学面前的"企业化"道路。

第一节　研究缘起与选题意义

大学一度享有"象牙塔"的美誉。在英国红衣主教纽曼(John Henry Newman)的大学理想中,它是专司自由教育、不问世俗功利的育人场所;在德国思想家洪堡(Wilhelm von Humboldt)那里,大学同样以追求独立自治来捍卫学术价值。恐怕这些高等教育思想家无论如何也无法想象,一百多年之后,大学会遵循市场伦理,接受企业家精神,走向企业化生存。如今大学再也无法抵挡市场和企业逻辑的渗透,工具主义、实用主义也深深侵入了大学肌体。时值1970年代末,新自由主义(neoliberalism)成为强有力的意识形态话语,福利国家的"大政府、小市场"被代之以"小政府、大市场","看不见的手"重获信赖。伴随着全球化进程,在世界范围内刮起了市场化、私有化和自由化改革之风。作为新自由主义的延伸,新公共管理(new public management,NPM)掀起了一场旷日持久的企业化运动,包括政府机构在内的诸多公共组织都在不同程度上借鉴了私营企业的运作方式。在教育方面,"虽然具体形式各异,但教育改革整体的要素却同样适用于中小学、学院和大学。这些要素包括市场、管理主义和强调绩效。这些要素或政策技术在不同情形下的侧重点不同,但它们在整个改革过程中都相互联系、相互依赖"。[①]具体到高等教育领域,这场改革运动突出地表现为"政府放松管制,将市场逻辑引入高等教育,让竞争和价格机制引导高等教育机构响应市场的需求,以增强弹性,提升效率,同时通过评价制度的建立,一方面提供高等教育消费者更充分的信息,另一方面也形成高等教育必须注意质量及绩效责任的压力"。[②]不仅如此,20世纪后半叶以来,知识经济的兴起、知识社会的形成赋予知识以前所未有的地位。伴随着社会运转日益依赖高深知识的创新和应用,大学与市场、产业由分离走向融合,并由此成为"社会的轴心机构"。在以知识为基础的经济中,知识的社会意义主要在于创造物质财富,这就在极大程度上使得知识的经济价值从其他价值中凸显出来,甚至使得经济价值本身成为衡量知识价值和大学社会功用的核心标准。

正是在时代激变中,大学"企业化"渐成全球高等教育变革的主要潮流。"大学开始像企业一样,竞争求生存,回应市场调整自身'产品'质量,打造形象、借鉴企业的管理模式,考虑成本效益,追求卓越。这是1980年代以来西方国家高等教育改革的主要进路。"[③]实际上,不仅是西方发达国家和地区的大学,就是包括中国在内的发展中国家和地区的大学,也依然没有免于"企业化"的命运。不同国家和地区的具体表现形式和发展程度当然有所不同,但整体观之,大学"企业化"倾向已成为我们时代的全球性景观。今天,大学再也不是远离资本与市场的纯学术组织,而是深深卷入市场之中并如同企业一般生存的准市场主体。尽管大学仍将自身定位于非营利性机构,也无法向营利性组织那样向所有人分配利润,但非营利组织的身份属性并没有使大学拒绝经营理念和营利行为。大众化背景下教育经费削减带来的办学资源拮据、学术资本主义时代市场价值观的渗透和物质利益的诱惑,都使得大学如企业一样寻求自给自足,创收和营利早已成为大学中实际存在的行为。为了扩大收入和参与声誉竞争,市场经营理念广泛渗透进大学,教育、研究等活动带上了商业色彩,售卖知识商品和教育服务成为

[①] 斯蒂芬·J·鲍尔. 教育改革——批判和后结构主义的视角[M]. 侯定凯,译. 上海:华东师范大学出版社,2003:作者中文版序.
[②] 戴晓霞,莫家豪,谢安邦. 高等教育市场化[M]. 北京:北京大学出版社,2004:3.
[③] 卢乃桂,罗云. 西方高等教育的企业化进路[J]. 高等教育研究,2005,(7):93—99.

增收的有效途径。在大学内部,由于面临着绩效问责和评估压力,以及对经济利益和声望最大化的追求,企业中盛行的管理方式也被移栽到大学之中,大学管理者甚至像管理企业一样管理大学。总之,大学既不再是现代性初期以文化启蒙为己任的机构,也在很大程度上改变了公共教育提供者的形象,它从未像今天这般具有明显的"企业特质"。

虽然"存在"未必总是"合理",但任何事物之所以会出现,总是有其现实的条件和根据。大学"企业化"倾向的形成也不例外。尽管我们可以为今天大学融入市场、效仿企业寻找种种所谓的理由,然而,任何变革须有底线。抛开变革内容去泛谈变革的好与坏没有意义,关键要看改变什么,以及在变革过程中的得失。一切有关大学制度的变革,都不应违背大学之所以为大学的本义。在走入市场、效仿企业过程中,矛盾在于,尽管大学将通过密切与产业的联系为经济增长做出更为直接的贡献,其自身所面临的经济压力也将得以缓释,但这也使得大学陷入了学术与市场的张力之中。传统大学理念和制度正在与资本主义市场发生角力。今天,市场逻辑和话语无处不在,大学越来越像经济组织,大学领导者越来越像企业家,学术创业主义在大学中迅速崛起,学生则越来越被作为高等教育的消费者来对待。对此,一味盲目乐观的拥抱姿态不可取,我们更需要一种理智的、审慎的态度。如果我们坚持认为,大学的核心责任是探求真理、教化育人,而不仅仅是充当产业的伙伴和工具;如果我们坚持认为,大学除了以高深知识直接为经济社会发展做出贡献以外还有更为崇高的历史使命;如果我们坚持认为,大学的重要价值在于批判现实、超越现实而非仅对现时社会需求片面迎合;如果我们坚持认为,在今天,传统的大学价值观和大学人的生存方式对于大学持续发展与社会进步依旧富有意义,那么,我们就有必要对当下愈演愈烈的大学"企业化"倾向加以重新审视。

这样的问题意识,正是促使笔者对现代大学"企业化"倾向展开讨论的初衷。毫不讳言,笔者自己始终抱有一种怀旧色彩的大学观。经典的大学理念、大学逻辑已经深深植根于笔者的学术信仰,让笔者对大学有意无意效仿政府或企业的倾向保持警觉。当然,在"企业化"倾向业已实际存在的今天,去探讨"大学要不要企业化"之类的问题已经意义不大;更重要的问题在于,我们应当如何面对,或者说是如何应对已然发生的大学"企业化"倾向。因此,笔者旨在通过此项研究,对时下流行的大学"企业化"倾向展开价值重估,进而明确如何协调大学与市场、产业的关系,搞清楚未来的大学应当走一条什么样的道路,面对"企业化"倾向的持续蔓延是否有必要尝试其他的可能性。

就研究意义而言,今天高等教育理论与实践中存在的一个普遍现象是,比起大学的逻辑、大学的理念,人们更为津津乐道于大学的功用。这不仅反映在政治家的施政纲领和产业界的利益诉求上,而且反映在高等教育研究者自身的著述中。当下,大学如何为经济发展做出更大贡献,诸如怎样培训大学生的知识和技能促进其就业和创业、如何推进产学研结合提升国家和企业的创造力和竞争力,如何科学合理设置大学学科专业以适应产业结构,等等,均是各界所热切关注的话题。高等教育的政治论哲学要远比认识论哲学盛行。正如英国著名高等教育学者罗纳德·巴尼特(Ronald Barnett)所指出的,当今在高等教育领域占据主流地位的观念是一种功能主义观(functionalist view):"这包括从更广大的社会价值和目标来理解高等教育的倾向,以及从证明高等教育对社会创造财富所能产生的影响大小方面来评判其效益的趋势。其结果,就是优先考虑高等教育的成本,以及通过优先提供合格人才,从而为经济做出贡献。"[①]

当然,就这种所谓的功能主义观本身而言,其思想观念并不是不对。希望大学能够为经济社会发展做出更大的直接贡献,这种想法显然无可指摘。进一步说,这也是今天大学走入社会的中心、高等教育迎来大众化和普及化时代的一个必然趋势和产物。然而关键问题在于,时代越是强调高等教育和大学的现时功能,我们越是有必要跳出、超越高等教育的功能主义观,从更为广阔、更具有历史性的视野去看待大学和高等教育。在这种功能主义观中,人们往往立足于实用主义、工具主义去看待大学、改革大学,但是很少从大学的理念与内在逻辑出发去仔细思索变革的适切性和潜在风险。从"变革"的字面上看,并非所有变革都具有正向功能;"在实践中转型也不一定必然意味着更好,更不是必然就更好"。[②] 进步自然要通过必要的"转型""改革"来实现,但是在转型期,即便是倒退也很可能被冠以"转型""改革"之名。转型意味着道路的不确定性,我们面临着"转"还是"不转"、"向哪边转"等多重选项。因此,越是在转型、变革的时代,越需要持续不断地反思和检讨,不断进行价值澄清,评估每一选项的潜在风险、后果和价值。就本书的主题——大学制度的"企业化"倾向——而论,当我们为大学走出象牙塔,与市场和产业紧密缠绕在一起,像企业一样为物质财富的生产做贡献,并迫切追求经济利益时,是否追问过大学的逻辑?是否考虑过大学本质上是什么样的机构?大学是否还有其更为长远的使命与价值?显然,对上述基本问题的思考,在今

---

① 罗纳德·巴尼特. 高等教育理念[M]. 蓝劲松,译. 北京:北京大学出版社,2012:9.
② 王建华. 我们时代的大学转型[M]. 北京:教育科学出版社,2012:自序.

天还显得比较匮乏。因此,我希冀这项研究的最大意义在于,它能够为我们时下的大学变革提供一种反思的视角,启迪我们重新审视主流的、时尚的市场化和企业化改革风潮背后可能存在的问题,以及它可能带来的冲突与困境。唯有当人们具备了反思的眼光,而不是在单向度思维下对一切新鲜潮流贸然接受时,我们方能理性地作出切合长远利益的选择。就这一点而言,对大学改革是如此,对其他改革亦是如此。

第二节 理解大学"企业化"倾向的若干维度

那么,如何理解大学"企业化"倾向?[①] 作为贯穿全文的核心概念,它可以被理解为:在1980年代以来市场回潮的背景下,大学逐步接受市场逻辑,积极借鉴企业经验,像公司企业一般参与市场竞争、追求经济价值、实现自给自足的创业取向。换言之,本书使用"大学'企业化'倾向"这一说法,来界定和概括近年来许多国家和地区高等教育被注入企业家精神,创业型大学纷纷崛起,大学广泛从事市场经营与商业活动,并引入企业管理方式等趋同于企业行为的趋势。具体来说,大学"企业化"倾向突出地体现为以下三个趋势在大学中的蔓延:(1)追求经济利益,致力于自给自足。"企业化"首先意味着经济独立。[②] 传统大学是仰赖政府资助的机构。而今,在全球化、市场化背景下,国家拨款不足且更为强调资金使用效益,大学逐渐摆脱对国家财政拨款的依赖,追求财政独立,实现经济上的自给自足,较之以往体现出明显的逐利取向。正如伯顿·克拉克(Burton R. Clark)所认为的,在重重压力下,大学创业是在走上"自力更

[①] 本书之所以使用"企业化"而没有使用诸如"市场化""商业化"等词来概括大学的这种取向,主要基于以下三点考虑。(1)"高等教育"是一个领域,"大学"则是一类组织。无论是"市场化"还是"商业化",似乎更适合描述一个领域的状态,如我们常说"高等教育市场化""高等教育商业化"。相比之下,"企业化"更适合描述大学的组织变革而不是高等教育这一领域运行机制的变化,因此,用"企业化"形容大学更为合适。(2)本书关注的不仅是大学广泛参与市场活动的现象,而且还关注大学融入市场之后,其内部组织管理方面发生的变革,也即是所谓的企业管理方式。"市场化""商业化"更适合概括前一种活动而不适合概括后一种活动。从这个意义上来说,"企业化"一词,相比之下更能将这两个方面整合、涵盖其中。(3)使用"企业化"形容今天大学的变革取向是有不少研究先例可循。国外很多经典文献都使用"entrepreneurialism""enterprise""entrepreneurial"等词来描述近年来的大学变革;由于全球化时代中国大学也出现了相似发展趋势,以及国内学界对国外这方面经典研究的关注和借鉴,近年来,国内(包括香港地区和台湾地区)的不少研究,也已使用了"大学企业化"概念或其近似概念.

[②] 《现代汉语词典》将"企业化"解释为"工业、商业、运输等单位按照经济核算的原则,独立计算盈亏",或者"使事业单位能有正常收入,不需要国家开支经费,并能自行进行经济核算"。参见:中国社会科学院语言研究所词典编辑室编:《现代汉语词典》(第6版),北京:商务印书馆2012年版,第1022页.

生"的道路。① (2)接纳市场逻辑,从事商业行为。大学"企业化"倾向的产生,与市场渗透密不可分;或者说,这一倾向正是市场化的产物。今天,大学不仅日益认同市场伦理和企业家精神,而且还在行动上像公司企业一样广泛参与市场竞争,走向市场化生存。(3)强化科层理性,借鉴企业管理。一般认为,大学应当是由学术权力所主导的松散结合系统。这与传统企业中理性化的、自上而下的科层式管理具有明显区别。在近来的"企业化"倾向中,大学的学术权力和行政权力出现此消彼长的趋势,不仅专业的行政管理进一步被加强,而且在企业中盛行的理性管理方式也被大学借鉴吸收,管理更趋于理性化、科层化。这三种趋势,如今越来越明显地体现在大学的知识活动和组织管理当中。

在空间上,"企业化"是许多国家和地区大学变革的共同取向。从静态角度看,"企业化"是当今大学所呈现出的一种状态,在研究、教育及其他多方面均有体现。随着与市场、产业不断融合,大学广泛参与营利性色彩的活动,采用了企业价值准则和管理方式,形成了强有力的创业文化。从动态角度看,"企业化"是正在持续蔓延之中的变革过程,并有逐渐加深的趋势。由于大学创业转型对国家、产业的现实诉求具有一定的利好作用,并且可以缓解大学自身面临的资源压力,这种进程在未来一个时期还将继续深入发展。从时间节点看,1980年代是大学"企业化"倾向的重要时间节点。在新自由主义、新公共管理和知识社会等全球化因素的共同作用下,从这时起,大学"企业化"倾向逐渐走向普遍和深入。从空间地域看,近四十年来,许多国家和地区都不同程度地走上了学术资本主义的道路,大学"企业化"倾向不仅存在于市场底色浓重的美、英、澳等国家和地区,即便是学术传统浓厚的欧洲大陆,还有许多发展中国家和地区,也不同程度地上演着这一进程。卢乃桂、罗云通过详尽的文献考察指出,1980年代以来,西方高等教育经历了一条"企业化"进路;②台湾地区学者温明丽也认为,大学企业化发展已经成为台湾地区,甚至世界最重要的趋势。③尽管不能武断地说,大学"企业化"倾向在每个国家和地区、在每所大学都已经发生,但仍可认为,总体来看,这一倾向如今已是全球性现象。

在程度上,大学"企业化"作为一种倾向,要避免将其绝对化。如果说,上文更主要

---

① 伯顿·克拉克. 大学的持续变革——创业型大学新案例和新概念[M]. 王承绪,译. 北京:人民教育出版社,2008:239.
② 卢乃桂,罗云. 西方高等教育的企业化进路[J]. 高等教育研究,2005,(7):93—99.
③ 温明丽. 高等教育企业化的危机与转机[J]. 教育学术月刊,2014,(4):11—22.

地是从空间上指出"企业化"成为许多国家和地区大学发展变革的共同取向,那么,现在我们须对大学"企业化"的程度进行必要的说明。不难发现,在一些文献中,往往使用了"大学企业化""高等教育企业化"等说法,如果我们将"化"理解为一种过程,这样说并没有什么可挑剔之处;不过,由于"化"往往还有"彻头彻尾"之意,因此,光说"企业化"则有可能被读者领会为大学与企业等同无异,从而引起不必要的误解。严谨地讲,大学"企业化"更应该被理解为一种倾向、一种走势。一方面,"倾向"意味着"企业化"的不完全性、不彻底性。不可否认,"企业化"给当代大学带来了严峻的挑战,它在一定程度上解构了经典的大学理念,给大学的制度和文化都带来了深深的困惑(本书对这些问题将在下文中进行详尽的讨论),但这并不意味着今天的大学已经变得和企业别无二致。这与经济学家在解释改革开放以来中国经济保持高速增长的原因时,使用了"地方政府公司化"这一术语,并不是真的认为地方政府已经混同于公司组织是一样的道理。因此,当下我们更适合将大学"企业化"作为一种倾向来理解。另一方面,大学"企业化"发端于西方发达资本主义国家,并向其他国家和地区辐射,从这个意义上说,将大学"企业化"作为一种动态的倾向来理解,也应该更为合适。

在范围上,"企业化"倾向在研究型大学和教学型大学中都会存在。在高等教育大众化、普及化时代,无论是"高等教育"还是"大学",都充满着异质性,而不再是统一的概念。对于何谓高等教育和大学,其概念边界并不清晰。那么,我们所讲的这种"企业化"倾向存在于哪类大学之中呢?换言之,我们所指的"大学"指的是什么样的大学呢?按照亨利·埃兹科维茨(Henry Etzkowitz)的"三螺旋"理论,创业型大学由研究型大学演化而来;但伯顿·克拉克的经验研究则表明,创业转型并不仅仅是研究型大学享有的特权,而是在经济压力下各种大学普遍可选的发展道路。本书倾向于认同克拉克的观点,认为无论是否为研究型大学,任何院校均可走上创业转型之路。因此,无论在研究型大学还是在教学型大学,"企业化"倾向都可以存在。当然,就本书研究而言,总体上将更倾向于以那些办学水平较高的大学为讨论、思考的出发点和立足点。

在关系上,大学"企业化"倾向同高等教育市场化、知识商品化之间既有区别,又有联系。"高等教育市场化"是一个十分常见的概念,简单地说,它是指市场对高等教育领域的渗透,高等教育的运行机制发生了改变,不仅大学、政府、市场的关系被重塑,而且也包括对大学内部的影响。质言之,"高等教育市场化"既包括大学与政府、市场之间外部关系的变化,也包括大学组织的相应调适。在此意义上,"高等教育市场化"所指涉的范围较广,也更为宏观。"知识商品化"则侧重于描述教育市场化环境中知识性质和形态的变化,它既包括普通知识的商品化,也包括高深知识的商品化。作为高深知识机构,高深知识性质变化是大学和整个高等教育领域变化的基础。高等教育市场化,或者说市场对高等教育领域的渗透,是知识商品化得以产生的重要原因。同时,由于高等教育以高深知识为基础,高深知识形态的变化反过来又会影响、推动高等教育变革。而大学"企业化"倾向则是高等教育市场化的结果,且与知识商品化互为因果,它更关注大学组织机构层面的变化。"高等教育市场化"是大学产生"企业化"倾向的宏观背景,而"知识商品化"则是大学产生"企业化"倾向的知识基础。当然也正如有学者所指出的,"市场化""商业化"及"企业化"实际上指涉的是同一现象,但各自关注的重点有所不同。"市场化"通常是从运行机制上讨论;"商品化"则重点放在大学中"产品"活动的分析上;而"企业化"却是从组织特征与性质入手。[①] 总之,较之高等教育市场化和知识商品化,"企业化"更为适合形容大学组织层面发生的变化。

第三节 相关研究的学术史考察

明确研究定位,一方面"要求我们清楚地把握自己的研究与前人的研究工作、已有文献之间的关系。我们需要知道以前的研究提出了什么问题、解决了什么问题、遗留了什么问题,自己的研究和前人的学术研究问题是什么关系"。[②] 另一方面,"文献综述的写作重点是论证研究的创新点及其价值"。[③] 我们要在学术史梳理的基础上提出进一步研究的方向。大学"企业化"倾向的相关研究,可从以下五个方面进行考察。

第一,关于教育机构从事市场活动、借鉴商业管理之历史的研究。

尽管本书致力于探讨1980年代以来的大学"企业化"倾向问题,但不能忽略的是,如文献证明,一个多世纪以来,大学效仿公司企业的问题始终存在。早在20世纪之初,著名经济学家索尔斯坦·凡勃伦(Thorstein B. Veblen)就出版了《学与商的博弈:论美国高等教育》一书,反思并抨击了当时金钱对美国大学与学术的腐蚀。[④] 一些后续的研究也专注于19世纪末和20世纪初美国教育机构(包括大学和中小学)的"企业化"。如雷蒙德·卡拉汉(Raymond E. Callahan)的历史考察显示,美国教育管理中采

---

① 卢乃桂,罗云. 西方高等教育的企业化进路[J]. 高等教育研究,2005,(7):93—99.
② 周雪光. 组织社会学十讲[M]. 北京:社会科学文献出版社,2003:65.
③ 刘献君. 教育研究方法高级讲座[M]. 武汉:华中科技大学出版社,2010:70.
④ 索尔斯坦·凡勃伦. 学与商的博弈:论美国高等教育[M]. 惠圣,译. 上海:上海人民出版社,2009.

用商业价值观和实践"始于1900年前后,到1930年时达至顶峰。……在很多情况下,学校管理者们将自己视为企业管理者,或者按他们的说法,是'学校经理',而不是将自己视为学者或者教育哲学家"。① 克莱德·巴罗(Clyde W. Barrow)则考察了1861年至1929年的美国大学,认为这些大学已经被资本家注入了企业理念,他甚至将那时的大学冠以"学问公司"(corporation of learning)之名。② 尽管我们对这方面的研究多以1980年代为时间起点,但需要提请注意的是,市场力量和企业理念对大学的渗透并不只是在最近三十多年中发生的事情,而是早在一个多世纪以前就已经存在了。

第二,关于近年来大学接纳市场逻辑、效仿公司企业之起因的研究。

目前看来,关于近年来学术资本化、大学创业或效仿企业的成因,学界存在着从多个角度的解释。需要指出的是,下文述及的某一解释并不必然意味着与其他解释存在观点上的竞争关系;相反,这些不同侧重的解释是互为映射和彼此补充的。

一是基于全球化框架的讨论。在被广泛引用的《学术资本主义:政治、政策和创业型大学》一书中,美国知名学者希拉·斯劳特(Sheila Slaughter)和拉里·莱斯利(Larry L. Leslie)将学术资本主义和大学创业现象归因于全球化,认为正是20世纪80年代以来的全球政治经济变革导致了高等教育的重组。在其调查的四个国家(澳大利亚、加拿大、英国和美国)中,高等教育政策转向科技政策,强调以牺牲基础研究为代价的学术资本主义;转向课程政策,把经费集中于贴近市场的科学技术和领域;转向政府为每个学生支付较低费用的更多入学,转向削减院校和教学科研人员自主权的组织政策。③ 简·柯里(Jan Currie)等5位来自不同国家的学者在其《全球化与大学的回应》一书中,基于对来自欧洲与美国4所大学的131名教师和管理人员进行的访谈,探讨了大学走入市场、加强管理、院校层面更大的自主权、灵活的聘用体制、教师工作量增加等问题,指出在全球化框架下,大学正在走向企业化,作者的总体立场是批判取向的。④

二是基于知识生产转型角度的剖析。除从全球化角度解释大学"企业化"倾向的研究外,还有学者从大学的活动基础——高深知识——的变化来解释这一现象。这种

---

① 雷蒙德·E. 卡拉汉. 教育与效率崇拜——公立学校管理的社会影响因素研究[M]. 马焕灵,译. 北京:教育科学出版社,2011:英文版序.
② 转引自:阎光才. 谁的大学? 最后的教授?[J]. 读书,2013,(11):116—123.
③ 希拉·斯劳特,拉里·莱斯利. 学术资本主义:政治、政策和创业型大学[M]. 梁骁,黎丽,译. 北京:北京大学出版社,2008:50.
④ 简·柯里,等. 全球化与大学的回应[M]. 王雷,译. 北京:北京大学出版社,2010.

视角最突出地体现在迈克尔·吉本斯(Michael Gibbons)等人的研究中。吉本斯等6位学者注意到了近年来知识生产方式发生的重大变化。他们在1994年出版的著作中,把新的知识生产模式命名为模式2(mode 2),以区别于传统的知识生产模式1(mode 1)。在新的知识生产模式中,大学不再享有知识的垄断者地位,知识生产活动广泛地分布于社会之中。与传统的知识生产相比,新的知识生产模式是高度市场化、情景化的。大学作为知识生产的重要机构,在知识生产转型中发生了重要变革。吉本斯等人观察到,由于大学日益参与到市场活动中,而企业不断发展出研发职能,以至于大学与企业之间呈现出相互趋同的现象。①

三是基于理性化视野的探究。从社会理论研究观点看,现代性进程中,理性化是不可避免的结局。正如马克斯·韦伯(Max Weber)所认为的,现代性最终将我们囚禁于理性铁笼之中。② 一些社会理论家用理性化观点解读当今大学"企业化"倾向,特别是大学管理"企业化"倾向。其中,最著名的或许就是美国著名社会学家乔治·里泽(George Ritzer)所谓的"麦当劳化的社会"(McDonaldization society),以及运用该理论对高等教育、大学组织特质的概括。所谓"麦当劳化,即快餐店的规则逐渐主宰美国社会的诸多方面乃至世界其他领域的过程"。③ "麦当劳化"的基本特征与成功要素在于其高效性、可计量性、可预测性与可控制性。上述四方面属于理性系统的基本要素。然而,理性的设计有时会导致非理性的结果,"麦当劳化"意味着"理性的非理性化"。里泽认为,就高等教育而言,高效性体现在大学教育的量身定制上;可计量性体现在成绩、分数、评级和排名上;可控制性体现在大学对教师进行的组织控制上;最后,在理性的非理性化进程中,"现代大学在很多方面都可以被看成是非理性化的地方。学生和教职员工在一个工厂般的环境中生活,他们感觉好像是层级制度和电脑控制之下的机器人,或是像快速经过肉品加工车间的牲口。换句话说,这种背景下的教育是一种非人性化的过程"。④ 自里泽于1993年最早提出"社会的麦当劳化"并论述了其对高等教育的影响之后,很多国家和地区的学者纷纷对高等教育中的"麦当劳化"倾向进行了分析和批评。

---

① 迈克尔·吉本斯,等. 知识生产的新模式:当代社会科学与研究的动力学[M]. 陈洪捷,等,译. 北京:北京大学出版社,2011:72.
② 安东尼·吉登斯. 资本主义与现代社会理论:对马克思、涂尔干和韦伯著作的分析[M]. 郭忠华,潘华凌,译. 上海:上海译文出版社,2013:298—299.
③ 乔治·里泽. 麦当劳梦魇:社会的麦当劳化[M]. 容冰,译. 北京:中信出版社,2006:3.
④ 乔治·里泽. 麦当劳梦魇:社会的麦当劳化[M]. 容冰,译. 北京:中信出版社,2006:161.

四是基于多重因素共同作用的解释。不少研究超越了单一视角的局限,从多个角度对大学创业或"企业化"倾向的产生原因进行了探讨。如伯顿·克拉克认为,当今大学正负载着越来越多的期待和责任,包括高等教育大众化、普及化,劳动力部门对大学毕业生的需求增加,大学赞助者的压力,现有资源难以满足知识和科学规模增长的需要。以上因素共同促发了大学的创业转型。[①] 加瑞思·威廉姆斯(Gareth Williams)则将大学"企业化"管理的推动力归于五个主要方面:大学的风险意识、高等教育扩张与多样化、知识型社会、全球化和财政紧缩,由此大学走上了"企业化"道路。[②]

第三,关于近年来大学接纳市场逻辑、效仿公司企业之表现的研究。

在极具影响力的《建立创业型大学:组织上转型的途径》一书中,伯顿·克拉克提出建立创业型大学的组织转型途径:一个强有力的驾驭核心,一个拓宽的发展外围,一个多元化的资助基地,一个激活的学术心脏地带,一个一体化的创业文化。[③] 在随后出版的《大学的持续变革——创业型大学新案例和新概念》一书中,克拉克对上述五项要素进行了验证和重申。[④] 迄今为止,这五项转型要素已经成为这一研究领域的经典分析框架。埃里克·古尔德(Eric Gould)描述了"公司文化中的大学"的特征:(1)管理及生产力开发体系。包括质量管理和成就的标准,学习成果评估,职业人力资源增长,增设法律部门,追踪学生、校友与雇员的情况,利用视频交流系统和全球各地的校园联系,对知识开发领域进行分组和集中,发展全国和国际的院校联合集团,使课程提供和知识发展更为方便。(2)预算控制。以责任为中心制定预算,给予创造利润的部门以分派权,对有成绩的教员给予奖励,制定收益报告并分析不同科目的成本和效率,用费用流程管理体系研究资金的流向。(3)市场战略。在针对主要受众的媒体上增加广告,创办公共关系办公室,授权发布对大学有利并能聚焦的新闻稿,使用宣传性说辞和企业型标识,雇用校外活动集团扩大宣传。(4)劳动力重新分配。任务外包,聘请外部专家讲授特别课程,由助理教员填补空缺职位以配合学校扩张,鼓励教员提前退休,增加电脑授课,增加信息传递。(5)发展研究及辅助企业。加强同公司的紧密联系以利于知识生产和销售,重视从事与公司和政府需求直接相关的研究项目,开发

---

① 伯顿·克拉克. 建立创业型大学:组织上转型的途径[M]. 王承绪,译. 北京:人民教育出版社,2003:160.
② 加瑞思·威廉姆斯. 高校企业化管理[J]. 李强,译. 教育研究,2006,(5):32—34.
③ 伯顿·克拉克. 建立创业型大学:组织上转型的途径[M]. 王承绪,译. 北京:人民教育出版社,2003:4.
④ 伯顿·克拉克. 大学的持续变革——创业型大学新案例和新概念[M]. 王承绪,译. 北京:人民教育出版社,2008:233—238.

专利项目,增加知识产权保护,在全球范围内寻找知识开发伙伴。(6)客户服务导向。改进服务,简化数字注册系统,开展心理咨询及实习和就业咨询服务,加强与公司联系,增加毕业生就业机会。① 杰尔丁(A. N. Gjerding)总结了创业型大学的20项创业实践,包括独立于政府的资助、强调一个中央集权的管理核心、组织成员的素质管理、创业的文化、一次付清的预算、与财政支持者签订产出导向的合同、扁平的结构、任务说明和策略计划、广泛的校友活动、与工业和其他优秀大学的合作、校园基础设施的竞争力、通过现金流而获得的额外收入、只关注有限范围内的教学与研究、善于管理在教学与研究领域存在着的未来的机会、对捐赠的吸引力、对年轻研究者来说具有吸引力的研究环境、跨学科的研究结构、技术转让、本科生与研究生的高度共享、公司派生组织的服务提供者。② 此外,还有一些学者对大学"企业化"中的某一方面进行了细致的研究。例如,西蒙·马金森(Siomon Marginson)和马克·康西丹(Mark Considine)着重研究了澳大利亚企业型大学的权力结构、管理模式和再创造方式。他们指出,在企业型大学中,管理上的趋势主要体现在以下五个方面:其一,新的行政力量出现,其特点是有了进行管理的意愿,且比以往有更大的行动自由;其二,在结构上有所创新,用可以实施行政力量和可以为参与、协商和内部市场调研创造选择性机制的机构来改造或替代学院的或民主的管理形式;其三,在人员和资源配置、通讯手段、对权力和权威本身的配置方面,灵活性大大提高;其四,在管理中,学科的作用较明显地减弱;其五,在大学内部,存在着权力和责任的一并下放。③ 从这种种概括中,可以大致了解大学"企业化"倾向的大致形态。

第四,关于近年来大学接纳市场逻辑、效仿公司企业之价值的研究。

学界对于大学走入市场和效仿公司企业的态度,大致可以分为支持、批判和张力立场三类。一是支持立场。这一立场通常体现在支持高等教育市场化和对高等教育持有实用主义的态度上。有的观点主张采用新自由主义和新管理主义的方案改造高等教育和大学;也有的观点基于经济、社会的创新需要来审视高等教育和大学,希望它们在知识经济中发挥更大作用;还有的观点从大学自身的发展转型需要出发,为此提供辩护。当然,现实中上述几方面因素可能是彼此交织的。如亨利·埃兹科维茨立足

---

① 埃里克·古尔德. 公司文化中的大学[M]. 吕博,张鹿,译. 北京:北京大学出版社,2005:50—51.
② 转引自:温正胞. 大学创业与创业型大学的兴起[M]. 杭州:浙江大学出版社,2011:113—114.
③ 西蒙·马金森,马克·康西丹. 澳大利亚企业型大学的权力结构、管理模式与再创造方式[M]. 周心红,译. 杭州:浙江大学出版社,2007:8—9.

于官产学协同创新的立场上,积极地看待研究型大学向创业型大学转型。他认为:"创业型大学同时还是经济与社会发展的引擎,具有发掘大学科学发现的技术潜力为产业和社会发展服务的能力。向创业型大学的转变增强了大学传统使命,正如新使命为传统使命所增强一样。"①他还在另一本书中写道:"随着大学参与知识资本化的增加,它们在社会中的位置也从次要机构上升为主要机构。"②这就从大学在知识经济中的功用与自身发展两方面展望了大学"企业化"的乐观前景。伯顿·克拉克则从大学自身发展的角度出发,指出尽管"大学内外的很多观察家认为,创业精神的概念,无论如何仔细解释,不应该应用于高深学习机构。"但"大学不能站着不动或者后退到过去。变革是不可避免的。"③

二是批判立场。与支持立场形成鲜明对比的是,还有一些学者旗帜鲜明地提出反对意见。他们从多个角度,对当下大学"企业化"倾向的种种弊端进行揭露和批判。例如,前述关于高等教育"麦当劳化"的研究就带有强烈的批判取向。里泽认为,如果他的读者"对麦当劳化带来的危害有所警觉,或许他们能够做到韦伯认为不可能的事情——逆转麦当劳化的潮流"。即使这个逆转不太可能发生,然而"人们仍然可以采取措施使问题得到改善,让麦当劳化的社会变得人性化"。④ 面对大学中不断滋长的企业伦理,埃里克·古尔德批评了美国高等教育中的日益繁盛的市场力量,并分析了它与大学教育理念的冲突。⑤ 斯坦利·阿罗诺维兹(Stanley Aronowitz)则将企业型大学直呼为"知识工厂"。因为在他眼中,"'高等教育'指的是学生在那里可以广泛地和批判性地接触到西方知识传统的遗产,以及南半球和东方的遗产"。⑥ 按照这一标准,阿罗诺维兹认为美国大多数高等教育都是不够格的:"除了个别例外,在美国罕有够资格

---

① 亨利·埃茨科威兹. 三螺旋:大学·产业·政府三元一体的创新战略[M]. 周春彦,译. 北京:东方出版社,2005:32.在此说明一下,关于 Etzkowitz,学界一般译为"埃兹科维茨",但具体到这本书,译者将其译为"埃茨科威兹",只是译法不同,非本书作者笔误.
② 亨利·埃兹科维茨. 麻省理工学院与创业科学的兴起[M]. 王孙禺,等,译. 北京:清华大学出版社,2007:208.
③ 伯顿·克拉克. 大学的持续变革——创业型大学新案例和新概念[M]. 王承绪,译. 北京:人民教育出版社,2008:导言.
④ 乔治·里泽. 麦当劳梦魇:社会的麦当劳化[M]. 容冰,译. 北京:中信出版社,2006:前言.
⑤ 埃里克·古尔德. 公司文化中的大学[M]. 吕博,张鹿,译. 北京:北京大学出版社,2005.
⑥ 斯坦利·阿罗诺维兹. 知识工厂——废除企业型大学并创建真正的高等教育[M]. 周敬敬,郑跃平,译. 北京:高等教育出版社,2012:Ⅷ.

称为高等教育的地方。"①为此,他强烈主张废除企业型大学,从而向"真正的高等教育"回归。另外,加拿大学者比尔·雷丁斯(Bill Readings)也比较激进地认为:"我们必须把大学看作一个废墟化了(ruined)的机构,已经失去了存在的历史根据(historical raison d'erte)。"②而2016年在加拿大出版并于2021年译介到我国的《慢教授》一书,也对公司化大学时代学术职业群体"被时间管理"问题提出了批评,作者认为"大学的公司化已经破坏了学术生活,拨快了校园的时钟。行政主导的大学,现在将效率摆在了第一位,因此导致了时间紧迫,让我们所有人都感到时间不够用,发现了自己的无能为力"。③ 总的来看,对大学"企业化"倾向的批判立场多从大学的使命、教育的意义、学术职业面临的压力等方面展开的,充满着传统高等教育理想和人文精神,这种立场通常强调大学的非经济和非功利价值,认为"企业化"倾向对大学及其教育构成了严重的危害。

三是张力立场。还有一些学者将高等教育市场化和大学企业化倾向视作一柄"双刃剑",从辩证的角度加以看待,提出了温和的批评或表示了有保留的支持。哈佛大学前校长德里克·博克(Derek Bok)在此问题上,通常秉持张力观,这反映在他的《走出象牙塔——现代大学的社会责任》《市场中的大学:高等教育商业化》等多部著作中。在他眼里,高等教育商业化并非无可取之处,亦非包治百病。他在分析了当今大学体育、研究、教育等方面的商业化趋势后,提出了一种具有折中取向的观点。④ 罗杰·盖格(Roger L. Geiger)在对美国99所大学进行实证研究的基础上,主要从成本、教学、研究、大学与产业关系等方面,分析了大学与市场之间的共荣与矛盾,并提出了警告。⑤ 简·柯里等对全球化时代大学变革的研究也并非十分激进。其研究没有在留恋大学的"象牙塔"模式基础上一味地批判现实,而是在对大学"企业化"中的某些元素——如积极参与社会活动——加以必要肯定的同时,委婉地提出了大学应当肩负的使命。⑥ 在《高等教育市场化》一书中,很多作者也认为高等教育市场化、大学"企业

---

① 斯坦利·阿罗诺维兹. 知识工厂——废除企业型大学并创建真正的高等教育[M]. 周敬敬,郑跃平,译. 北京:高等教育出版社,2012:Ⅷ.
② 比尔·雷丁斯. 废墟中的大学[M]. 郭军,等,译. 北京:北京大学出版社,2008:18.
③ 玛吉·伯格,芭芭拉·西伯. 慢教授[M]. 田雷,译. 桂林:广西师范大学出版社,2021:6.
④ 德里克·博克. 走出象牙塔——现代大学的社会责任[M]. 徐小洲,陈军,译. 杭州:浙江教育出版社,2001; Bok D. Universities in the Marketplace: The Commercialization of Higher Education[M]. Princeton:Princeton University Press, 2003.
⑤ 罗杰·盖格. 大学与市场的悖论[M]. 郭建如,等,译. 北京:北京大学出版社,2013.
⑥ 简·柯里,等. 全球化与大学的回应[M]. 王雷,译. 北京:北京大学出版社,2010:234—235.

化"倾向利弊共存。① 说到底,上述张力立场并非强烈地主张大学应当回到过去,没有彻底否定大学走入市场,其张力取向主要在于,"企业化"须坚守必要的底线。

第五,关于大学"企业化"倾向的本土研究和中国大学"企业化"倾向。

一方面,国内有关这方面的研究,多围绕"创业型大学"的域外经验与建设策略展开,且起步较晚,即在国外有关经典文献被译介到国内后。例如,在王承绪先生的努力下,伯顿·克拉克的《建立创业型大学:组织上转型的途径》②《大学的持续变革——创业型大学新案例和新概念》③分别于 2003 年和 2008 年出版了中译本;亨利·埃兹科维茨的《三螺旋:大学·产业·政府三元一体的创新战略》④由周春彦博士译介到我国,于 2005 年出版了中译本。相应地,在中国知网(CNKI)输入主题"创业型大学"并进行精确检索,2010—2020 年间每年收录的文献篇数都在 100 篇以上,特别是 2015—2019 年间每年收录文献 200 篇左右,而 2009 年为 80 篇,2008 年为 63 篇,2007 年为 33 篇,2006 年为 13 篇,2005 年为 20 篇,2004 年仅为 3 篇,2003 年和 2002 年每年均仅为 2 篇。此外,一些学术专著,如王雁的《创业型大学:美国研究型大学模式变革的研究》、⑤易高峰的《崛起中的创业型大学:基于研究型大学模式变革的视角》、⑥温正胞的《大学创业与创业型大学的兴起》⑦等均在 2011 年后才出版。

另一方面,关于我国大学"企业化"倾向的问题,国内研究多集中探讨创业型大学兴起的借鉴意义,以及我国大学建设创业型大学的策略和路径,质言之,对大学创业转型持肯定态度并主张付诸实践的观点明显居于主流,呈现出"一边倒"的特征。同时,有关我国大学目前是否已存在"企业化"倾向,如果存在其表现是什么,在我国现实条件下推进大学"企业化"可能会带来哪些问题,对此进行严肃的探讨则比较缺乏。这和我国当前对大学"行政化"的铺天盖地的批评反思形成了鲜明的对比。这一局面,或许与我国高等教育改革乃至宏观政治经济体制改革的阶段有关。在四十余年的改革

---

① 戴晓霞,莫家豪,谢安邦. 高等教育市场化[M]. 北京:北京大学出版社,2004.
② 伯顿·克拉克. 建立创业型大学:组织上转型的途径[M]. 王承绪,译. 北京:人民教育出版社,2003.
③ 伯顿·克拉克. 大学的持续变革——创业型大学新案例和新概念[M]. 王承绪,译. 北京:人民教育出版社,2008.
④ 亨利·埃茨科威兹. 三螺旋:大学·产业·政府三元一体的创新战略[M]. 周春彦,译. 北京:东方出版社,2005.
⑤ 王雁. 创业型大学:美国研究型大学模式变革的研究[M]. 上海:同济大学出版社,2011.
⑥ 易高峰. 崛起中的创业型大学:基于研究型大学模式变革的视角[M]. 上海:上海交通大学出版社,2011.
⑦ 温正胞. 大学创业与创业型大学的兴起[M]. 杭州:浙江大学出版社,2011.

开放进程中,协调政府与市场关系是一个核心矛盾,发展市场经济,用市场的逻辑、市场的力量解决计划经济和全能主义"大政府"问题已经成为惯性思维,这一思维在某种程度上也影响了高等教育体制改革,一些观点处于"政府—市场"二元分析框架中,认为要用市场机制解决高等教育和大学制度建设问题。实际上,针对我国大学所表现出的一些"企业化"苗头,人们也并不是没有反思和质疑,只不过,不少反思和质疑还多停留在报章评论和网民热议的状态,相对来说,基于学理分析的学术论著目前还不是很充分。当然,一些学者也已开始关注"企业化"的负效应,并通过严谨的学术研究方式表达了自己的观点。如王英杰教授对学术资本主义和我国大学行政化固有弊端叠加表达了担忧;[1]张学文博士从大学理性失范的角度认为我国大学出现了行政化与企业化倾向,存在着权力崇拜与市场崇拜;[2]张荆、赵卫华等学者通过实证研究揭示,大学市场化、企业化与行政化叠加对高校教师教学和科研积极性造成了负面影响,[3]等等。

通过对相关研究的回顾与梳理,可以得出以下三点认识。

第一,大学"企业化"倾向的事实客观存在。对此进行理论研究,具有坚稳的事实基础。一方面,经验研究验证了事实的普遍存在。从掌握的文献来看,学者们基于严谨的经验研究,证实了1980年代以来,在多重压力下,许多国家和地区的大学日益体现出"企业化"倾向(其中一些研究使用了"entrepreneurialism"也即是"企业化"这个词,而另有不少研究则使用其他与之相关的概念,诸如市场化、商业化、学术资本主义、公司文化中的大学、创业型大学、企业型大学等表达方式),并在高等教育内外产生了深刻影响。大学的使命、高等教育的任务、知识的性质、学术生态等多方面都面临着严峻挑战。这一倾向或趋势广泛存在于美洲、欧洲、大洋洲和亚洲的许多国家,具有全球性特征。另一方面,异中求同、把握共性是可能的。在不同国家和地区,大学"企业化"倾向的表现形式和程度当然有所不同,然而,在差异中求共性、从整体上把握这一倾向的特征并分析其影响是完全可以做到的。正是由此,才能得以超越特定时空下充满差别的具体实践,在一般意义上对大学"企业化"倾向展开理论探讨。

第二,对于怎样理解和看待大学"企业化"倾向,学界尚未形成一致看法。学界内外对市场力量渗透和大学日益具有企业特征持有不同态度。有人积极支持,而在另一

---

[1] 王英杰. 大学文化传统的失落:学术资本主义与大学行政化的叠加作用[J]. 比较教育研究,2012,(1):1—7.
[2] 张学文. 大学理性失范:概念、表现及其根源[J]. 北京师范大学学报(社会科学版),2010,(6):21—30.
[3] 张荆,等. 高校教师收入分配与激励机制改革研究[M]. 北京:社会科学文献出版社,2014:30—62.

些人眼中却是一幅晦暗图景,甚至有较为极端的观点认为今日的高等教育已不再是真正的高等教育,或认为大学已经丧失了存在的历史根据。还有一些学者的批判取向则不是那么尖锐,他们多抱着中立立场对此趋势加以评析。这些不同认识在某种程度上反映了人们对大学共识的瓦解。今天的大学应成为什么样的组织?它应怎样处理与市场和社会的关系?"企业化"倾向对大学自身和社会来说意味着什么?我们社会需要一个什么样的大学?这些都说明"企业化"道路不仅是高等教育问题,也是一个社会问题。无论从大学还是从社会立场出发,都迫切要求对各种价值取向予以批判性地检视。

第三,就我国大学"企业化"倾向研究而论,较之学界对大学"行政化"、大学与政府之间关系的现状的批评,我们对大学与市场之间的关系,以及相应对本土大学"企业化"倾向的审视却相对不足。从笔者掌握的文献看,目前我国并不乏创建创业型大学、营利性大学的策略分析与政策建议,这些研究多从使用的角度出发,往往急于主张将西方国家大学创业转型作为先进经验付诸实践,而较少关注"企业化"和大学理念之间的矛盾,较少关注拥抱市场逻辑、效仿公司企业给西方大学制度带来的困惑与危机,也经常绕过这一改革之本土适用性的深入考虑。只有少数研究对我国大学是否已经出现"企业化"问题进行了探析,或对"企业化"展开了价值反思。因此,重新审视我国大学"企业化"倾向问题,不仅具有理论价值,也具有重要的实践意义。

第四节 本书的研究问题、方法与框架

一、本书需要解答的研究问题

一般来说,学术史梳理与课题选择二者之间存在交互作用。在我们宽泛阅读文献并初步确定研究问题后,通过进一步查阅更为专门的文献使研究问题更为明确。[①] 基于前人研究现状和我们的研究目的,本书需要探讨的研究问题有二。

第一,1980年代以来的大学"企业化"倾向,对大学而言究竟意味着什么?这一大学制度转型实践与大学自身的逻辑之间存在何种张力?大学"企业化"这一倾向已被诸多实证研究所确证,同时,褒贬不一、莫衷一是的争论始终存在。对这一倾向进行价值层面的探讨,并不因"企业化"实践已经发生而丧失了追问的意义。我们不能简单地抱着"存在即合理"的态度盲目迎合接纳。相反,反思应是针对当下实践的,我们应当

---

① 风笑天. 社会学研究方法(第三版)[M]. 北京:中国人民大学出版社,2009:58.

对眼前发生的现实不断进行价值评估与拷问。真理越辩越明。未来的选择越不明朗,有关大学"企业化"倾向利弊分析的学理讨论越是必要。实践带来的种种困惑迫切需要从理论价值层面对其进行仔细审视与深入思考。为此,首先需搞清大学"企业化"倾向的来龙去脉,概括总结其共性特征,在此基础上进行价值审视,并提出进一步行动的进路。这也就意味着我们对本研究问题的解答将沿循着对以下四个子问题的探讨依次展开:(1)大学"企业化"倾向诞生在什么样的背景之下?为什么是从1980年代开始在全球范围内掀起了大学"企业化"浪潮?研究现状回顾中曾涉及这部分内容,但解释的角度各有不同。为此,我们需要对大学"企业化"倾向的主要背景成因一一考察和归纳。(2)大学"企业化"倾向具体有何表现?在进行下一步探讨之前,对该倾向的表现进行全景考察是必要的。(3)"企业化"倾向对大学产生了什么样的后果和影响?它对大学意味着什么?通过对这一系列问题的解答,本书将阐述笔者自己对大学"企业化"倾向所持的立场。必须承认,不同立场下,对这一倾向的价值认识是不同的。如在经济学视野中大学与企业是联盟关系,而在社会学阐释中后者则对前者实施了殖民;[1]以教育学背景为主的学者多从规范研究出发,以理念与价值为标准,同样认为市场对于大学的负面影响较大。[2] 大学"企业化"倾向究竟值得赞许还是需要批判,完全取决于我们立足于何处。虽然高等教育与经济社会的关系日益密切,但现代大学首先是作为公共教育机构存在的,因此,"企业化"适当与否,首先取决于它是否遵守大学作为公共教育机构这一承诺。这是进行价值判断的基本出发点。(4)面对大学"企业化"倾向,我们如何行动?在此需要重申,不同国家和地区的大学在这方面是有差异的。然而,差异中也孕育着共性。这些共性特征的存在,为本书从一般意义上研究大学"企业化"倾向奠定了基础。

第二,在对一般意义的大学"企业化"倾向进行讨论之后,我们将视野转向本土,致力于解答我国的问题,相关一组子问题包括:(1)如今"企业化"具有了全球性景观,那么,我国是否也存在着大学"企业化"倾向?它的主要表现是什么?与全球趋势的共性和差异又分别有哪些?(2)如果大学"企业化"倾向在我国也同样存在,那么,它产生了何种影响?(3)面对"企业化"倾向的态势和影响,我国建构现代大学制度的方向和路径是什么?在对一般意义的大学"企业化"倾向进行价值重估之后,本书将致力于探讨我国大学所面临的一些具体现实问题。

---

[1] 孟丽菊,刘则渊. 联盟还是殖民:大学与企业关系的双重视角[J]. 高等教育研究,2006,(3):47—52.
[2] 顾远飞. 市场化环境下的大学运行逻辑研究[D]. 武汉:华中科技大学,2010:35.

二、方法论基础与研究方法

适切的方法是回答研究问题、实现研究目的的基本前提。首先,就本研究的方法论基础而言,主要包括跨学科方法论和整体把握与个别分析相结合。一方面,本研究坚持跨学科的方法论,实现对单一学科视野的超越。尽管每名学者都有学科归属,学科为我们"提供了身份和安全",[①]但诸多问题通常需要跨越学科界限方得以解决。过于狭窄的专业化往往使我们专注于自己的小世界,割据的学科领地难以全面理解整体事物。伊曼纽尔·华勒斯坦(Immanuel Wallerstein)等学者在著名的《开放社会科学:重建社会科学报告书》中提出,反对知识零碎化、使社会科学兼收并蓄有助于增进社会科学知识的客观性。[②] 伯顿·克拉克于1986年主编出版了《高等教育新论——多学科的研究》,该书最大的影响之一,便是奠定了多学科方法论在高等教育研究中的重要地位。克拉克指出:"没有一种研究方法能揭示一切。宽阔的论述必须是多学科的,就像所有灯光都照射在舞台上,人们的目光在整个舞台的前后漫游。"[③]潘懋元先生结合我国实际,进一步发展了高等教育研究的多学科方法论。他在其主编的《多学科观点的高等教育研究》一书中也认为,多学科观点的高等教育研究,其方法论意义在于:一是研究领域宽阔;二是开拓研究者的视野与思路,促进学科间的相互理解;三是提供了新的思维方式。[④] 我们所讨论的大学"企业化"倾向不仅是高等教育学的关注范围,而且必然涉及经济学、管理学、哲学、社会学等其他学科,其本身就是一个多学科的问题。这就决定了这项研究不可能脱离对其他学科理论观点的借鉴与运用。当然,所谓"多学科研究"隐含了来自多个不同学科的多个研究者共同开展研究的意味。比较而言,"跨学科研究"则不要求有多个研究者。本书应当秉持的是跨学科研究而不是多学科研究方法论。下文将大学"企业化"倾向的缘起置于新自由主义、新公共管理和知识社会的背景下分析,离不开对经济学、管理学和社会学的有关理论的运用;对这一倾向的省思,则离不开社会批判理论的支撑。总之,哲学、社会学、经济学、管理学等理论观点将被广泛运用于本研究中。

另一方面,整体把握与个别分析相结合也是本研究的重要方法论基础。这样,本研究既可以做到从整体上、宏观上解读、分析大学"企业化"倾向,同时也可以探讨相对

---

① 罗纳德·巴尼特. 高等教育理念[M]. 蓝劲松,主译. 北京:北京大学出版社,2012:226.
② 华勒斯坦,等. 开放社会科学:重建社会科学报告书[M]. 刘锋,译. 北京:生活·读书·新知三联书店,1997:99.
③ 伯顿·克拉克. 高等教育新论——多学科的研究[M]. 王承绪,等,译. 杭州:浙江教育出版社,2001:2.
④ 潘懋元. 多学科观点的高等教育研究[M]. 上海:上海教育出版社,2001:5—7.

微观的、具体情境中的状况。"整体把握"主要运用于我们对第一个研究问题的回答上。我们将从一般意义上考察大学"企业化"倾向的背景缘起,描述其基本形态,对"企业化"做出价值反思并探讨进一步的行动进路。当然,立足整体往往隐含着兼顾共性与差异的潜在难题。不同国家、不同地区乃至不同大学在这方面都是存在差异的,虽然大学"企业化"倾向具有一定普遍性,但我们尚不能下结论说每个国家和地区的所有大学都已经走上了"企业化"道路;此外,我们也无法证明众多大学之间在这方面所表现出的特征和程度是一致的。因此,进行一般化描述有可能忽略特定情境下的差异,"以全概偏"在所难免。尽管如此,笔者坚持认为,从整体上把握、分析大学"企业化"倾向的共性不仅是可能的,而且也确有必要。因为,如果过于强调个别和差异,我们就不免会陷入个案之中,而无法获得整体性的理解。这或许也就证明了为何本质主义取向的高等教育研究仍有其存在的理由。在承认差异客观存在的基础上,本书将致力于概括大学"企业化"倾向的共性特征,从一般意义上对其进行讨论,此即是我们所谓的"整体把握"。正是由于本研究承认个案之间差异的存在,我们才在对该倾向进行一般意义的探讨之后进行个别分析,这也就是第二个研究问题的任务。于是,自然就将视野转向了本土,探讨、分析我国大学"企业化"倾向,关注我国大学中存在的特殊问题。

在操作层面,文献分析和比较研究是本书所运用的主要研究方法。一方面,文献分析(documentary analysis)是大多数研究所普遍采用的方法,包括历史研究、文献综述和对实践与诸多政策活动的概要。[①] 由于所涉研究层次比较宏观(包括对大学"企业化"倾向的一般分析,以及对我国大学"企业化"倾向进行研究),文献分析是本书所应用的最重要研究方法。我们将注重文献选取的权威性、经典性、代表性,力求"站在巨人的肩膀上"。本书中所引用的多是国内外有关这一研究领域的权威研究成果,以求增加研究的可信性和思想深度。另一方面,本研究所采用的主要操作方法还包括比较研究。该方法是"根据一定的标准,把彼此有某些联系的事物放在一起进行考察,寻找其异同,以把握研究对象所特有的质的规定性。比较研究是确定对象间异同的一种逻辑思维方法,也是一种具体的研究方法"。[②] 即便大学制度的"企业化"倾向是近年来波及全球的一种高等教育趋势,但是不同国家和地区的现实状况可能是不尽相同的,作为发端于发达市场化国家的大学"企业化"浪潮,是如何对我国大学产生影响的?

---

① Tight M. Researching Higher Education [M]. Buckingham: SRHE and Open University Press, 2009: 8.
② 裴娣娜. 教育研究方法导论[M]. 合肥: 安徽教育出版社, 1995: 223.

它又是如何与我国大学特殊的现实产生互动的？在此过程中是否出现了一些特殊的问题？对这些问题的思考，需要我们在总结共性趋势的基础上，与我国本土现实进行必要的比较分析，讨论我国大学面对的普遍与特殊问题，据此指出应对的路径。当然，正所谓"察往以知来"，本书的分析还包括一种历史的角度。只有明晰了当前的大学"企业化"倾向从何而来，我们才有可能去规划大学制度未来向哪里去。

三、研究的基本思路与结构框架

行文至此，笔者已交代了研究缘起和选题意义；界定了大学"企业化"倾向的含义；在回顾前人研究的基础上，提出致力于需要解决的研究问题；明确了解答这些问题的主要研究方法。在随后的章节中，本书将从大学"企业化"倾向的生成机制、制度变革、价值张力、理念回归和本土反思五个方面进行探究。其中，对生成机制、制度变革、价值张力、理念回归的讨论与第一个研究问题相对应，构成论文主体的第一部分；对本土反思的讨论则致力于解答第二个研究问题，独立构成第二部分。

第一章考察大学"企业化"倾向的生成机制。大学总是处于一定的政治、经济和社会背景中。宏观环境的变迁往往是促发大学变革的巨大动力。为此，本章首先考察了导致大学"企业化"倾向的三个互动的全球性因素——新自由主义、新公共管理和知识社会，并分析了它们对高等教育和大学的影响。三者的共同内核是市场的扩张与渗透，迫使大学融入市场、服务产业，产生创业诉求，进而导致"企业化"倾向的产生。

第二章描绘大学"企业化"倾向的基本轮廓。该倾向既作为今天的一种全球趋势而具有一定的普遍性，又在具体情境中存在差异，因此本章尝试把握这一倾向的共性特征。从大学制度的变革特征来看，一方面是市场化经营倾向，另一方面则是企业式治理和管理。这就从知识活动和组织管理两方面，勾勒出大学"企业化"倾向的基本轮廓。

第三章分析大学"企业化"倾向面临的价值张力。在对大学"企业化"倾向的背景缘起和共性特征进行概括后，本研究从事实层面转向价值层面，对该倾向的影响和后果展开价值分析。大学向公司企业学习的正面意义固然需要承认，但也须认识到它带给大学的身份困扰。教育性内在地构成了大学的合法性基础，而公共性则是大学社会合法性的基石，但"企业化"倾向使得大学的教育性和公共性面临一定程度的挑战。

第四章探讨扭转和超越大学"企业化"倾向的路径选择。本章承继第一章的分析框架，分别剖析了新自由主义推崇市场化的局限、新公共管理移植企业家精神改革高等教育的误区,反思了知识社会条件下大学为产业服务的工具主义,并提出了三条建设性方向:一是厘清市场界限,即从推崇市场机制转向强化政府责任;二是变革管理方式,即从移植企业经验转向尊崇大学逻辑;三是转变大学定位,使大学超越为产业服务的工具主义进而走向知识社会时代的公共领域。

第五章聚焦大学"企业化"倾向的本土反思。在对一般意义上的大学"企业化"倾向进行探究后,最后一章转向本土现实层面,讨论了我国大学"企业化"倾向的缘起、表现、困境和出路。特别是将我国大学近年来出现的"企业化"倾向,与早已存在的大学"行政化"问题一并加以分析,讨论了我国大学制度转型的特殊性。

第一章　市场驱动：大学"企业化"倾向的产生机制

众所周知，高等教育原属非市场领域，大学本是远离市场的高深知识机构。长期以来，大学与企业是在精神理念、组织使命、目标任务、组织结构、治理模式和运行方式等多个方面存在着诸多差异，甚至是截然相反的两类组织。然而近年来，"企业化"倾向却在许多国家和地区的大学中逐渐显现出来。那么，究竟是什么力量推动了这一进程？为此，我们首先将注意力集中于这一倾向得以产生的理论与社会背景。它们大致可以归结为新自由主义、新公共管理和知识社会三个互动的全球性因素：其一，新自由主义赋予了市场以至高无上的地位，市场所涉及的领域和影响的深度都大大超过了从前，高等教育成为市场的新领地；其二，新自由主义衍生的新公共管理倡导以"企业家精神"改造公共部门，强调借助企业的价值准则和管理方式提高公共机构的效率和效益，引起了大学与政府之间的关系转变，并促发了大学内部的管理革命；其三，在知识社会兴起的背景下，产学合作关系日益加深，知识的价值主要体现为经济价值，知识也成为可以在市场中进行交易的对象。正是在上述三大主要因素的共同作用下，市场对高等教育和高深知识领域的渗透不断加深，大学与市场、知识与产业之间出现了难舍难分的关系。

第一节　新自由主义：市场领地的扩张

最近四十年来，西方社会产生的一个万众瞩目的趋势便是"大政府、小社会"的政府包揽模式走向终结。伴随着政府从公共领域撤退，"向市场回归"成为这一时期的核心主题。在全球范围内推进市场化转向的最重要动力，则非新自由主义莫属。为此，我们首先聚焦于新自由主义对高等教育与市场关系的影响。

一、对市场推崇备至的新自由主义

由于在国内有关研究中"新自由主义"已经是一个被使用得过多过滥的概念,在探讨其对高等教育的影响之前,我们首先须搞清何谓"新自由主义"。对于西方的"New Liberalism"与"Neo-Liberalism",国内学界往往都通译为新自由主义。但是,"在西方学术界,作为 New Liberalism 的新自由主义和作为 Neo-Liberalism 的'新'自由主义,是两股有着不同甚至截然相反主张和诉求的学说"。① 其中,凯恩斯(John M. Keynes)的国家干预理论、罗尔斯(John Rawls)的正义论等一系列对古典自由主义加以矫正的学说,都属于"New Liberalism"理论体系的一部分。而后者(Neo-Liberalism)"首先是一种政治经济实践的理论,即认为通过在一个制度框架内——此制度框架的特点是稳固的个人财产权、自由市场、自由贸易——释放个体企业的自由和技能,能够最大程度地促进人的幸福。国家的角色是创造并维持一种适合于此类实践的制度框架"。② 本书所指的"新自由主义"是后一种意义上的新自由主义(Neo-Liberalism)。虽然"new"和"neo-"均具有"新"的意思,但是,后者的"新意"更多地具有复制、模仿先前事物的意味。③ 因此,"Neo-Liberalism"是对国家干预主义的反动,它在很大程度上是对古典自由主义的复归。确切地说,将"New Liberalism"译为新自由主义,将"Neo-Liberalism"译为新古典自由主义更为严谨和贴切。但考虑到国内绝大多数研究均将"Neo-Liberalism"译为新自由主义,本书将沿袭常见的译法,从而有助于同引文彼此衔接、保持一致。

作为一种理论学说,新自由主义早在 20 世纪上半叶开始成形。20 世纪初叶国家干预主义的推行,虽然在当时挽救了资本主义危机,但是却并没有使古典自由主义彻底失去思想阵地。作为某些古典自由主义理念的继承者,"新自由主义作为一项化解资本主义社会秩序危机的潜在方案,以及一项疗治资本主义疾病的方案,长期以来就潜伏于公共政策中"。④ 新自由主义学说崛起的标志性事件之一,便是一些自由主义者于 1947 年创建朝圣山学社(Mont Pelerin Society)。学社的主要成员包括弗里德里希·奥古斯特·冯·哈耶克(F. A. Hayek)、路德维希·冯·米塞斯(Ludvig von

---

① 李小科. 澄清被混用的"新自由主义"——兼谈对 New Liberalism 和 Neo-Liberalism 的翻译[J]. 复旦学报(社会科学版),2006,(1):56—62.
② 大卫·哈维. 新自由主义简史[M]. 王钦,译. 上海:上海译文出版社,2010:2.
③ 李小科. 澄清被混用的"新自由主义"——兼谈对 New Liberalism 和 Neo-Liberalism 的翻译[J]. 复旦学报(社会科学版),2006,(1):56—62.
④ 大卫·哈维. 新自由主义简史[M]. 王钦,译. 上海:上海译文出版社,2010:23.

Mises)、米尔顿·弗里德曼(Milton Friedman)、卡尔·波普尔(Karl Popper)等一批著名学者。该学社在其成立宣言中将矛头对准了国家干预,认为维系着人的尊严与自由的人类核心价值已经岌岌可危,而"上述发展过程的助长,也源于人们丧失了对私有产权和竞争市场的信念;因为,没有这些制度所带来的权力分散和创新精神,就很难设想一个社会能够有效地保障自由"。① 显然,新自由主义将市场自由、经济自由置于核心地位,认为如果私有产权与市场竞争不能有效地发挥作用,那么人的尊严与自由便难以存在。哈耶克认为,任何集体主义社会都会走上一条"通往奴役之路"。总之,在新自由主义学说的支持者看来,唯有自由市场是人类的其他自由权利得以实现的基础和条件。

新自由主义作为一项政策实践被广泛运用于公共政策始于 20 世纪 70 年代末和 80 年代初。时值 1970 年代,资本主义世界遭遇滞涨危机。相对于 1930 年代的市场失灵,这一次轮到了政府失灵。国家干预主义走向破产,回归"小政府、大市场",辅以必要的政府调控的自由主义理念得以"重出江湖"。② 1970 年代中后期,新自由主义理论被付诸实施。尽管"自由"与"权力"往往是相对的,但新自由主义由理论学说转化为政策实践所依靠的正是政府权力。时任英国首相的玛格丽特·撒切尔(Margaret Thatcher)和时任美国总统的罗纳德·里根(Ronald Reagan),以及一些国际组织,如世界银行(World Bank Group,WBG)、国际货币基金组织(International Monetary Fund,IMF)、世界贸易组织(World Trade Organization,WTO)等,均是这一政策的积极推动者。"结构调整计划"与"华盛顿共识"是新自由主义向全球扩张的两大重要事件。一方面,"结构调整计划"是国际货币基金组织和世界银行附加了向其贷款的条件,贷款国必须实施指定内容的结构调整,对国有经济部门进行改革,包括"鼓励实行私有化、降低或者取消对价格的控制、实行贸易自由化、鼓励出口、降低对本地/国内生产的贸易保护,对外国投资流入条件实行自由化"。③ 这就相当于对当时所有向国际货币基金组织和世界银行贷款的国家强加了新自由主义政策。另一方面,"华盛顿共识"于 1989 年被提出,旨在向拉丁美洲国家兜售新自由主义政策。在新自由主义全球扩张

---

① 转引自:大卫·哈维. 新自由主义简史[M]. 王钦,译. 上海:上海译文出版社,2010:23—24.
② 对于新自由主义兴起的缘由,在大卫·哈维看来,在新自由主义兴起的现象背后隐藏着阶级力量重建的本质。他认为,新自由主义是一项"旨在重建资本积累的条件并恢复经济精英的权力"的计划。参见:大卫·哈维. 新自由主义简史[M]. 王钦,译. 上海:上海译文出版社,2010:11—22.(其中引文见第 22 页)
③ C. A. 坦基斯. 新自由主义全球化——资本主义危机抑或全球美国化?[M]. 王新俊,王炜,译. 北京:教育科学出版社,2008:19.

的同时,伴随着苏联解体、东欧剧变和社会主义国家市场化改革的推进,对抗新自由主义的力量已经被大大削弱。在随后的几十年中,许多国家和地区都进入了"新自由主义时间"。

新自由主义政策的基本特征可以概括为"自由化""市场化"和"私有化"三个方面。① 第一,所谓自由化,即解除国家对经济活动的管制(松绑,deregulation)。新自由主义主张通过下放权力给基层、赋权给企业和个人、降低税率、破除国际贸易壁垒等途径,最大限度地发展自由市场经济,这就不仅削弱了本国政府的经济管理控制职能,而且还将弱化民族国家的主权。第二,市场化即强调市场的主体作用。新自由主义认为,政府包揽公共事务给自身带来了沉重负担,而且,缺乏竞争的公共服务造成了效率低下。新自由主义奉行"市场优先"的理念,凡是可以通过市场机制实现的任务,就要交给市场去完成,即使是公共物品,也不一定非要由政府提供,为此主张大力推行私人产品和公共产品的市场化供给,为政府"减负",政府尽可能扮演"守夜人"的角色。第三,在新自由主义看来,"私"就是好的,"公"就是坏的,私有制在公有制面前具有绝对优越性。于是,新自由主义强调私有产权的重要性,不仅主张发展私人经济,而且主张对国有部门私有化,如向国有企业注入私人股份,甚至将其转手出售给私人所有。总之,新自由主义时代下,传统的"大政府"僵化体制瓦解了,代之而起的是自由化、个体化和灵活化。"轻灵和流动"②成为时代特征。组织化的资本主义终结了。③

此外,新自由主义还通常与全球化进程联系在一起,这是因为,新自由主义是超越了民族国家疆界的全球政治经济安排。如果说福利国家时代掌权的是民族国家政府,那么新自由主义时代权威则主要集中于跨国公司。全球化(globalization)是一个相当复杂的概念,我们很难为其找到能够取得广泛共识的定义;吊诡的是,甚至反全球化运动本身都是全球化进程的一部分。在安东尼·吉登斯(Anthony Giddens)看来,现代性的全球化包括世界资本主义经济、民族国家体系、国际劳动分工和世界军事秩序四个维度。④ 全球化并不都是新自由主义的,但全球化包含着新自由主义这一维度,新自由主义实实在在地全球化了。新自由主义全球化推动了市场力量的全球性扩张,在

---

① 何秉孟. 新自由主义评析[M]. 北京:社会科学文献出版社,2004:4;张才国. 新自由主义意识形态[M]. 北京:中央编译出版社,2007:253.
② 齐格蒙特·鲍曼. 流动的现代性[M]. 欧阳景根,译. 上海:上海三联书店,2002:1—22.
③ 斯科特·拉什,约翰·厄里. 组织化资本主义的终结[M]. 征庚圣,袁志田,等,译. 南京:江苏人民出版社,2001.
④ 安东尼·吉登斯. 现代性的后果[M]. 田禾,译. 南京:译林出版社,2011:62.

某种意义上说,"全球化的发展趋势是向社会生活的非经济领域扩张其市场规律和机制的作用,并且使前者为服从于后者。"①新自由主义同全球化之间形成了紧密的彼此依赖,正是全球化进程将新自由主义的政策实践扩展到全世界的范围内,并开拓出庞大的国际市场。

此外,新自由主义全球化主要是由西方发达国家,特别是美国推动的,这就导致了美国模式日益具有普适色彩,成为许多国家和地区发展的样板。"当今全球化不只是一般资本主义的新阶段,它在很大程度上是美国式资本主义特点在全世界扩展和推进的结果。正如曾任经济合作与发展组织负责人的里卡多·皮特里拉(Riccardo Petrella)教授所写的那样:现在的'全球化主要是现代全球社会在经济、军事、技术和意识形态等方面的美国化'。这种全球化具有向人类社会活动所有领域扩散的趋势,推广的是在美国形成的模式和标准。"②新自由主义全球化意味着美国的市场模式被不断地复制,推广了美国式的"一元现代性",这不仅削弱了其他国家和地区的制度、文化多样性,而且还使得这些效仿国家在全球化进程中日益依附于发达国家主导的政治经济秩序。

尽管上文提及了市场化、私有化、自由化、全球化和美国化等一系列概念,但无论我们怎样总结新自由主义政策的特征,"市场至上"都会被作为这一政策的核心。甚至可以说,新自由主义是一种"市场原教旨主义"或"经济原教旨主义"。这"不仅因为自由市场的某些原则一直在某绝对的意义上大行其道,而且因为这个词包含着宗教意蕴。诚如大卫·洛伊(Loy)所言:'市场正成为第一个真正的世界宗教',且经济学最好是理解成'穿着科学外衣的神学'"。③ 新自由主义与其说是理性地相信市场,不如说是狂热地迷信市场。在新自由主义框架下,我们面对的不再是镶嵌于民族国家社会中的"市场经济",而是生存于市场无处不在的"全球市场社会"之中。只要存在限制、阻碍市场力量的桎梏,就必须将其统统拆掉。于是,民族国家的主权被弱化,跨国资本的兴起标志着市场力量在广度上熔化了民族国家的疆界,由此开启了新自由主义全球化议程。同时,市场与非市场领域的界限也开始模糊。市场正在向传统的非市场领域,如文化艺术、教育学术、知识生产甚至是私密领域、价值观念持续侵入,原本属于非市

---

① C. A. 坦基扬. 新自由主义全球化——资本主义危机抑或全球美国化?[M]. 王新俊,王炜,译. 北京:教育科学出版社,2008:4.
② C. A. 坦基扬. 新自由主义全球化——资本主义危机抑或全球美国化?[M]. 王新俊,王炜,译. 北京:教育科学出版社,2008:112.
③ 大卫·杰弗里·史密斯. 全球化与后现代教育学[M]. 郭洋生,译. 北京:教育科学出版社,2000:41.

场领域的社会组织急剧地产生了市场化、企业化的倾向。在某种意义上,市场与消费与其说是我们实现幸福的手段,毋宁说是我们这个时代的生活方式。在新自由主义的推动下,它前所未有地深入各个社会领域,形塑、重构着人们的思维与常识。

二、市场向高等教育领域的拓展

新自由主义致力于将高等教育改造为市场的新领地。它神化了市场力量,力主把一切都商品化,使社会关系尽可能地从属于买卖关系。著名的西方马克思主义思想家大卫·哈维(David Harvey)一针见血地指出:"每个社会都会对商品化的起点和终点做出某些限制,争论焦点是界线何在。"然而,"新自由主义化无疑取消了商品化限制,并极大地扩展了合法契约的范围"。[①] 市场化、商品化扩展到教育领域,教育问题被作为经济问题看待。1976年诺贝尔经济学奖获得者米尔顿·弗里德曼在阐述其教育券思想时,采取了如下表述:"为了对政府所规定的最低学校教育提供经费,政府可以发给家长们票证。如果孩子们进入'被批准的'教育机关,这些票证就代表每个孩子在每年中所能花费的最大数量的金钱。这样,家长们就能自由地使用这种票证,再加上他们所愿意添增的金额向他们所选择的'被批准的'教育机关购买教育劳务。"[②] 这段文字的合理性当然不能否认,但其要害在于将学校和学生、家长的关系界定为买卖关系,学校向学生提供的教育,在这段表述中被认为是"教育劳务",这种劳务就是在学校和学生、家长之间建立的买卖关系中的一种商品。尽管这段论述主要针对的是中小学教育,但是在现实中,这种将教育解读为一种商品的逻辑同样也适用于高等教育。弗氏的论述实际上代表了新自由主义的教育商品观,即教育可以作为商品拿到市场上交易。

按照新自由主义的逻辑,高等教育自然可以作为商品在市场中流通;大学和企业也并非存在天壤之别,只不过前者从事的是生产知识产品和提供教育服务的另一类企业组织而已。大学为社会提供知识、为受教育者施以教育,没有理由排斥营利目标和买卖关系。大学遵循市场法则是向"顾客"收取一定费用,甚至创收营利,均属天经地义。总之,新自由主义市场化奉行这样的理念,即"使高等教育改革从类市场转向完全资本主义市场——在完全资本主义市场的高等教育中,高等教育将具有商品属性,以营利和占有市场份额为目的,由具有竞争关系的股份制公司或组织提供。在这样一个

[①] 大卫·哈维. 新自由主义简史[M]. 王钦,译. 上海:上海译文出版社,2010:190—191.
[②] 米尔顿·弗里德曼. 资本主义与自由[M]. 张瑞玉,译. 北京:商务印书馆,2004:97.

自由进入的市场中,高等教育将不受政府干预,完全从属于市场的买卖关系"。① 尽管现实中高等教育很难被改造为彻头彻尾的买卖,但新自由主义的努力也已经起到了明显的成效。

在新自由主义的影响下,从1980年代开始,高等教育步入了市场化时代。首先表现在高等教育拨款的削减。除高等教育大众化引发的财政压力客观上导致高等教育经费紧缺之外,新自由主义为政府削减高等教育财政拨款提供了重要的理论基础和行动方案。1980年代以来,采纳了新自由主义方案的政府积极推动高等教育市场化改革,不仅高等教育民营化成为越来越多国家和地区的选择,而且对于原先的公立高等教育,政府的财政支出模式正在发生变化。这突出表现为政府的财政资助份额明显减少。以英国为例,1979年撒切尔夫人在就任首相的三天内,就将英国大学的预算砍掉了1亿英镑;②在随后的1980年至1984年的几年时间里,撒切尔政府将高等教育经费削减了15%,以至于引发了大学经费的危机。③ 美国从1990年代初开始,在入学人数增加的背景下,州政府将高等教育经费数额削减到二战以来的最低水平,到2004年,州政府对公立高校的生均财政支出比15年前低了12%。④ 荷兰政府也逐步削减了公共高等教育经费,从1991年至2001年这十年间,大学获得的公共经费相对于GDP的增长从35%稳步下降至25%。在国立大学法人化进程中,日本政府同样也削减了对大学的经常性拨款和专任教师的人件费。⑤ 总体上看,高等教育财政性拨款的缩减和紧张已经成了全球性问题,这一变革增加了大学对私人资金的依赖,迫使其通过市场化、私有化、企业化的途径另谋出路。

与此同时,关于如何看待高等教育产品的性质,近年来经历了一次重大的转变。在经济学理论中,存在着公共物品(public good)与私人物品(private good)的分野。"公共品是指这样一类商品:将该商品的效用扩展于他人的成本为零;无法排除他人参与共享。"⑥在公共物品和私人物品之间存在过渡的渐变区域,其中包括准公共物品

---

① 西蒙·马金森. 为什么高等教育市场不遵循经济学教科书[J]. 孙梦格,覃文珍,译. 北京大学教育评论,2014,(1):17—35.
② 蒋凯. 全球化时代的高等教育:市场的挑战[M]. 北京:北京大学出版社,2013:58.
③ 杨义萍. 撒切尔政府的教育改革政策[J]. 欧洲研究,1990,(3):55—59.
④ 菲利普·G·阿特巴赫,罗伯特·O·波达尔,帕崔凯·J·甘波特. 21世纪的美国高等教育:社会、政治、经济的挑战[M]. 施晓光,蒋凯,主译. 青岛:中国海洋大学出版社,2007:89.
⑤ 蒋凯. 全球化时代的高等教育:市场的挑战[M]. 北京:北京大学出版社,2013:161,156.
⑥ 保罗·萨缪尔森,威廉·诺德豪斯. 经济学(第十九版)[M]. 萧琛,等,译. 北京:商务印书馆,2011:58.

和准私人物品。区分公共物品与私人物品的标准有二：一为是否具有竞争性，二为是否具有排他性。具有非竞争性和非排他性的产品为公共产品。所谓非竞争性，是指一个人对该产品的消费不影响他人对这一产品的消费，在该产品未达到充分消费时增加一个人的消费其边际成本为零；非排他性则是指一个人对该产品不能排除他人对该产品的消费。① 在福利国家框架下，教育（包括高等教育）被认为是公共物品。由于纯粹的公共物品不具有竞争性和排他性，会导致市场失灵，政府理应承担起公共责任保障教育供给。

在新自由主义时代，高等教育公共产品观备受质疑。"在过去的几十年里，人们对高等教育在现代社会中的角色各抒己见，不同观点之间展开了激烈的辩论。"②最终，还是高等教育的私人产品观占据了上风。在20世纪八九十年代，世界银行对教育的收益率进行了多次大规模测算，并得出结论：基础教育的收益率普遍高于高等教育的收益率，而高等教育的个人收益率则高于社会收益率。③ 质言之，从基础教育到高等教育，社会收益率是递减的。其最大受益者是受教育者本人而非社会。因此接受高等教育更倾向于被认为是个人责任和私人投资。高等教育则被认为是商品和服务，可以通过市场提供。这就从理论上为推行高等教育成本分担和个人付费提供了合法性论证。

新自由主义具有全球化的维度，在其主导下的高等教育市场化跨越了国家疆界向全球扩张，最后形成了全球高等教育市场。即使在市场化时代，公民接受本国或本地区的高等教育在很大程度上仍体现为受教育权利，因此，尽管在新自由主义影响下，政府在很多公共领域都有退出迹象，但是将高等教育作为纯粹的私人产品无法取得共识，使本国（本地区）高等教育完全按市场机制运作、在学生与大学之间建立完全的市场交易关系几乎不能实现。相比之下，跨境高等教育非但不受此限，而且它还被作为"主要教育输出国高校缓解财政紧张和拓宽经费来源的重要渠道之一。"④世界贸易组织明确地将教育作为一种服务写入了《服务贸易总协定》的12项服务清单之中。显然，在世界贸易组织看来，教育服务与其他商业服务别无二致，都是可以在国际上进行贸易的商品而已。尽管由于教育属于具有意识形态色彩的敏感领域，并不是每个国家

---

① 旷乾. 教育资源配置中的政府与市场——基于中国现状的分析[M]. 南宁：广西教育出版社，2007：60.
② 菲利普·阿特巴赫，利斯·瑞丝伯格，劳拉·拉莫利. 全球高等教育趋势——追踪学术革命轨迹[M]. 姜有国，喻恺，张蕾，译. 上海：上海交通大学出版社，2010：11.
③ 蒋凯. 全球化时代的高等教育：市场的挑战[M]. 北京：北京大学出版社，2013：51.
④ 蒋凯. 全球化时代的高等教育：市场的挑战[M]. 北京：北京大学出版社，2013：204.

都会承诺将本国教育市场向国际开放,但是在今天,高等教育跨境投资、跨境消费早已是人们司空见惯的现象。"世界贸易组织就是要把教育看做一种商业服务,把教育行业看做市场或教育服务市场,因而要把它们自由化。"①即使如此,"新自由主义全球化的客观现实等不及世界贸易组织的批准,就迫使许多国家对外国投资者(公司、大学和其他教育服务的供给者)开放了教育空间,尤其在高等教育领域更为积极。"②虽然大学在历史上就是具有国际化特征的机构,但十分明显的是,今天跨境高等教育更多地具有商业贸易的色彩。

总的来看,新自由主义重构了国家与高等教育的关系。在传统福利国家框架内,高等教育机构的资金来源主要受到政府公共财政的支持和保障,大学主要通过人才培养、科学研究和公共服务来与社会互动。但在新自由主义渗透下,大学同市场之间的界限在很大程度上被贯通了,它必须学会在市场竞争中"自食其力","自谋生路","自给自足"。

第二节 新公共管理:企业家精神的移植

作为新自由主义思想在公共部门实践活动中的延伸,自从20世纪七八十年代以来,在西方国家率先兴起了一场声势浩大的公共部门改革运动——新公共管理。作为传统的公共部门,高等教育机构自然身处这场改革的漩涡之中。不仅是政府与大学的关系在这一改革当中被重新塑造;而且,新公共管理还深入到大学内部,改变了大学的管理和运行方式。在提高效率和效益的名义下,通过新公共管理的改造实践,来自企业部门的经验、原则和方法被移植到高等教育领域并取得了合法性。

一、崇尚企业家精神的新公共管理

所谓新公共管理,通常又称为新管理主义(new managerialism),是与传统的公共行政相对而言的。一般来说,传统的公共行政是以马克斯·韦伯的科层制(bureaucracy,也有学者将其译为官僚制)为基础的一种公共行政模式。关于传统公共行政的特征,

---

① C. A. 坦基扬. 新自由主义全球化——资本主义危机抑或全球美国化?[M]. 王新俊,王炜,译. 北京:教育科学出版社,2008:100.
② C. A. 坦基扬. 新自由主义全球化——资本主义危机抑或全球美国化?[M]. 王新俊,王炜,译. 北京:教育科学出版社,2008:100.

我们可以从一些著名学者的论述中管窥一二。美国著名社会学家彼得·布劳(Peter M. Blau)和马歇尔·梅耶(Marshall W. Meyer)将科层制的主要特征归纳为以下六点：其一，把为实现组织目标所必需的日常工作，作为正式职责分配到每个工作岗位；其二，所有岗位的组织遵循的是等级制度原则，每个职员都受到高一级职员的控制和监督；其三，组织活动是由一些固定不变的抽象规则体系来控制的；其四，组织中的人应以严格排除私人感情的精神处理公务；其五，在科层组织中就业的人员必须在技术素质上合乎要求，而且不能被随意地解雇；其六，从纯粹的技术观点来看，规范的科层化行政组织可以达到最高的效率。① 美国著名政治与行政学家 B·盖伊·彼得斯(B. Guy Peters)则将传统的公共行政概括为政治中立的公务员制度、层级制和规则、永久性和稳定性、制度化的公务员制度、内部管制(执行上级命令)、追求结果平等六个方面。② 概言之，在传统的科层制中，制度严格、分工明确、等级森严、理性中立、组织稳定。这种传统的公共行政不仅长期存在于政府机构之中，而且还支配着政府以外的其他公共部门的运行方式。公立高等教育机构长期以来就是按照这种官僚化模式运行的。

尽管传统公共行政号称富有效率，但在新公共管理的倡导者看来，这种官僚制不仅是低效的，而且是过时的。戴维·奥斯本(David Osborne)和特德·盖布勒(Ted Gaebler)写道："这一类在工业时代发展起来的政府机构，具有迟缓、中央集权的官僚体制，专注于各种规章制度及其层叠的指挥系统，这些机构已经不能再有效运转了。在那个时代这种政府机构曾有过辉煌的成就，但在某些环节上，它们脱离了人民，变得机构臃肿，浪费严重，效率低下。当世界开始变化时，它们未能一起作出相应的变革。20 世纪 30 年代和 40 年代设计出来的官僚体系，中央集权，层次繁多，在变化迅速、信息丰富、知识密集的 90 年代已不能有效地运转。那种政府机构就像超音速喷气式飞机时代里的大型豪华客轮，躯体巨大，行动不便，价格昂贵，转向十分困难。"③总之，我们已经步入日益以知识为基础的社会，传统公共行政远不能适应这一灵活多变的社会环境。

---

① 彼得·布劳,马歇尔·梅耶. 现代社会中的科层制[M]. 马戎,时宪民,邱泽奇,译. 上海：学林出版社，2001：17—19.
② B·盖伊·彼得斯. 政府未来的治理模式[M]. 吴爱明,等,译. 北京：中国人民大学出版社,2001：4—14.
③ 戴维·奥斯本,特德·盖布勒. 改革政府：企业家精神如何改革着公共部门[M]. 周敦仁,等,译. 上海：上海译文出版社,2006：序.

面对庞大的管理机构造成的效率低下,新公共管理开出的药方是"用企业家精神改革公共部门"——正像《改革政府》一书的副标题所写明的那样。该书作者奥斯本和盖布勒指出,面对公共部门的官僚主义,尽管政府不能像企业一般运作,但"任何机构,无论公营私营,都可以有企业家的精神"。① 理想中的"企业化政府"的形象,便是"大多数企业化的政府都促进在服务提供者之间展开竞争。它们把控制权从官僚机构那里转移到社区,从而授权给公民。它们衡量各部门的实绩,把焦点放在后果上而不是在投入上。它们的行为动力不是来自规章条文,而是来自自己的目标,自己的使命。它们把服务的对象重新界定为顾客,让顾客们有所选择,选择学校,选择职业培训计划,选择住房。它们防患于未然,而不是在问题成堆以后才来提供各种服务。它们把精力集中于挣钱而不单单是花钱。它们下放权力,积极采用参与式管理。它们宁可要市场机制而不要官僚主义机制。它们关注的中心并不简单是提供公众服务,而且也是向公营、私营和志愿服务各部分提供催化剂,使之行动起来解决自己社区的问题"。②

作为新自由主义的衍生产物,新公共管理不仅是一种理论思潮,还是一场席卷全球的改革实践。自 20 世纪 80 年代以来,世界上的主要发达国家率先推进了公共部门改革。以美国、英国和澳大利亚三国的改革为例:美国的里根政府削减政府机构,缩小公共服务范围;老布什政府全面推行质量管理;克林顿(William J. Clinton)推行精简政府机构、裁减政府雇员、放松管制、引入竞争和绩效管理;小布什(George W. Bush)则强调以公民为中心、以结果为导向、以市场为基础并强调竞争的政府改革。英国政府自 1979 年撒切尔夫人就任首相以来,就不遗余力地推行新公共管理改革,如注重私人部门的管理技术,强调竞争机制、顾客导向和改善服务,这一改革持续至今。澳大利亚更为强调政府对使用公共资金而取得的实际成果的责任。为此,澳大利亚积极推行权力下放,政府不做私人能够做成的事情,由私人接管公共部门,推进财政权力与责任下放等。③ 不仅发达国家如此,如今许多发展中国家也开展了轰轰烈烈的公共部门改革运动。

从这些形形色色的实践中,我们不难把握新公共管理改革的主要脉络。概言之,改革方案包括强调职业化管理、明确的绩效标准与评估、项目预算与战略管理、提供回

---

① 戴维·奥斯本,特德·盖布勒. 改革政府:企业家精神如何改革着公共部门[M]. 周敦仁,等,译. 上海:上海译文出版社,2006:序.
② 戴维·奥斯本,特德·盖布勒. 改革政府:企业家精神如何改革着公共部门[M]. 周敦仁,等,译. 上海:上海译文出版社,2006:序.
③ 王佃利. 美英澳三国新公共管理改革的新进展[J]. 中国行政管理,2004,(2):44—51.

应性服务、公共服务机构的分散化和小型化、竞争机制的引入、采用私人部门管理方式、公共管理者成为官僚政治家八个方面。① 这是一种典型的商业话语,是企业家精神在公共部门中的移植,其目的在于使公共部门实现经济(economy)、效率(efficiency)与效能(effectiveness)的"三 E"目标,②以适应当今快速变化的世界。

新公共管理主张将这些"企业家精神"引入公共部门并不是偶然的,这种选择与新自由主义之间的深厚渊源密不可分。两者并不是产生于同一时期却相对独立的潮流,而是盘根错节、彼此强化的关系,或者说,新公共管理是新自由主义的一部分。正如西蒙·马金森所指出的,新公共管理和新自由主义存在一种共生的关系。一方面,新自由主义为新公共管理改革提供了思想支柱;另一方面,新公共管理为推进朝向新自由主义方向的更为激进的变革提供了有利条件。③ 总之,在新自由主义和新公共管理这一对"孪生兄弟"的共同作用下,资本主义市场和企业的文化精神、管理方式共同渗入了原本与市场保持一定距离的公共部门。

二、新公共管理运动中的高等教育改革

作为传统的公共部门,教育是新公共管理致力于改造的对象之一。特别是 20 世纪以来,接受教育不再是少数人的特权,而成为人人皆享有的基本权利。且不论基础教育,即便是高等教育,在发达国家中也日益走向普及。随着受教育人口越来越多,以及科学研究事业规模的日益扩大,公立教育机构特别是公立高等教育机构收获着来自政府日益增长的巨额拨款,这些机构的绩效也成为人们持续关注的话题。在新公共管理的代表著作《改革政府:企业家精神如何改革着公共部门》一书中,作者戴维·奥斯本和特德·盖布勒就不止一次地提及了学校教育。在新公共管理理念中,教育作为公共部门,接受了公共资助,就必须强化责任、回应顾客、提升绩效。彼得·德鲁克(Peter F. Drucker)声称,"教育已经变得非常昂贵,非让它负责任不可"。他列举数字说:"发达国家的教育支出,在 1922 年时约占 GNP 的 2%,80 年后的现在则攀升到了10%。另一方面,学校现在也愈来愈重要,不能不让它负担责任——对应该达成什么绩效,以及达成多少绩效负担责任。"④总之,从新管理主义的立场看来,既然教育花了

---

① 陈振明. 评西方的"新公共管理"范式[J]. 中国社会科学,2000,(6):73—82.
② 戴晓霞,莫家豪,谢安邦. 高等教育市场化[M]. 北京:北京大学出版社,2004:19.
③ 西蒙·马金森. 为什么高等教育市场不遵循经济学教科书[J]. 孙梦格,覃文珍,译. 北京大学教育评论,2014,(1):17—35.
④ 彼得·F·德鲁克. 后资本主义社会[M]. 傅振焜,译. 北京:东方出版社,2009:169.

那么多的钱,那么就不能允许学校"光拿钱不办事"。1989年9月,美国政府高层就运用一些企业管理手段改革公共教育达成共识,这些手段包括"'给家长和学生以更多的选择';'讲究实效的责任制度而不是讲究对规章制度的服从';'把权力和作决定的责任下放到学校';人事制度要'真正奖励在学生身上取得成就'和'严肃追究失败的责任';以及'积极持久的家长与企业界的卷入'"。① 实际上,在过去的几十年中,强化学校绩效责任的各种做法已由包括美国在内的许多国家付诸公共教育改革实践。

就高等教育而言,在新公共管理背景下,为达到经济、效率、效益的目标,从企业那里借鉴来的一些价值准则和管理方式被广泛使用。正如奥斯本和盖布勒所比喻的那样,"企业型政府"的作用不应是"划桨",而应是"掌舵"。② 这体现为政府积极实施分权政策,公立大学与政府、市场的外部关系被重塑。同时,为了保证绩效质量,政府则转向以"遥控"的方式管理高等教育,问责机制悄然兴起。由于新公共管理要求公共部门必须响应顾客需求,提高绩效和质量,在外部的压力下,大学内部也借鉴、采取企业价值准则和管理方式,管理者越来越像管理公司一般来管理大学。

在新公共管理的推动下,公立大学与政府、市场的外部关系发生了变化。这种变化首先表现为高等教育分权的发展。在以往福利国家体制中,大学虽享有来自政府的相对充分的资源保障,但却始终处于政府的严密控制之下,很多具体事务往往取决于政府的安排,其自主决策的空间十分有限。特别是在某些大陆法系国家十分强调政府的权威,大学作为国家教育权的延伸,甚至是政府的附属物,根本不具有独立的法人地位。新公共管理和新自由主义的高等教育政策实践,其主要方面之一就是推行解除管制,将部分财权和责任一并下放到学校,使大学转向自主经营。这已经成为许多国家在教育(不仅仅局限于高等教育)领域的一个普遍的趋势,特别是在传统的中央集权国家,教育分权的趋势十分明显。弗兰斯·范富格特(Frans Van Vught)等学者对澳大利亚、美国、丹麦、法国、德国、日本、荷兰、加拿大、瑞典、瑞士、英国11个国家的高等教育政策进行了研究,表明了政府的权力正在向院校层面转移,高等教育分权政策持续推进。范富格特区分了高等教育的国家控制模式和国家监督模式:"国家控制模式把高等教育看作一项同质的事业,政府试图控制高等教育系统的动力的一切方面。"而国

---

① 戴维·奥斯本,特德·盖布勒. 改革政府:企业家精神如何改革着公共部门[M]. 周敦仁,等,译. 上海:上海译文出版社,2006:238.
② 戴维·奥斯本,特德·盖布勒. 改革政府:企业家精神如何改革着公共部门[M]. 周敦仁,等,译. 上海:上海译文出版社,2006:1—20.

家监督模式则意味着"国家提出高等教育运作的宽阔的参数,但是有关使命和目标的基本决策乃是系统及其各高校的职权"。在他看来,国家控制模式正在朝向国家监督模式转变。① 同样,杰夫·惠迪(Geoff Whitty)等人对英格兰和威尔士、新西兰、澳大利亚、美国、瑞典这几个国家和地区的研究也证实了教育领域中放权现象的存在:"每一个国家都施行了一系列试图重建公共教育的政策。共同的主题是将财政和管理权限下放到更为基层的单位,或下放到如瑞典那样的市政当局和学校,或更为普遍的是,从区域或地方层面下放到单个学校。"② 总之,一些原先被政府所掌握的权力正在向院校层面转移已在许多国家中普遍发生。除此之外,高等教育民营化也是近年来兴起的一种明显趋势。我们可以将民营化看作是政府正在解除对高等教育准入的限制,即向私人办学的一种分权形式。

表面上看,分权似乎意味着在这场变革中公立院校获得了更大的自主权,推进了院校自治。然而在这一场变革中,院校究竟获得了多少实质性权力,政府是否真的放手让大学实现高度自治未必是那么令人乐观。如果我们指望,一个奉行新自由主义和新公共管理政策的政府会尊重大学的自由、自治理想,赋予其更大的实质性自主权,那么这种认识无疑是十分天真的。许多国家推行高等教育分权制度并不是为了减弱对院校的控制,而是为了推卸财政责任。③ 大量权威研究文献均表明,在新自由主义和新公共管理推动的高等教育分权运动中,政府的权力并未被实质性地削弱,甚至还存在被强化的苗头。在这场分权改革过程中,真正值得注意的主要不在于政府与大学之间转移了多少权力,而是在于,在权力转移的表象背后,政府正在转变对大学的权力控制方式。尽管公共财政的充分保障和政府的直接干预退出了,然而政府从未真正地缺场,而是隐藏在幕后,以间接的、市场的手段进行严厉的"远程操控"。诸如目标管理、质量评估、绩效拨款、绩效问责等一系列旨在保证经济、效率和效益的手段被广泛运用于高等教育领域,"审计文化"正在兴起。由于权力与责任是被一并下放的,尽管院校获得了更多的自主权,但同时也面临着更大的竞争压力,承担起更多绩效责任。盖伊·尼夫(Guy Neave)通过对西欧高等教育1986年至1988年出现的新趋势进行深入研究的基础上,提出了"评估型政府"(evaluative state)的概念,认为一种新兴的"事后

---

① 弗兰斯·F·范富格特. 国际高等教育政策比较研究[M]. 王承绪,等,译. 杭州:浙江教育出版社,2001:414.
② 杰夫·惠迪,萨莉·鲍尔,大卫·哈尔平. 教育中的放权与择校:学校、政府和市场[M]. 马忠虎,译. 北京:教育科学出版社,2003:38.
③ 蒋凯. 全球化时代的高等教育:市场的挑战[M]. 北京:北京大学出版社,2013:150.

评估"(posteriori evalution)通过产出控制,取代了过程控制,并由此决定了资源的配置。这种评估"通过过程控制转向产出控制,从而使高等教育更趋于国家优先的领域,这是高等教育大众化以来高等教育政策领域最重要的发展之一"。① 实际上,强化评估问责的趋势并不只存在于西欧高等教育中。例如,在美国,自1980年代以来高等教育问责制逐步得到加强,到1990年代达到高潮;同样是1980年代以来,英国政府一直努力通过各种评估促使高校在保障和提高质量的同时提高效率,实现教学、科研与管理生产率的最大化;日本文部科学省在国立大学法人化过程中始终处于主导地位,政府保留了核心管理权,对大学获得的公共经费进行严格监督,通过外部评估对大学保持强制性监管;② 从1980年代后期的"道金斯改革"开始,澳大利亚政府也将新公共管理引入高等教育,以期强化院校的绩效责任和成绩水平。③ 总之,审计问责正逐渐成为遍及全球高等教育的重要趋势。

确切地讲,高等教育正在发生的变化应当表述为"分权中的集权"。杰夫·惠迪等三位学者共同指出:"这项政策包括显然相互矛盾的国家控制和市场力量的结合,或者更为具体地说,是'评估型政府'(evaluative state)与'准市场'(quasi-markets)的结合。放权措施似乎是将具体权力移交给学校,但与之相随的其他政策往往将教育供方与国家更为紧密地联系在一起。"④ 在此意义上,很多国家"采用国家监督的高等教育协调模式,并不是没有它的权衡的。有些国家的政府正在给予高等教育机构更多的行动自由的同时,要求提高内部管理的效率和效益,以及措施的制度化以保证负责和质量"。⑤ 总之,政府表面上顺应了大学"自治"的要求,但实质上却将大学置于一种更有效的控制手段之中。大学不能再依赖政府的慷慨资助,而是要学会在市场中寻求资源,但必须满足一定的绩效标准。接受政府或市场的审计与问责。"在很多国家,趋势似乎是取消调节(de-regulation)。但是,应该认识到,取消调节并不必然导致增加院校

---

① Neave G. On the Cultivation of Quality, Efficiency and Enterprise: An Overview of Recent Trends in Higher Education in Western Europe, 1986 - 1988 [J]. European Journal of Education, 1988, (1/2): 7 - 23.
② 蒋凯. 全球化时代的高等教育:市场的挑战[M]. 北京:北京大学出版社,2013:187,181,165.
③ 西蒙·马金森,马克·康西丹. 澳大利亚企业型大学的权力结构、管理模式与再创造方式[M]. 周心红,译. 杭州:浙江大学出版社,2007:21—34.
④ 杰夫·惠迪,萨莉·鲍尔,大卫·哈尔平. 教育中的放权与择校:学校、政府和市场[M]. 马忠虎,译. 北京:教育科学出版社,2003:14.
⑤ 弗兰斯·F·范富格特. 国际高等教育政策比较研究[M]. 王承绪,等,译. 杭州:浙江教育出版社,2001:416.

自主权。取消调节指减少政府以规则和法规形式出现的法律手段,如果被废止的规则和法规被像转译成指标、标准和目标的'力求宏观效率'这种一般战略所取代,而这些指标的法律和政治地位又并不清楚,那么各院校可能面临很多不确定性,实际上他们把他们的自主权看成已经减少而不是扩大。"①由于政府监管、问责权力的增长,以及大学对市场作出更为灵敏的回应的要求,很难说这种由政府和市场为大学安排的自主权具有实质性意义,也很难说这种自主权符合大学学术本位的要求。伯达尔(Berdahl)区分了政府与大学关系中的手段自主与目的自主,②按照这种区分,新公共管理赋予大学的自主是手段性的。大学并不能真正独立于政府与市场,赋予自主权的目的恰恰在于提高大学对外部诉求的响应能力,最终使高等教育在经济、效率和效能等方面取得效果。

　　总体观之,新自由主义及其在公共部门的实践——新公共管理——不仅重塑了大学与政府、市场的外部关系,而且其影响还深入到大学组织内部。政府一方面向大学下放权力赋予其程序性自主权,削减了对大学的拨款,将大学推向市场,同时又紧紧地依靠事后评估、绩效问责、竞争性拨款等严厉的"远程控制"手段,强化大学的绩效责任。这些变化,最终都使得大学不得不像公司企业一般到市场中去寻求资源、维持生存;与此同时,大学还必须强化内部管理控制,学习、效仿企业管理方式,以期在提高经济绩效方面取得明显的成效。本书下一节将提到,20世纪后半叶以来知识社会的发展和知识的商品化趋势,为大学"企业化"生存进一步奠定了基础。

第三节　知识社会:大学与产业的融合

　　尽管新自由主义和新公共管理推进大学"企业化"势头强劲,但并非所有推动大学"企业化"倾向的动因都来自它们,知识经济、知识社会也在扮演着积极的角色。作为20世纪后半叶以来兴起的一场深刻变革,知识经济有时与新自由主义被混为一谈。实际上,"并不是所有的知识经济相关概念都根植于新自由主义的基本原则。一些理论观点体现出对新自由主义的认同,而另一些则对新自由主义的全球化概念提出了批

---

① 弗兰斯·F·范富格特. 国际高等教育政策比较研究[M]. 王承绪,等,译. 杭州:浙江教育出版社,2001:425—426.
② 转引自:西蒙·马金森,马克·康西丹. 澳大利亚企业型大学的权力结构、管理模式与再创造方式[M]. 周心红,译. 杭州:浙江大学出版社,2007:210.

评。很大程度上,这两种关于知识的经济学与社会学观点是相互独立且平行发展的";[1]同样,新自由主义也并不缘于知识经济的兴起;而且至少在理论上,新自由主义思潮和实践也是要经历兴衰的,其倡导的市场社会是可以逆转的,然而一旦我们步入知识经济,便很难退转到从前的状态。总之,在知识经济、知识社会中,大学与产业走向了深度融合,并且这一融合在"创新"的话语中被合法化,这也是导致大学"企业化"倾向的重要原因之一。

一、知识社会与作为直接生产力的知识

20世纪后半叶以来,西方社会经历了一场深刻的转型。这场转型的核心,便是知识与经济、社会的关系越来越密切;知识不再为少数精英所占有,而是为全社会所占有;知识的地位和作用日益明显,经济和社会发展与知识的生产、传播更加密不可分。我们这里所谓的知识,主要指的是理论化了的知识。从人类社会诞生的那一刻起,社会的发展与知识的应用就紧密结合,不过当时主要应用的是经验形态的知识,而如此依赖于理论知识的社会只是近来形成的。在理论知识与经济社会发展日益紧密结合的背景下,许多社会学家对未来的社会前景进行了大胆而严谨地预测,尽管其中有些人是乐观的,但有些人则认为前途是晦暗的。诸如后工业社会(post-industry society)、或者称为知识社会(knowledge society)、信息社会(information society)、后资本主义社会(post-capitalist society)、风险社会(risk society)、后现代社会(post-modern society)、新工业国(new industrial state)等术语,都源自这些学者对正在发生的转变和未来社会图景的概括。这些提法分别从不同维度勾描了正在到来的以知识为基础的社会的轮廓。

在诸多对未来社会预测的理论中,最具有代表性的理论之一,非美国著名学者丹尼尔·贝尔(Daniel Bell)的后工业社会理论莫属。早在1970年代,贝尔就着眼于20世纪西方发达国家社会—技术方面的变迁。在其代表作《后工业社会的来临——对社会预测的一项探索》中,贝尔在对大量数据进行细致分析的基础上乐观地预言,后工业社会即将到来,这一新的社会形态将取代传统的工业社会。那么,后工业社会是什么样的呢?贝尔将其基本特征归纳为:第一,在经济方面,从产品生产经济转变为服务型经济;第二,在职业分布方面,专业与技术人员阶级处于主导地位;第三,理论知识

---

[1] 迈克尔·A·彼得斯,西蒙·马吉森,彼得·墨菲.创造力与全球知识经济[M].杨小洋,译.上海:华东师范大学出版社,2013:7.

(即经过编码成为抽象系统的知识)处于中心,它是社会革新与制定政策的源泉;第四,对技术的发展进行规划和控制,以减少技术带来不确定性的负面影响;第五,新的智能技术(如信息论、控制论、决策论、博弈论等)的兴起,通过解决问题的规则来代替直观的判断。总之,在丹尼尔·贝尔看来,"如果工业社会以其技术为基础,后工业社会是由知识技术形成的。如果资本与劳动是工业社会的主要结构特征,那么信息和知识则是后工业社会的主要结构特征"。[1] 很明显,所谓后工业社会(或知识社会)正是理论知识(有别于经验知识)在社会中被广泛应用的结果。与丹尼尔·贝尔对后工业社会美好蓝图的赞许不同,德国著名社会学家乌尔里希·贝克(Ulrich Beck)则通过其著名的"风险社会"的概念,描绘了科技与社会紧密结合所导致的晦暗图景。在贝克看来,"风险社会的概念指现代性的一个阶段:在这个阶段,工业化社会道路上所产生的威胁开始占主导地位"。[2] 贝尔眼中的知识、技术与社会结合带来了一个更为美好的社会,然而,贝克却看到了这一现象的另一侧面,也即是知识、技术被广泛应用后,无意中带来的诸如全球变暖、环境污染、生态恶化,以及其他难以预测或者不可控的风险等一系列负效应。实际上,贝尔和贝克两位思想大师无非各自强调了新社会形态的不同侧面。未来的社会不尽完全美好,但也并非一无是处。它更应该是中性的,既富有机遇,又充满风险。

尽管说一个日益以知识为基础的社会正在走近我们是毫不过分的,但是,断言我们已经步入后工业社会或知识社会,学界还存在着理论争议。一种观点认为,我们眼下并未完全进入所谓的知识社会阶段,而是跨在工业社会和后工业社会(知识社会)的门槛上,身处于知识经济(Knowledge Economy)或称为新经济(New Economy)时代。正像彼得·德鲁克所指出的:"除了资本与劳动力之外,知识现在也很快成为一项生产要素,而且是最重要的一项。若说我们这种社会是'知识社会',可能还言之过早(也一定太过轻率),直到现在,我们所有的不过是一种'知识经济'罢了。"[3]但是,应该说,今天的人类社会,特别是在发达社会中,知识早已超越了主要与经济相结合的阶段,而是已经扩散到整个社会范围内。知识的生产已经社会化,同时,整个社会的运转也须臾离不开新知识的创造。因此,本书倾向于认可至少发达社会已经步入知识社会的看

---

[1] 丹尼尔·贝尔. 后工业社会的来临——对社会预测的一项探索[M]. 高铦,等,译. 北京:新华出版社,1997:1976年版前言.

[2] 乌尔里希·贝克,安东尼·吉登斯,斯科特·拉什. 自反性现代化——现代社会秩序中的政治、传统与美学[M]. 赵文书,译. 北京:商务印书馆,2001:10.

[3] 彼得·F·德鲁克. 后资本主义社会[M]. 傅振焜,译. 北京:东方出版社,2009:4.

法,并将在本书中视行文需要交替使用知识经济与知识社会的概念。与知识经济、知识社会密切相关的,还有后福特主义(Post-Fordism)。它是与传统工业社会中流行的生产方式——福特主义(Fordism)相对而言的。后者信仰"理性规划"的力量,以刚性为核心特征,十分不灵活。虽说"福特制企业的商业活动是基于知识的,但他们的组织特征处处限制知识效益的最大化"。① 与此相反,1970年代以降兴起的后福特主义是一种富有弹性的、灵活的、个性化的生产方式,它高度依赖知识创新,并为知识创新奠定了组织基础。我们可以将后福特主义理解为知识经济、知识社会的生产特征。

在当前的知识社会或者后福特主义社会中,知识扮演的主要角色是直接生产力。众所周知,在知识社会来临之前,理论知识的生产与应用是相对分离的。尽管当时理论知识也在不断被生产和传授,但是这些知识与社会物质生产的需要,结合得并不如今天这般紧密。加拿大学者尼科·斯特尔(Nico Stehr)将科学的社会意义分为三个阶段:第一阶段为18世纪末以前,科学是意义、社会意识的生产者,是对世界观的批判,其功能在于启蒙;第二阶段为此后的一个世纪,即工业社会期间,科学成为间接的生产力;第三阶段即20世纪,科学成为直接生产力。相应地,斯特尔将知识划分为三类:一是意义的知识。大部分社会科学学科和人文学科中的知识都是以其基本的社会功能来影响社会成员的意识的知识。二是生产性知识。自然科学中大部分传统学科产生生产性知识,此类知识可被转化成直接占用自然现象的方式。三是行为知识。作为一种直接的生产力,它是直接的行为能力,包括创造更多新知识的能力。② 在知识社会中,知识作为一种直接的生产力而存在,"现代社会的主要机制或特性正日益受到'知识'的驱动"。③ 彼得·德鲁克也得出相似的结论:在1750年之前,"知识一直被视为'道'(being),但一夕之间,知识就变成了'器'(doing)。这也就是说,知识变成一种资源、一种实用利器。知识原本一直被视为属于个人层面的东西,当时却变成属于社会层面的东西"。而在二战结束后,知识开始运用于自身,"除了资本与劳动力之外,知识现在很快也成为一项生产要素,而且是最重要的一项"。④ 概言之,今天知识的重要地位主要不是把知识作为思想启蒙的工具,主要也不是将大学置于思想启蒙的高地和灯塔,相反,该地位的取得意味着知识的实用性被不断地挖掘,知识的中心地位标志着

---

① 迈克尔·A·彼得斯,西蒙·马吉森,彼得·墨菲.创造力与全球知识经济[M].杨小洋,译.上海:华东师范大学出版社,2013:36.
② 尼科·斯特尔.知识社会[M].殷晓蓉,译.上海:上海译文出版社,1998:109,150—151.
③ 尼科·斯特尔.知识社会[M].殷晓蓉,译.上海:上海译文出版社,1998:9.
④ 彼得·F·德鲁克.后资本主义社会[M].傅振焜,译.北京:东方出版社,2009:3—4.

知识将成为经济增长与社会发展的关键资源,成为现实功利诉求得以实现的重要工具。一言以蔽之,在知识社会中,知识的最重要作用是促进物质生产,其最重要的价值是经济价值。

二、大学与产业合作关系的深化

无论是历史上还是在今天,大学始终是最重要的知识机构。知识经济、知识社会的兴起意味着大学的地位和作用将发生明显的变化。在科学的社会意义主要是启蒙和间接生产力的阶段,大学与经济的关系是相对疏离的,随着科学与生产力的关系日益密切,大学与产业必将走向融合。按照美国学者格斯顿费尔德与科尔顿的研究,大学与工业关系发展史呈现出下述图景:大学与工业起初是两个分开的独立系统,后来出现了两个系统间的一些合作计划,而随后更成熟的模式为两个系统的部分重合。① 可见,存在着大学与产业合作关系深化的趋势。伴随着这一趋势的发展,大学的地位将得到提升。丹尼尔·贝尔认为,如今在基础研究领域从事研究工作的大多数科学家都在大学中;大学是政府和公共组织所需要的专门知识人才的来源;大多数批评家和作家今天也均在大学中就业。这就意味着大学已成为统治集团文化的中心。总之,"大学日益成为后工业社会的主要机构"。②

"过去数十年里,政策制定者的高等教育理念已经发生了一个重要的变化。过去,高等教育是社会政策的一部分;今天,高等教育则正日益成为国家和区域经济政策的重要组成部分。"③大学与社会之间形成了新的契约关系,其在知识经济、知识社会中的最重要作用,在于引领产学研协同创新、刺激经济增长。亨利·埃兹科维茨指出:"由于现代社会中知识日益以科学研究为基础,创新日益以组织或机构范围间的协作与合作为特征,创新活动需要大学、产业、政府三方共同参与、协同作战,所以大学—产业—政府三螺旋相互作用成为创新系统运行的核心。"④在三螺旋中,"产业作为进行生产的场所;政府作为契约关系的来源,并确保稳定的相互作用与交换;大学则作为新

---

① 徐辉. 高等教育发展的新阶段——论大学与工业的关系[M]. 杭州:杭州大学出版社,1990:29.
② 丹尼尔·贝尔. 后工业社会的来临——对社会预测的一项探索[M]. 高铦,等,译. 北京:新华出版社,1997:272.
③ 菲利普·阿特巴赫,利斯·瑞丝伯格,劳拉·拉莫利. 全球高等教育趋势——追踪学术革命轨迹[M]. 姜有国,喻恺,张蕾,译. 上海:上海交通大学出版社,2010:133.
④ 亨利·埃茨科威兹. 三螺旋:大学·产业·政府三元一体的创新战略[M]. 周春彦,译. 北京:东方出版社,2005:导言.

知识新技术的来源,是知识经济的生产力要素。当这三个机构范围'都起其他机构范围的作用'同时保留着自己独特身份时,每个机构的功能都能被放大了"。① 相应地,具有企业精神,像企业一般运作的创业型大学是这种三螺旋发展的动力。也就是说,大学、产业和政府不再处于工业社会时期那种相对分离、通过中介组织相互联系的状态,而是直接地进行相互作用、彼此支持,尽管分工明确,但各自的职能活动也要进行必要的交叉,由此生成一些跨越三类组织边界的混成机构,致力于科学研究和知识创新(见图1-1)。

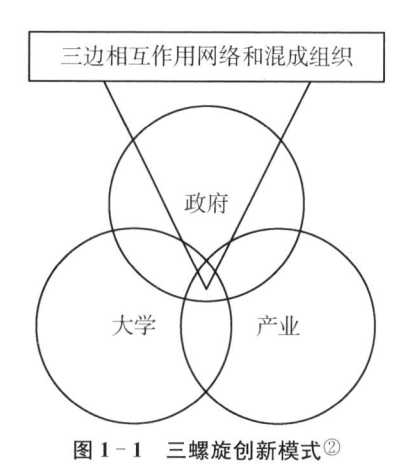

图1-1 三螺旋创新模式②

在任何社会中,"创新"总是带有褒义色彩。如今在创新的背后,隐含着一场价值革命,这就是大学、知识和学者对于经济的工具价值的强调,冲击了他(它)们的其他价值。我们知道,在"大学的功用"时代来临之前,纽曼的自由教育思想和洪堡的文化大学观占据着大学的理念世界。在纽曼那里,知识本身即是目的,大学不应当一味地满足外部形形色色的功利诉求;而在洪堡看来,要实现民族国家的长远利益,必须通过大学增进人民的修养,大学的人才培养主要是一种非功利的教化活动。当时大学并不经常过问现实的功利需求,甚至都不将直接回应外界需求作为一种学术责任,知识的生产与应用是彼此区隔的,大学学者们醉心于"闲逸的好奇"之中,一心一意地从事着"纯

---

① 亨利·埃茨科威兹. 三螺旋:大学·产业·政府三元一体的创新战略[M]. 周春彦,译. 北京:东方出版社,2005:导言.
② 亨利·埃茨科威兹. 三螺旋:大学·产业·政府三元一体的创新战略[M]. 周春彦,译. 北京:东方出版社,2005:17.

科学"(pure science)活动。总之,彼时的大学知识活动以自我合法化为核心。而如今,有用性成为衡量知识价值的标尺,对知识应用性的强烈需求甚至催生了新的知识生产模式。迈克尔·吉本斯等学者将这种新的知识生产模式命名为模式2,以区别于传统的知识生产模式1。模式2的主要特征包括:其一是在应用情境(context of application)中产生,它已经超越了"纯科学"和"应用科学"的二元区分;其二是具有超学科性(transdisciplinarity),这是一种基于"问题解决"而非基于学科内在逻辑的知识生产;其三是具有异质性(heterogeneous)和多元性(diverse),这主要体现在知识生产场所的增加、行动者的增多等方面,大学不再垄断高深知识,而是与企业、学者与产业科学家一道共同致力于知识生产活动;其四是主张知识生产对社会与市场的责任(accountable to society and the market),出于对社会和市场的响应而展开研究;其五是重新定义研究质量(new definition),研究成果的好与坏不仅是一个科学问题,还是一个政治问题与商业问题,质量判断不再由传统的同行评议单方决定,知识的使用者(users)同样具有较大的话语权。① 这些都与传统的模式1所具有的知识生产由兴趣驱动、以学科为基础、组织的同质性、强调对知识本身的责任和以同行评议判断质量的特征形成鲜明对比(如表1-1所示)。相应地,"从历史上看,'纯粹的'学者是体现一种制度性的精神气质的典型人物,现在是讲求应用的学者当家做主"。② 概言之,这些趋势的出现意味着大学高深知识的价值已经被应用性所捆绑,"无用之学"的容身之处日益狭小。

表1-1 知识生产模式1和模式2的主要特征比较

	知识生产模式1	知识生产模式2
驱动机制	学术兴趣	应用情境
学科基础	以学科为基础的知识生产	超学科的知识生产
组织形式	同质性	异质性和多元性
责任伦理	对知识的责任	对社会与市场的责任
质量评判	同行评议	用户评价

注:此表根据迈克尔·吉本斯、彼得·斯科特等学者的论述绘制。

---

① Scott P. The Changing Role of the University in the Production of New Knowledge [J]. Tertiary Education and Management, 1997,(1): 5-14;迈克尔·吉本斯,等. 知识生产的新模式:当代社会科学与研究的动力学[M]. 陈洪捷,等,译. 北京:北京大学出版社,2011:3—8.
② 亨利·埃兹科维茨,劳埃特·雷德斯多夫. 大学与全球知识经济[M]. 夏道源,等,译. 南昌:江西教育出版社,1999:20.

知识经济对知识非经济价值的抽离、对知识非实用价值的剥夺，最终使得知识沦为在市场中交易的商品。法国著名后现代思想家让-弗朗索瓦·利奥塔尔（Jean-Francois Lyotard）断言，在正在到来的信息化社会或后现代社会中，现代性知识的启蒙功能已告终结，取而代之的是知识日益服从于实用性标准，且将以商品的形式存在："知识的供应者和使用者与知识的关系，越来越具有商品的生产者和消费者与商品的关系所具有的形式，即价值形式。不论现在还是将来，知识为了出售而被生产，为了在新的生产中增值而被消费；它在这两种情形中都是为了交换。它不再以自身为目的，它失去了自己的'使用价值'。"①在被广泛引用的《后现代的状况——对文化变迁之缘起的探究》一书中，哈维也得出了类似的结论。他写道："在一个快速变化着的趣味、需求和灵活生产体制的世界中（与相对稳定的标准化的福特主义的世界相反），接触最新的技术、最新的产品、最新的科学发现，就意味着抓住一种重要的竞争优势的可能性。在知识本身日益在竞争的基础之上被组织起来的条件下，知识本身就成了一种关键商品，要被生产和出售给出价最高者。各个大学和研究机构为了在人才和取得新的科学发现专利权方面领先而激烈地竞争。……组织化的知识生产在过去几十年里已经显著地扩大了，与此同时，它也被日益置于一种商品的基础之上（在发达资本主义世界的很多大学体制中都经历了并不轻松的转变，从知识和智慧的监护人职责向着为了企业资本而辅助生产知识进行转变）。"②这都说明，对于大学"企业化"倾向的产生，"资金短缺，也许可以作为主要的解释。但是，这不只是一个财力问题，而且是一个合法问题"。③在一个大学与产业日益紧密合作的后现代时代，知识的价值主要表现为应用价值和交易价值。作为以高深知识为基础的机构，知识的变化正在动摇传统大学的合法性基础，赋予了学术资本化以合法性。如今"大学所赖以存在的合法性基础不再是自治的学术职业而是营利的知识产业"。④ 于是，知识的非经济价值被抽离，知识的非实用价值被边缘化。大学逐渐变为经营知识的机构，工具性统治了知识和大学。最终，知识经济使得知识沦为商品；伴随着大学合法性基础的转变，大学朝向"企业化"的方向发展也就难以避免了。

---

① 让-弗朗索瓦·利奥塔尔. 后现代状态：关于知识的报告[M]. 车槿山，译. 南京：南京大学出版社，2011：13—14.
② 戴维·哈维. 后现代的状况——对文化变迁之缘起的探究[M]. 阎嘉，译. 北京：商务印书馆，2003：206.
③ 亨利·埃兹科维茨，劳埃特·雷德斯多夫. 大学与全球知识经济[M]. 夏道源，等，译. 南昌：江西教育出版社，1999：20.
④ 王建华. 我们时代的大学转型[M]. 北京：教育科学出版社，2012：143.

第二章　制度变革：大学"企业化"倾向的轮廓审视

综观全球高等教育发展，新自由主义、新公共管理和知识经济兴起影响下的大学"企业化"转型，已经成为20世纪末以来影响最为深远的高等教育变革之一。从辐射关系来看，它率先兴起于美国、澳大利亚等发达市场经济国家，并仍然处于持续蔓延的状态。"在当代，私有化、市场化以及企业化的运行方式已经成为公共政策实施的显著特征，并且在所有民族国家的公立大学中这些因素都在不断增加。"[①]无论对此是喜闻乐见还是忧心忡忡，总之，越来越多的大学中人都切身感受到这一转变的影响已深入学术生活的方方面面。正如有学者所指出的，当前高等教育中正在出现经济主义的倾向，这主要表现为高等教育的经济功能被强化，由经济价值来界定高等教育目标；由经济关系界定高等教育的外部关系；由经济投入界定高等教育的内部质量；由经济利益界定学术人员的行为驱动力四个方面。[②] 大学本应遵循的是学术逻辑，这种学术逻辑并不同于经济逻辑，然而，在高等教育这个"战场"中，经济学已在很大程度上战胜了教育学，今天的大学已经被经济逻辑和企业逻辑所俘获，将企业经验和资本主义理念移植于大学中似乎总是理所当然的。总之，今天的大学正在发生一场静悄悄的革命，在高等教育日益普及、世界一流大学建设如火如荼、大学的社会轴心机构地位日显突出等种种可喜趋势的背后，大学的学术使命、大学人的知识追求正在产生令人担忧的变化。在一定程度上，一方面，大学成为社会和企业实现经济利益的工具；另一方面，知识和学术也被大学自身作为获利的工具来对待。然而，无论何时大学和学术都不应当屈从于资本的逻辑；相反，它必须保持着对真理、对知识本身的信仰与忠诚，这种信仰与忠诚将超越经济价值。

[①] 简·柯里，等. 全球化与大学的回应[M]. 王雷，译. 北京：北京大学出版社，2010：63.
[②] 周作宇. 论高等教育中的经济主义倾向[J]. 北京师范大学学报(社会科学版)，2008，(2)：5—15.

第一节　大学知识活动中的商业取向

今天,大学的市场取向凸显,商业逻辑广泛渗透其中。无论是学术研究还是教育教学,甚至是体育竞赛和围绕着师生校园消费的各个方面,都显现出越来越明显的这种迹象。"在教育管理方面,商业气氛弥漫于许多办公和服务机构,从向学生消费者'推销'院校的学生个人服务注册办公室,到负责管理教师版权的知识产权部门,比比皆是。在学术方面,商业化倾向也在不同领域中蔓延,从专利申请和研究成果转让频繁的自然科学和工程学科领域,到销售课程软件和其他教学材料的其他学科。"[①]所以本书将特别关注研究活动和教育活动中的商业化。研究和教育是大学的两项基本活动。前者的任务是创造新知识,它以发现和发明本身为目的;而后者的目的则在于将知识传授给学生,训练他们的能力,并由此完成对人的培养和塑造。创造知识、塑造人格本身就是大学的理想和追求。然而,在产生"企业化"倾向的大学中,在传统的资金来源渠道之外,大学积极拓展新的资金来源渠道,利用多种方式进行创收。由于大学自给自足的需要和所具有的物质利益诉求,知识活动在某种程度上被迫屈从于经济目的,学术则沦为一种资本,被作为可以获取经济利益的工具,学术资本主义成为资本主义的一种新的内容和方面,研究和教育等活动日渐披上了商业色彩,成为大学获取物质资源的重要途径。

一、知识产权经营与研究的商业化

在大学的种种商业行为中,研究的商业化是最受重视的一部分。究其个中缘由,一者在于,研究的商业化并不仅是大学应对资源紧张而采取的策略性行为,而是与国家和地区的创新政策整合在一起。出于知识生产和应用的一体化的需要,无论是各国的高等教育政策还是科技政策,当前都十分倾向于推进大学与企业合作并将研究商业化。相形之下,教育教学方面的市场化、商业化更多的是直接出于资金上的考虑,而非在知识经济条件下鼓励产学合作创新的目的。另外,除可以带来丰厚的物质回报,研究更有利于大学之间的区别与分层。"大学和教学科研人员必须通过参与市场行为及类似市场行为竞争关键资源。研究经费是大学的一项关键资源,因为大学追求声誉最

---

① 菲利普·G·阿特巴赫,罗伯特·O·波达尔,帕崔凯·J·甘波特. 21世纪的美国高等教育:社会、政治、经济的挑战[M]. 施晓光,蒋凯,主译. 青岛:中国海洋大学出版社,2007:379.

大化。由于大部分教学科研人员从事教学工作,许多教学科研人员进行公共服务,仅较少的人能从政府或产业那里得到竞争性的研究经费,因此研究就成了大学之间有区别作用的活动。"①简言之,研究更易造成差别化效果,展现大学绩效。为此,大学更重视研究业绩。这些主要因素,都共同导致了研究商业化是大学诸多商业行为中十分重要而又颇受关注的方面。

一般来说,1980年是大学的研究真正开始广泛走向商业化的历史转折点。当年,美国国会通过著名的《专利与商标法修正案》(又称为《拜杜法案》,Bayh-Dole Act),这一法案的通过,在今天被普遍认为是大学科学研究走向商业化的标志性事件。该法案颁布前的《国家科学基金法案》规定,由国家投资,资助那些不能直接用于商业目的的基础科学研究,由联邦政府资助的科研成果,其所有权归联邦政府。"联邦政府将由联邦拨款经费所取得的科研成果都归于公共领域。大学可以对依靠联邦资金做出的研究申请专利保护,但需要经过漫长而且烦琐的申请过程后,政府才能给予特别的批准。在1980年以前,仅仅很少一部分大学热衷于申请专利。"②也就是说,在《国家科学基金法案》框架下,大学为国家资助的研究申请知识产权只是特例。虽然国家资助的大学科学技术研究明显增强了美国的国力,不过科学成果转化率相对低下,并不利于美国高科技工业的发展。直至1980年,美国联邦政府拥有由政府资助而产生的专利数量仅为2.8万个,通过专利使用许可而用于生产的数量仅为5%。而作为重要科研力量的美国高校在1980年以前每年获得的专利从来没有超过250项,从事科技成果转化的学校则更少。③ 与此同时,美国国内经济增长速度放缓,美国失去了技术上的优势。政府投入了300亿美元的研发资金,却没有得到任何回报。④ 因此,这种国家资助下的大学科研体制在很大程度上是与市场需求和产业发展相对脱节的,也不利于国家竞争力的提升。

1980年的《拜杜法案》正是针对这种局面而颁布的。《拜杜法案》允许美国各大学、非营利机构和小型企业为由联邦政府资助的科研成果申请专利,拥有知识产权,并通过技术转让而商业化;允许进行独家技术转让以使企业更主动地寻求转让技术。并

---

① 希拉·斯劳特,拉里·莱斯利. 学术资本主义:政治、政策和创业型大学[M]. 梁骁,黎丽,译. 北京:北京大学出版社,2008:104.
② 菲利普·G·阿特巴赫,罗伯特·O·波达尔,帕崔凯·J·甘波特. 21世纪的美国高等教育:社会、政治、经济的挑战[M]. 施晓光,蒋凯,主译. 青岛:中国海洋大学出版社,2007:386.
③ 南佐民.《拜杜法案》与美国高校的科技商业化[J]. 比较教育研究,2004,(8):75—78.
④ 孙芳华. 拜杜法案起草人做客国知局[N]. 2007-12-19(2).

且,该法的辅助法案还详细规定了以下内容:第一,大学必须努力对科研成果进行开发转让,否则政府将收回技术成果的所有权;第二,进行技术转让应首先考虑小企业;第三,相关技术生产场地主要限于美国;第四,技术转让费必须有一部分给发明者本人,其余部分用于教育和科研开发,国家实验室的技术转让费至少要分给发明者15%;第五,研究机构应建立技术转让机构,并保障其运作经费;第六,联邦各机构须专款辅助中小企业科研发展;第七,研究人员有责任进行技术成果转让;第八,研究部门之间以及各大学应当进行技术合作,制定技术合作计划。① 在上述诸多法律条款中,最为突出的亮点,就是大学可以选择保留联邦资助研究项目的成果,并且必须同发明者共享收益。② 换言之,联邦政府尽管还可以继续担任大学科学研究资助者的角色,但是,大学以及教学科研人员却有权利拥有政府资助下取得成果的知识产权,并可以由此获得经济利益。由原先的"政府资助,成果公有"转向现今的"政府资助,产权归校,学者分红"模式,这一举措使得大学朝向利用知识产权获利迈出了十分重要的一步。

伴随着全球知识社会的来临,通过知识产权制度来激励大学及其教学科研人员,促进大学研究成果转化已日渐普遍,将知识产权私有化的做法在世界上多个国家和地区都存在。例如,作为英国大学研究活动的主要资助机构,研究理事会自身并不试图获得知识产权的所有权,这就给大学获得这些知识产权提供了机会;日本的文部科学省也就国立大学法人化之机修改了国立大学的职务发明归属政策,根据新的政策,国立大学教师使用国家经费和设备产生的职务发明由大学所有。③ 另有报道说,美国《拜杜法案》的基本原则已经广为亚洲国家采纳。④ 总之,尽管《拜杜法案》是一部美国法律,但是其影响早已超出了美国国界,成为全球产学研一体化和大学科学研究商业化的重要源头和动力。尽管至今在一些国家,仍然存在着研究知识产权公有,或者为教学科研人员和企业私有的情况,然而从整体上看,知识产权归属大学所有的情形已经日渐普遍,这种趋势的发展进而为大学科学研究的商业化奠定了基础和条件。

在知识产权制度下,大学的研究活动迅速地走向了商业化。据统计,1980年,美国只有20所大学设立了专利和许可办公室,但是在其后的二十年中,随着大学科研园

---

① 南佐民.《拜杜法案》与美国高校的科技商业化[J]. 比较教育研究,2004,(8):75—78.
② 亨利·埃兹科维茨. 麻省理工学院与创业科学的兴起[M]. 王孙禺,等,译. 北京:清华大学出版社,2007:169.
③ 罗涛. 当代西方大学知识产权经营[R]. 国务院发展研究中心调查研究报告,2003,(100):7.
④ 何艳霞.《拜杜法案》原则广为亚洲国家采纳[N]. 中国知识产权报,2009-07-08(4).

区的迅速发展,112所大学相继设立了此类机构。① 发端于美国的此类组织也在向欧洲国家扩散。目前,英国大学也普遍设有技术转移办公室和专利办公室。② 实际上,设置技术转移办公室或类似的组织已成为许多国家大学的共同选择。即便是在我国大学中,此类机构也已被大量建立起来。除完善必要的组织制度以外,许多大学还对内完善制度设计,鼓励教学科研人员在推进研究商业化方面投入更多的时间和精力。很多大学都制定了相应的物质激励政策。这些政策在明确大学教学科研人员的职务发明其知识产权由学校所有之外,最为典型的,就是教学科研人员可以从大学向企业提供专利许可获得的收入中,分得一定比例的回报。例如,在美国,斯坦福大学的发明人可以获得大学专利许可收入的33%,约翰·霍普金斯大学的发明人可以获得大学专利许可收入的35%,威斯康星大学在这方面比例则是20%。此外的其他收入则分别按一定比例归大学、实验室(系/学院)和技术转移办公室所有。③ 另外,净股权也是大学教学科研人员从专利转让中获得的收入之一。由于有些企业无力支付足够的专利许可费,于是用本企业的股权抵补专利许可费的不足。例如,斯坦福大学就采取了这种政策,除股权的15%用于技术转移办公室办公费外,所剩余的净股权由发明人持有三分之一,学校持有三分之二。④ 实际上,美国大学在企业中持有股权的现象已经非常普遍。根据有学者于2002年对67所卡耐基分类中的Ⅰ、Ⅱ类研究型大学的调查,这些大学中的76%已经在公司参股,共参与了679次股权交易。公立大学在公司里取得的股权多于私立大学在公司里取得的股权。"提供股权,而不是给知识产权颁发许可及专利权税,已经成为美国研究型大学的一个市场战略。"⑤总之,今天大学的研究活动越来越与公司、学校和学者个人的经济利益挂钩,研究和知识越来越被作为获取经济利益的途径,与此同时,学术共同体共享知识的时代渐行渐远,"为知识而知识"的非功利理念遭遇了前所未有的解构。

  近年来,知识产权政策的实施,极大程度地促进了大学及其教学科研人员从事商业性研究活动的积极性。许多国家和地区大学的专利申请数量以及由此获得的收益

---

① 菲利普·阿特巴赫,利斯·瑞丝伯格,劳拉·拉莫利. 全球高等教育趋势——追踪学术革命轨迹[M]. 姜有国,喻恺,张蕾,译. 上海:上海交通大学出版社,2010:128.
② 何建坤,等. 研究型大学技术转移——模式研究与实证分析[M]. 北京:清华大学出版社,2007:37.
③ John P. Walsh,洪伟. 美国大学技术转移体系概述[J]. 科学学研究,2011,(5):641—649.
④ 罗涛. 当代西方大学知识产权经营[R]. 国务院发展研究中心调查研究报告,2003,(100).
⑤ 菲利普·G·阿特巴赫,罗伯特·O·波达尔,帕崔凯·J·甘波特. 21世纪的美国高等教育:社会、政治、经济的挑战[M]. 施晓光,蒋凯,主译. 青岛:中国海洋大学出版社,2007:388.

总体上呈现出增加的态势,这一点在发达市场经济国家表现得尤为明显。据统计,美国的专利授予从1995年的1550项增加到2003年的3450项,2005年的专利授予数为2944项;2004年到2007年,欧洲每年的专利数量(24%)和许可证收入(12%)的年增长都较好;日本大学拥有的专利数量从2003年的2313项上升至2007年的4225项,同期许可证收入上升了40%。① 除了专利许可获授权外,大学自己创办企业在今天也已经蔚然成风。本应作为非营利性机构的大学,纷纷创办营利性企业已达到增加收入的目的。根据美国大学技术经理人协会(Association of University Technology Managers,AUTM)2008年的统计资料,2007年美国大学创办了555家公司,而2000年这一数字仅为454家,今天累计有3388家公司在运作;欧洲在2004年至2007年之间,大学创办的新企业增加了10%;日本大学新创立企业的总数在6年中翻了3倍,达到了1773家。② 此外,教学科研人员也在以个人的名义从事咨询服务活动。由于它增加了大学的商业化氛围,也应当被理解为大学"企业化"倾向的一部分。我们再以哥伦比亚大学的个案为例。该校2001—2002财年知识产权许可总收入高达1.33亿美元,连续4年位居全美大学榜首;申请专利206件(其中美国专利133件,外国专利73件);获得专利授权70件(其中美国专利60件,外国专利10件);签订专利许可协议55份;成立8家创业企业;截至该财年末,正在执行的专利许可协议为200份,为接受学校技术许可而成立的创业企业50多家(其中4家已上市),学校在当中许多企业拥有股权。③

这些变化使产业界享受着知识资本化带来的果实,大学也在此过程中获利,在其倡导者看来,当然是一举两得的事情;然而从另一个角度看,它却存在一个不容忽视的问题,这就是在某种程度上模糊了大学和企业之间的差别,使得两者之间的界限越来越不清晰。这样一种局面,就激起了一些知识分子,特别是人文知识分子的质疑和反对。在一篇题为《转让中的象牙塔》(Ivory Tower in Escrow)的文章中,日裔美籍学者、著名文学批评家三好将夫(Masao Miyoshi)引述了1995年就任加利福尼亚大学校长的理查德·阿特金森(Richard C. Atkinson)鼓吹大学"企业化"的观点并加以批评道:"加利福尼亚大学是'一个一年115亿美元的企业。加利福尼亚州提供115亿美元中

---

① 菲利普·阿特巴赫,利斯·瑞丝伯格,劳拉·拉莫利. 全球高等教育趋势——追踪学术革命轨迹[M]. 姜有国,喻恺,张蕾,译. 上海:上海交通大学出版社,2010:134—135.
② 菲利普·阿特巴赫,利斯·瑞丝伯格,劳拉·拉莫利. 全球高等教育趋势——追踪学术革命轨迹[M]. 姜有国,喻恺,张蕾,译. 上海:上海交通大学出版社,2010:134—135.
③ 罗涛. 当代西方大学知识产权经营[R]. 国务院发展研究中心调查研究报告,2003,(100):2—3.

的 20 亿美元,这意味着对州政府提供的每一美元,我们用作另外的基金使之产生差不多 5 美元。'他对美国或世界研究性大学的未来的信念,这不是很有根据吗?"①

十分明显的是,今天大学中的科学研究活动,日益以实现经济利益为驱动力。大学的科学研究已经被作为产业,是实现其经济利益的工具,与此同时,大学自身也成为经济利益的追逐者,相比之下,在某种程度来说,研究只不过是大学用以实现其经济利益的一种手段。西蒙·马金森和马克·康西丹在对澳大利亚企业型大学进行案例研究的基础上得出了这样的结论:"看起来研究管理人员的主要任务不是要把研究和学术当成最终目的来加以鼓励,而不管他们非公开的责任是什么。他们的主要任务似乎也不是要特别鼓励建立在想象、批评或其他学术价值观之上的实践活动。其底线是该大学在研究方面的威望及其对财务平衡表的贡献。"②相应地,大学中的一些科学研究,是教学科研人员在经济利益的刺激之下开展的。这种利益刺激甚至改变了一些人对学术的认知:"关于利他主义,从事学术资本主义的教授态度矛盾。尽管他们仍然希望自己的研究会造福人类,但却开始谈永不赔钱的研究。……对于贴近市场的高技术领域的教学科研人员而言,知识的商业潜能及产生资源的能力被看得同知识对于发现的意义一样重要。"③整体观之,与高等教育哲学认识论下由"闲逸的好奇"驱动探求知识和真理相比,今天大学的科学研究活动被越来越多的经济法则所支配。

二、作为商品和服务的高等教育

大学教育并非未被商业逻辑渗透的领域。将学术资本主义主要理解为大学热衷于从事商业性研究,无疑是以偏概全的认识。罗兹(G. Rhoades)与安德森(M. S. Anderson)区分了"科研资本主义"和"教学资本主义",后者即是将大学的教学活动以经济规则组织起来,以赚钱为目的,此二者共同构成了学术资本主义。④ 教学资本主义的发展意味着,在市场机制作用下,商业化的倾向也渗透到高等教育活动中,主要表现为,大学给学生提供的高等教育日益表现为一种有偿服务,即沦为可以在市场上交

---

① 三好将夫. 转让中的象牙塔[M]. 姚建斌,译//王逢振,选编. 疆界 2——国际文学与文化·A. 北京:人民文学出版社,2003:20.
② 西蒙·马金森,马克·康西丹. 澳大利亚企业型大学的权力结构、管理模式与再创造方式[M]. 周心红,译. 杭州:浙江大学出版社,2007:114—115.
③ 希拉·斯劳特,拉里·莱斯利. 学术资本主义:政治、政策和创业型大学[M]. 梁骁,黎丽,译. 北京:北京大学出版社,2008:19.
④ 张静宁. 美国本科教育中的"教学资本主义"述评[J]. 现代大学教育,2013,(5):87—91,111.

易的商品,在大学成为教育服务经营者的同时,学生则变身为大学教育的"消费者"。在某种程度上说,这就在大学和学生之间建立起一种关于教育服务商品的市场交换关系。

  在经费削减和高等教育私人产品观流行的背景下,学费收入成为大学实现自给自足的重要资金来源渠道之一。向学生转移教育成本、持续上涨学费成为大学普遍采取的做法。从世界范围看,很多国家和地区的大学学费"涨"声一片。《泰晤士报高等教育副刊》于2003年报道称,美国高等教育学费将于2004年暴涨25%,涨幅是通货膨胀率的17倍,而造成这种结果的原因是上大学的机会供不应求,大学学费水涨船高;①在过去三十年中,美国大学学费上涨了12倍之多,使许多学生和家长不堪重负。② 不仅如此,美国大学还针对不同专业实行差别化收费。一些院校要求某些学术课程,尤其是高需求、高回报的专业课程的费用完全或近乎完全由学生、企业或其他私人承担。到2004年,弗吉尼亚大学法学院和商学院已经完全实现了自给自足。不少其他公立研究型大学也进行了类似探索,很多法学院、商学院、医学院的学生需要比其他专业的学生交纳更多学费。③ 另据英国媒体报道,2012年英国有三分之二的大学学费标准涨到每年9000英镑,此举迫使很多英国学生倾向于出国留学。④ 2014年上半年,为了与英美名校展开竞争,澳大利亚8所顶尖大学共同呼吁联邦政府废除学费封顶政策,由市场决定学费高低。此举得到了澳大利亚政府的回应,阿博特(Abbott)政府提出意欲全面推行"解制式收费体系",缩减教育拨款,所有高校自2016年起可自行设定相关课程费用。⑤ 这将使攻读大学学位的费用比原来高3倍,毕业生的负债将飙升至12万澳元以上。⑥ 澳大利亚的做法和新自由主义在其他领域推行的松绑政策如

---

① 房阳洋. 美国大学学费将暴涨[J]. 比较教育研究,2003,(7):93—94.
② 大学学费飙升12倍　学生身背巨额贷款只能靠救济生活[EB/OL]. [2014-10-03]. http://news.sinovision.net/society/201410/00317327.htm.
③ 菲利普·G·阿特巴赫,罗伯特·O·波达尔,帕崔凯·J·甘波特. 21世纪的美国高等教育:社会、政治、经济的挑战[M]. 施晓光,蒋凯,主译. 青岛:中国海洋大学出版社,2007:91.
④ 杨庆霞. 英国:大学学费陷入混乱,联合政府被批改革"失控"[J]. 比较教育研究,2011,(7):92;张敏. 调查显示学费上涨使得英国学生倾向于出国留学[EB/OL]. (2014-04-25). [2014-07-07]. http://news.china.com.cn/world/2014-04-25/content_32208285.htm.
⑤ 赵小娜. 澳高校学费居全球最高行列[EB/OL]. (2014-07-03)[2014-07-07]. http://news.xinhuanet.com/2014-07/03/c_1111449567.htm;澳洲政府教育新政推高学费　学生或大批涌入新西兰高校? [EB/OL]. [2014-07-07]. http://world.people.com.cn/n/2014/0701/c1002-25223874.html.
⑥ 中华人民共和国驻悉尼总领馆经济商务室. 澳大利亚大学学费明年起很可能出现暴涨[EB/OL][2014-05-17]. http://sydney.mofcom.gov.cn/article/jmxw/201405/20140500590569.shtml.

出一辙;确切地说,它就是新自由主义政策实践的一部分。从理论上讲,大学收取学费具有成本补偿的性质,并不应是一种逐利行为。但实践中,高等教育成本测算颇为困难,在许多情形下,向学生收取费用正朝向市场定价的方向转变,大学和学生之间也日益掺入了市场交换关系的成分。

成人教育、继续教育和网络教育也是高等教育市场化、商业化和大学实现自给自足的途径。尽管教育形式本身并不必然与是否市场化、在多大程度上市场化挂钩,但由于与正规的学历教育相比,成人教育、继续教育和网络教育更倾向于一种私人物品而不是公共服务,因而其市场化、商业化的程度更高,成为公共资金短缺条件下大学营利创收的有效方式。以美国哈佛大学为例,在前些年,全校参加正规学历教育的学生仅有18 000人,相形之下,在该校参加各种培训活动的非学历学生,每年就有60 000人次之多。① 另一方面,信息技术的发展也促进了高等教育活动的市场化、商业化。从本质上来讲,信息技术本身是中性的,它既可以促进知识的公开与共享,进一步增强知识与技术的公共产品属性,也可以为大学将知识和技术作为一种商品出售提供方便,然而,在很多情况下,"大学和公司都以商业化的视角看待新技术带来的这些可能的便利。"② 通过远程教育、网络教育的途径,大学突破了空间上的限制,拓展了教育市场,一些课程被放到互联网上供有需求的消费者购买。仍然以美国为例,截至2000年末,其网络教育已经成为20亿美元产值的产业,并且以每年40%的速度增长。③

从事跨境高等教育服务贸易同样也属于大学的商业行为。世界贸易组织将教育列入可进行国际贸易的服务清单的举措,无异于将大学看作是跨国公司。这种抹煞大学与跨国公司之间差别的做法,与大学的教育传统是背道而驰的,背离了大学的精神信仰,对大学的组织性质构成了严峻的挑战。然而,在财政压力刺激下,在经济利益诱惑下,许多国家和地区的大学非但没有抵制这一做法,而且还不可避免地卷入了跨境教育服务贸易的实践当中。这就进一步推动了大学朝向经营高等教育商品的企业的方向发展。教育服务贸易对于其推动者来说当然是有利可图的。仅就跨境高等教育的一个主要形式——国际学生流动而言,据统计,2007年全世界的留学生总数达到300万,这一数量几乎是30年前的3倍,其中,多数学生选择到经济合作与发展组织

---

① 阎凤桥. 非营利性大学的营利行为及约束机制[J]. 北京大学教育评论,2005,(2):14—16,64.
② 简·柯里,等. 全球化与大学的回应[M]. 王雷,译. 北京:北京大学出版社,2010:193.
③ Bok D. Universities in the Marketplace:The Commercialization of Higher Education [M]. Princeton:Princeton University Press,2003:87.

(Organization for Economic Co-operation and Development,OECD)国家留学,这些国家拥有 250 万外国留学生,占世界留学生总数的 85%,并且,经合组织国家教育系统中国际和外国学生的比例呈现出成倍增长之势,每个国家一般从 4.5% 增长至 8.7%。[1] 这种增长将给上述国家及其大学带来巨额收入。另据报道,留学市场最为发达的美国,2013 年来自留学生的经济收入超过了 200 亿美元,其中,中国留学生直接贡献了超过 44 亿美元,"留学经济"正在成为美国经济复苏过程中的新亮点。[2] 从历史来看,大学最初就是一种国际性的组织,作为学术交流的留学是大学教育的应有之义,但是如果片面地从"贸易的角度"来理解留学,打造"留学市场",将留学教育作为经济来源,可能就有失偏颇了。尽管我们必须承认,今天跨境高等教育的发展的确促进了知识的交流与共享,使更多的学生开拓了眼界,将新知识、新思想带回本国以利祖国发展,但是也不容否认,在这些繁荣景象的背后,隐藏着发达国家的经济利益诉求。其后果,便是将跨境教育从作为促进知识进步的手段转变为谋取经济利益的途径,最终使得大学日趋向资本靠拢。

大学的市场化、商业化行为还促使了一系列营销策略的使用。随着高等教育商业化的深入,大学之间对教育服务(实际上也包括研究)的竞争日益激烈,在全球高等教育领域已经产生了一股"品牌化经营"的趋势。不可否认,如果大学需要向企业一般在市场中生存的话,"品牌化"当然是有用的,但"品牌化"并不仅是一种应对市场压力的策略,它折射出大学的性质正在发生某种改变。诚如以色列学者吉利·德罗里(Gili S. Drori)所言:"通过这种方式,大学变成了一个'促销大学'。促销和营销即使改变的不是核心,也改变了学术工作的基调:从品牌的角度来看,追求卓越是一个差异化策略,而不只是一种专业责任。对促销的强调也伴随着对大学所作所为的重新定义,使知识创造、教学、研究屈从于营销和服务的逻辑。"[3]

三、教学科研关系的紧张与学科地位的分化

虽然在当今大学中,无论是教育教学、科学研究还是一些其他方面都体现出某种市场逻辑,但并不是每个方面都同等程度地市场化和商业化。相对于教育教学,研

---

[1] 教育研究和改革中心. OECD 展望:高等教育至 2030(第二卷·全球化)[M]. 杨天平,王宪平,译. 重庆:重庆大学出版社,2012:59.
[2] 姜朝晖. 高等教育国际化须警惕过度商业化[N]. 中国教育报,2014-04-16(2).
[3] Gili S. Drori. 大学品牌化的趋势和策略[J]. 国际高等教育,2013,(2):45—46.

的市场化程度更高;不同学科领域市场化、商业化的可能性也存在差别。在自给自足和经济效益最大化原则的驱使下,研究和教育关系张力加大,一些基础学科也面临着被边缘化的困境。

一方面,在大学中,研究与教育关系的紧张程度日趋明显。在教育和研究这两项主要职能中,唯有研究对大学之间的声誉地位的提升才最有效,也正是研究才更有助于大学和一些教学科研人员获得更多的收入。在教学面前,研究明显处于优势位置,成为大学获得声望和经济利益的重要途径。这就不可避免地使大学及其教学科研人员将更多精力和资源投入到以研究实现创业的任务上。大学的工作重心从教育转向研究,特别是创业取向的研究。即便是教学型院校,由于研究型大学的标杆作用和学术漂移(academic drift)的推动,也纷纷将研究置于十分重要的位置,同样试图将研究商业化。高等教育本来是大学的首要职责,研究在大学中要与教育结合,实现其教育功能。这是研究存在于大学中的合法性前提。但在经济绩效主导的目标下,大学对平衡商业性研究活动和教书育人的承诺难免受到冲击。教育从大学的唯一职责,已经变成大学众多职责之一。"今天,在这个研究者的时代,在这个研究者与工业界形成新的联系的时代,话语的范围开始分化。研究非常专门化并且与学生的需求无关。"[1]大学的科学研究越来越丧失了其教育意义,而变成一种相对独立的、在某种程度上具有创业取向的活动。相应地,大学中的很多研究组织与教育教学的关系越来越疏远,成为纯粹的研究机构。

另一方面,重心转移鲜明地体现在大学的不同学科领域中。这主要涉及一个"什么知识最有价值"的问题。当知识的价值用经济价值来衡量后,一切就发生了变化。大学中的诸多学科领域并不能够均衡地通过研究创造出经济价值,有一些学科领域在市场面前注定要处于弱势地位。大学一度是学术人文主义的天下,不仅人文知识在大学中居于重要位置,而且更重要的是,人文性乃大学之魂。伴随着社会日益走向"科学化",起到直接生产力作用的知识主要是自然科学知识而不是人文主义知识,人文学科中的批判、质疑、反思、解构和审美之类并不能够给社会带来直接的经济价值,也不能给大学带来利润,因此,在今天这个讲求实际效益的观念无孔不入的时代,它们必然逃脱不了被边缘化的宿命。纵观今日之大学,人文学科正普遍存在于一场前所未有的危机之中。不少国家的大学纷纷减少对人文学科的经费支持,削减人文学科研究项目,

---

[1] 杰勒德·德兰迪. 知识社会中的大学[M]. 黄建如,译. 北京:北京大学出版社,2010:134.

甚至砍掉了人文系科本身。实际上,大学里的自然科学领域也不都是平衡发展的,只有那些与市场联系最紧密的应用技术领域才最受欢迎。由于学术资本主义的收入不可能在各院系之间平均分配,这必然会导致人文社会科学和自然科学中的基础学科的萎缩。也许正是缘于此,对学术资本主义和大学"企业化"倾向的批评多来源于人文知识分子。即便是这样,在人文社会科学领域也并非不存在市场化、商业化的倾向。迈克尔·吉本斯等人的研究表明,当今人文学科中也出现了模式2知识生产的某些特征,① 而知识生产模式2主要是源于市场对学术领域的渗透。② 这就意味着,尽管人文学科的研究活动与市场的关系可能不如应用科学那样紧密,但也显然受到了经济利益的驱动。

第二节　大学治理与管理中的企业逻辑

与商业逻辑广泛侵入大学并行的是,"在大学中,管理超越了学术成为应对激烈竞争性市场挑战的主要动力源泉。当前大学的变革可以从一种范式的转变来认识,大学正在经历从传统的学院(学者社团)精神向经济理性主义和新管理主义意识的转化。……当前大学管理范式的主要特点是强有力的行政主管控制气氛和市场优先的战略选择,行政管理者的主要作用是促进商业价值和实践,像管理公司企业那样管理大学"。③ 具体来说,大学治理与管理的"企业化"倾向,一方面表现为权力转移,在某种程度上,原先以教授治校为代表的学术共同体治理日益被强有力的以管理人员为中心的行政性外行治理所取代,学术权力④被行政权力削弱;另一方面则表现为效率崇拜,实施以绩效为中心的管理,强调学术的经济价值,追求立竿见影的短期效果。

---

① 迈克尔·吉本斯,等. 知识生产的新模式:当代社会科学与研究的动力学[M]. 陈洪捷,等,译. 北京:北京大学出版社,2011:81.
② 杰勒德·德兰迪. 知识社会中的大学[M]. 黄建如,译. 北京:北京大学出版社,2010:137.
③ 王英杰. 大学学术权力和行政权力冲突解析——一个文化的视角[J]. 北京大学教育评论,2007,(1):55—65.
④ 学术权力的概念有广义和狭义之分。广义的学术权力即管理学术事务的权力,如伯顿·克拉克将学术权力分为基于学科的权力、基于院校的权力和基于高等教育系统的权力,这实际上将行政人员的学术事务管理权包含其中;狭义的学术权力专指学者基于其知识和能力在学术活动中的权力,这种狭义的学术权力定义被普遍运用于我国学界对大学权力结构的分析中。笔者以为,广义的学术权力不适于本书对大学内部的权力结构变化进行分析。比如,我们在分析"企业化"导致大学内部权力转移时,若使用广义学术权力的概念,只能得出权力从基层向院校层面转移的结论;而若使用狭义学术权力概念时,则不仅可以得出前述结论,而且还能进一步分析权力在不同群体(学者和行政人员)之间的重新分配。基于上述考虑,本书取狭义的学术权力概念.

一、管理科层化和管理者行政权力的增长

在高等教育界,有一段传奇至今广为流传:二战英雄艾森豪威尔将军曾于战后受聘美国哥伦比亚大学校长。上任伊始,他在下属的陪同下巡视校园,会见校董会、行政人员和学生,最后在欢迎大会上与教授们见面。见面会上,艾森豪威尔在致辞中谦恭地表示,对有机会会见全体哥伦比亚大学的"雇员"们表示万分荣幸。此时,德高望重的物理学教授、诺贝尔奖得主 I. I. 拉比(Isidor Isaac Rabi)站了起来反驳说:"先生,教授们并不是哥伦比亚大学的'雇员',教授们就是哥伦比亚大学。"①

教授究竟是大学本身,还是大学雇员,这个问题的提出,本身就折射出在当今大学的二元权力结构下,学术与行政的文化矛盾与权力冲突。在校长眼中,自己是学校的主管,教授则是供职于大学的员工,此乃天经地义;而在教授看来,他们才是这所学校真正的主人。这个故事中隐含了一个始终需要反思的问题:谁才是大学真正的主人?大学的事务究竟应当由谁说了算?这样的问题在很多其他组织中几乎不可能被提及,但在大学里,如果是问题不仅有其存在的理由,而且在今天,类似发问还将不断地被提出和反思。当然,严格来讲,今天的大学已是具有多项职能的"巨型大学",早已是由教师、学生、管理人员等多元群体共存的组织,将任何一类人群说成是大学的全部恐怕都难逃失之偏颇之嫌。不过,"教授就是大学"之说却有着强烈的象征意义,正是因为它反映了大学长期以来由学术权力主导的教授治校传统,从而激起一代代学人的共鸣。

今天,大学行政权力持续扩张,学术权力与行政权力冲突不断加剧。由于"企业化"倾向突出,大学治理也与越来越与企业组织趋同,包括教授在内的学者群体在治理中的主导地位受到冲击。学者正在向以校长为代表的专业的管理者移交和让渡权力,管理重心趋于上移,向院校层面集中。一种自上而下的、强有力的行政管理趋势十分明显。尽管包括校长在内的许多专业管理者曾是学者群体的一部分,甚至本身还是在专业领域里颇有建树的学者,但从实践情况来看,与其说他们是学术共同体的领袖人物、是受学者委托使权力的人,不如说他们更倾向于是专职管理者。而且在很多情况下,管理者并不都是由学者选举出来的,质言之,他们并不是学者的治校代理人。在学者群体之外,一个专业的管理阶层已经在大学中不仅越来越庞大,而且所处的地位也越来越重要。当然,专业化管理是伴随着大科学产生的,要早于1980年代以降的市场回潮。但"企业化"明显地加剧了专业化管理的程度。"一个新的、更大的管理阶层

---

① 程星. 细读美国大学(增订本)[M]. 北京:商务印书馆,2006:66.

出现于各个系的学者群体之上。这正是美国整个社会的普遍现象,这些管理人员越来越脱离他们的委托人。"[1]事实上,这种状况并不是为美国所独有,"对于西方和远东的高等教育系统的观察表明:不管是分权制还是集权制,院校顶端的权威都在加强"。[2] 伯顿·克拉克通过对欧洲不同国家的五所大学创业转型实践进行了案例研究,在这五所大学中,无一例外地都存在着"一个强有力的驾驭核心"。他给出的解释是,大学"对不断扩大和变化的需求的反应需要变得更加迅速,更加灵活,特别是更加集中。它们需要一种更加有组织的方法,重塑它们制定计划的能力。一个强有力的驾驭核心成为必需"。[3] 正如克拉克所坚持认为的,"一个强有力的驾驭核心"是大学实现创业转型的五个要素之一。

专业管理者的人数比例反映了这种集权趋势。如在芬兰的大学中,1987 至 1992 年间教学人员的数量增加了 5.5%,而非教学人员的数量上涨了 20%,管理人员增加了 39%;[4]另有学者也指出,近年来欧洲高校经历着一场"无声革命",中层管理者人数由不足学者人数的 1/10 猛增至将近 1/3,并且通常接受过良好的专业教育。[5] 相应地,西蒙·马金森和马克·康西丹对澳大利亚企业型大学的研究,也同样证实了大学内部的权力正在向以校长为中心的行政管理者集中。不仅校长个人拥有极大的权限处理学校内部事务,并代表学校处理对外关系;而且,在许多大学中还出现了服务校长决策的新型组织机构,它们充当起校长的"内阁":"大多数小组没有要向诸如委员会或是学术委员会这样的其他的大学机构直接汇报的关系。……他们的目的是要让校长了解大学中的危机和正在出现的挑战。他们还起到把主要行政官员与共同策略相联系的渠道的作用,这项共同策略在普遍存在争议的所有问题上都支持校长的立场。"[6]这不仅说明以校长为核心的行政权力与学者的学术权力彼此相对分离;而且还说明,以校

---

[1] 林塞·沃特斯. 希望的敌人:不发表则灭亡如何导致了学术的衰落[M]. 王小莹,译. 北京:商务印书馆,2011:12.
[2] 玛丽·亨克尔,布瑞达·里特. 国家、高等教育与市场[M]. 谷贤林,等,译. 北京:教育科学出版社,2005:259.
[3] 伯顿·克拉克. 建立创业型大学:组织上转型的途径[M]. 王承绪,译. 北京:人民教育出版社,2003:4.
[4] 玛丽·亨克尔,布瑞达·里特. 国家、高等教育与市场[M]. 谷贤林,等,译. 北京:教育科学出版社,2005:261.
[5] Teichler U. The Future of Higher Education and the Future of Higher Education Research [J]. Tertiary Education and Management,2003,9(3):171-185. 转引自:张银霞. 新管理主义背景下西方学术职业群体的困境[J]. 高等教育研究,2012,(4):105—109.
[6] 西蒙·马金森,马克·康西丹. 澳大利亚企业型大学的权力结构、管理模式与再创造方式[M]. 周心红,译. 杭州:浙江大学出版社,2007:75.

长为中心的大学管理层作出决策,主要依赖一些与学术委员会等组织没有密切联系的决策咨询机构,在此过程中,传统学术权力机构的作用在很大程度上被排斥在外。整体来看,"强调管理是全球化过程体现在高等教育领域的重要特征之一。这一领域的文献显示,全球化对大学管理的影响似乎还在增大。实际上,普遍的意见是强调管理有助于建立非常类似的大学管理体制"。① 伯顿·克拉克曾总结了高等教育系统权力结构的三种模式:在欧洲大陆模式中,权力集中于大学外部的政府机构和大学基层的教授之手;在英国模式中,权力集中于基层,院校层级次之,大学外的政府机构再次之;在美国模式中,相对于联邦政府、州政府和大学基层,院校一级的权力最为集中。② 从最近三十多年来世界高等教育发展的趋势来看,欧洲大陆模式和英国模式正朝向美国模式靠拢,院校一级的行政权力普遍得到了增强。总之,强化以校长为核心的行政权力、大学中管理机构和专业管理人员增加等趋势在许多国家中都不同程度地存在,CEO式领导日益盛行。

与此同时,学者不可避免地失去治校权力。相对于欧洲大陆那些教授治校传统非常浓厚的大学而言,这一点特别是在美国、澳大利亚等高等教育市场化程度较高的国家更为明显。大学中一些主要由教学科研人员组成的行使学术权力的治校机构,如教授委员会、学术委员会等,由于在很大程度上被剥夺了对大学事务进行实质性决策的权力,在此过程中存在沦为一种咨询机构的倾向和风险。通过这些机构审议作出的结论,有时并不是最终的决策结果;即使对于纯粹的学术事务,由于关乎大学的声誉和收入,由学术权力独立做出决策的空间也趋于狭小。甚至可以说,较之过去,这些机构的活动在某种程度上正在走向形式化。著名批判教育学者亨利·吉鲁(Henry A. Giroux)毫不客气地批评称,在新自由主义时代,所谓共同治理不过是行政人员获取权力的借口。他写道:"在这个公司化的信条中,决策的管理模型代替了学者的治理。在共享治理这一观念的限定下,在过去的十年中,上层行政机构取得了更多的权力,由学者控制的治理机构被降低到咨询的位置。"③拉切尔·波士顿(Rachel Boston)在考察澳大利亚企业型大学后得出的论断也印证了吉鲁的说法:"对大学行政管理的监控权从委员会手中转移到了普通的大学行政管理部门,尤其是校长办公室。学术委员会的作

---

① 简·柯里,等. 全球化与大学的回应[M]. 王雷,译. 北京:北京大学出版社,2010:130.
② 伯顿·R·克拉克. 高等教育系统——学术组织的跨国研究[M]. 王承绪,等,译. 杭州:杭州大学出版社,1994:138—142.
③ Giroux H A. Neoliberalism, Corporate Culture, and the Promise of Higher Education: The University as a Democratic Public Sphere [J]. Harvard Educational Review, 2002,(4):425-463.

用被压缩到了程序性和课程性事务,而这些对大学的外部使命几乎没有什么前摄影响,更不用说对资源流动的影响了。"①由于并不掌握多少真正的权力,所谓教学和科研人员参与学校决策,也具有越来越多的象征意义。尽管一些教学科研人员,特别是那些贴近市场领域的资深教学科研人员在大学"企业化"时代仍然具有一定地位和影响力,但这更多地体现在他们到市场中寻求资源的能力以及由此取得的成就上,这些影响力本身并不必然相当于一种治校权力。因此,新自由主义和新公共管理主导下的院校管理权力增强,并不一定意味着学术自治。"学术缔约也正发生着根本改变。有信心主要依靠非正式准则和隐性合同的组织都是更有效率的和更令其参与者满意的。可是,缓慢的趋势似乎正在走向更为标准的产业式雇用合同的方向。"②随着权力从学者群体向管理人员转移,教学科研人员无疑就是大学雇员,现实境况离"教授就是大学"的理想渐行渐远。

　　这正是新公共管理运用于高等教育领域的产物。面对来自政府和市场的评估与问责压力,在市场中寻求资源以维持生存并对绩效责任作出回应成为了大学的中心任务,取代了在好奇心驱使下的探究真理、教化育人的核心责任,为此,它需要像企业一样具备有力的行政核心来统揽全局,强化了行政权力。应该承认,在大学中,任何一种权力都不比其他权力更具有道德上的优越地位,任何一种权力与其他权力失去平衡,都有害于学术秩序和生态。不仅行政权力极度扩张是如此,学术权力一旦失去必要的边界制约,同样也是如此。欧洲大学传统的讲座制将学术权力推崇到极致,结果导致"个人权力变得根深蒂固,形成了以某一个学术贵族为中心的封闭型体系。由于来自外部的监督被拒之门外,特权就形成了。"③尽管传统的教授治校制度固然有其弊端,但话又说回来,由行政主导大学发展、控制学术事务,恐怕也不具有合理性。这是因为,从生成逻辑看,大学组织的行政属性和产业属性是大学发展到现代的产物,是学术属性在现代社会的拓展与延伸。④ 在这个意义上讲,大学的行政权力以及行使这些权力的组织和个人,永远是为学者和学术服务的。正是由此,行政权力在大学中才具有合法性与正当性。不能仅出于大学市场化生存的策略性需要,就允许它凌驾在学术

---

① 西蒙·马金森,马克·康西丹. 澳大利亚企业型大学的权力结构、管理模式与再创造方式[M]. 周心红,译. 杭州:浙江大学出版社,2007:83.
② 克拉克·克尔. 大学之用(第五版)[M]. 高铦,高戈,汐汐,译. 北京:北京大学出版社,2008:128.
③ 伯顿·R·克拉克. 高等教育系统——学术组织的跨国研究[M]. 王承绪,等,译. 杭州:杭州大学出版社,1994:225.
④ 季诚钧. 大学属性与结构的组织学分析[M]. 北京:人民教育出版社,2006:73.

之上。

二、效率崇拜：企业管理方式的引入

很长一段时期以来，在教育机构中始终存在着模仿企业管理方式的倾向。在1962年出版的《教育与效率崇拜——公立学校管理的社会影响因素研究》一书中，雷蒙德·卡拉汉对20世纪初美国教育管理进行了深入的历史研究。书中揭示，商业价值观已经全面渗透于教育管理之中，原本针对提高企业生产效率而设计的科学管理制度，已对学校教育进行了全方位改造。在学校教育的各个方面，都充斥着企业式的效率崇拜。卡拉汉认为，这一不考虑适切性的照搬，对于学校来说并不是福音，而是悲剧。① 然而，直到一个世纪后的今天，人们对将企业价值准则和管理方式移植到教育机构中的热情似乎依然有增无减。特别是新自由主义、新公共管理对市场原则和企业精神普适性的赞颂，已达到了无以复加的地步。实际上，长期以来，大学管理常常过度向政府取经或者借鉴于企业。除在某些情况下由强制力量推动以外，这恐怕还缘于在强势的政府和企业面前，大学对自身管理方式缺乏足够的自信。罗伯特·波恩鲍姆（Robert Brinbaum）将1960年代以来大学借鉴、采用的管理时尚划分为三个存在时段交叉的历史阶段：在1960至1985年间，大学向政府取经，将规划—设计—预算法、目标管理、零基预算等手段借鉴过来；伴随着市场力量逐步壮大，在1972至1994年间，大学向企业学习，借鉴了战略规划和标杆管理；最后一个阶段是在1985至1996年间，大学又将企业中的全面质量管理、企业流程再造引入自身的管理之中。② 尽管经验反复证明，借自政府、企业管理方式对真正改善大学绩效收效甚微，甚至会产生负面作用，但历史教训并未阻止哪怕是减缓大学采取企业式管理的脚步。今天，大学借鉴了很多企业管理方式，管理者像管理企业一般管理大学。其最主要目的，就是试图通过理性的计划、标准的管理、科学的控制、严苛的问责，追求立竿见影的效果，实现以最小投入获得最大的学术产出，其最终目的在于提高效率与绩效，最大限度地获取教学、科研和服务活动带来的有形价值。

第一个倾向是凸显理性控制。许多大学管理者越来越相信理性的力量，企图将学

---

① 雷蒙德·E. 卡拉汉. 教育与效率崇拜——公立学校管理的社会影响因素研究[M]. 马焕灵，译. 北京：教育科学出版社，2011.
② 罗伯特·波恩鲍姆. 高等教育的管理时尚[M]. 毛亚庆，樊平军，郝保伟，译. 北京：北京师范大学出版社，2008：26—92.

术活动纳入理性控制之中,使之具有明显的确定性,以便实施更加有效地控制和管理。大致来说,这种理性控制在学术活动的目标、过程和结果等多个方面均有所呈现。首先,是对目标的理性控制,如教学科研人员要做什么研究,并不完全取决于其本人"闲逸的好奇",而是更多地受到行政权力的支配,当学校要他们担负起筹集资金责任的时候,那么后者就会被要求从事那些有利于增加大学收入的研究。"研究从由自己决定而由别人提供资金的学院式活动,转变成了由自己提供资金而由别人来决定的活动。"①通过对形形色色的考核指标、晋升制度、奖励条件等规定,以及一些隐性规则(如获取经费的能力被作为美国大学教师晋升不言自明的条件②),教学科研人员的研究活动日益处于受控制的状态。其次,是对过程的理性控制,如近年来大学试图从企业借鉴全面质量管理,"换汤不换药"地推行持续质量改进。全面质量管理的"核心概念包括过程控制(一致的和可预测的产品),事实管理(依靠测量和数据),用统计工具解决问题,利用跨部门团队获致雇员授权和小组合作。质量不是建立在感觉和标语之上,它要求的是数字和检查。"③其支持者声称,"大学正好似另一种商业组织。'教育人是一种过程,正如制造一辆汽车是一个过程一样'。"④尽管教育质量本身是难以监控的,但从这种逻辑出发,大学对教育质量的控制,与商家对生产线上的汽车、快餐所进行的质量控制别无二致,只不过是产品不同而已。最后,是对结果的理性控制,如今天的大学尤为重视数量上的绩效产出。"市场的鼓吹者们声称,不能量化的东西就不真实。"⑤对"量"的控制也更容易明晰单位和个人的绩效责任。学术活动的产出,无论是教育方面还是研究方面,在企业式管理逻辑下都应尽可能通过量化方式加以理性计算并接受审计。于是,大学中越来越多的活动及其产品被简单地通过"量"的指标衡量;即使对于"质",也尽可能地被要求以量的方式呈现。重视学术业绩的定量评价已成为许多国家大学采取的做法。例如,在美国,为提高学术生产力,强化对教学与研究成果绩效的定量评价被作为大学教师日常管理的主

---

① 西蒙·马金森,马克·康西丹. 澳大利亚企业型大学的权力结构、管理模式与再创造方式[M]. 周心红,译. 杭州:浙江大学出版社,2007:142.
② 阎光才. 美国的学术体制:历史、结构与运行特征[M]. 北京:教育科学出版社,2011:187—188.
③ 罗伯特·波恩鲍姆. 高等教育的管理时尚[M]. 毛亚庆,樊平军,郝保伟,译. 北京:北京师范大学出版社,2008:71.
④ 罗伯特·波恩鲍姆. 高等教育的管理时尚[M]. 毛亚庆,樊平军,郝保伟,译. 北京:北京师范大学出版社,2008:75.
⑤ 林塞·沃特斯. 希望的敌人:不发表则灭亡如何导致了学术的衰落[M]. 王小莹,译. 北京:商务印书馆,2011:10.

要内容;①而在澳大利亚的企业型大学中,研究甚至在很大程度上变成了经费计量行为:"因为研究经费本身成了目的,所以研究结果除了对研究的历史纪录有所贡献外变得无关紧要。"②这突出体现了乔治·里泽所谓的高等教育"麦当劳化"。③

第二个倾向是突出绩效责任。大学要保证绩效目标的实现,就要强化内部组织和教学科研人员的绩效责任,并实施问责。很多大学都实行了"以责任为中心的预算",即大学向基层提供详细明确的授权建议,并设置双方同意的预算目标,用以测量该单位管理者的业绩。④在围绕学术资本主义的调研中,希拉·斯劳特和拉里·莱斯利发现,随着财政压力的增加,大部分大学中预算权力和日益增多的与职能相关的责任逐渐从高层转移到经营单位。如早在1992年,英国大部分大学就广泛推行了预算权力下放,把预算交给基层的院系或类似的成本中心;而在美国,实施这种做法也已有一段时间了。⑤在澳大利亚的企业型大学中,同样存在权力下放的做法,西蒙·马金森和马克·康西丹对此写道:"权力下放把学术部门当成了从事研究和需要即刻做出关于研究活动的实际决定的场所,这些决定包括某些采取什么样的新举措。各单位的管理人员常常比在传统的学院制下拥有更多的财务自主权,但受到的限制也更多。他们有自主权,但并不独立,因为他们受到管理部门的束缚,这种束缚是通过集中确定孰先孰后的体制、成果衡量的体制、经费和基础设施的支持体制等实现的,这些体制建立起了一套价值观和激励机制,并勾画出了合法的研究活动的界限。"⑥如是种种做法,实际上是新公共管理下政府与大学的关系变化在大学内部的复演:前者向后者下放权力,后者尽管享有了财政上的自主权,但仍处于前者的严格评估与问责之下,以达到其预设的任务和目标。不仅在大学内部高层和基层之间的责任制日益明显,而且对教学科研人员来说,针对其个人的绩效评估与考核也得到了普遍加强。诸如发表成果、为学

---

① 王保星. 美国大学教师职业忠诚的挑战——基于大学治理企业化视角[J]. 高校教育管理,2007,(1): 42—47.
② 西蒙·马金森,马克·康西丹. 澳大利亚企业型大学的权力结构、管理模式与再创造方式[M]. 周心红,译. 杭州:浙江大学出版社,2007:146.
③ 乔治·里泽. 麦当劳梦魇:社会的麦当劳化[M]. 容冰,译. 北京:中信出版社,2006.
④ 弗雷德里克·E. 博德斯顿. 管理今日大学:为了活力、变革与卓越之战略[M]. 王春春,赵炬明,译. 桂林:广西师范大学出版社,2006:92.
⑤ 希拉·斯劳特,拉里·莱斯利. 学术资本主义:政治、政策和创业型大学[M]. 梁骁,黎丽,译. 北京:北京大学出版社,2008:216.
⑥ 西蒙·马金森,马克·康西丹. 澳大利亚企业型大学的权力结构、管理模式与再创造方式[M]. 周心红,译. 杭州:浙江大学出版社,2007:130.

校寻找收入来源等,均成为学者所肩负的绩效责任。对他们个人业绩的种种评估、考核制度,也被广泛地实施。

第三个倾向是鼓励内部竞争。为增进学术生产力,实现经济、效率和效益最大化,企业的竞争逻辑同样也被移植到许多国家和地区的大学之中。对西方大学的研究表明,在新公共管理影响下,大学内部存在着竞争性的资源分配,即在院系间引入市场竞争机制以强化效率和表现,同时通过标准化的测量与评估,将评估结果与稀缺资源分配相挂钩。① 例如,西蒙·马金森和马克·康西丹在对澳大利亚大学的调查中就发现,每所大学都建立起一套以某个公式为依据的从中心到各院系的分配体系,以研究业绩来分配研究经费。当建立起以成绩为依据的研究经费分配制度后,研究管理人员一般会在各院系建立相似的制度,院系和中心都被鼓励在创造项目和发展顾客方面更具前瞻性。② 这就在院、系、所、中心之间引入了竞争机制。众所周知,大学内部不同的院系和学科,同市场之间的距离是存在天然差异的,一些院系和学科并不一定是主观上不愿意,而是实在难以采取积极的创业姿态。客观上,应用研究较之基础研究、自然科学较之人文社会科学,通过市场途径进行创收的机会明显要更多。由于在竞争性资源分配制度下,大学创收所得并不会平均或者按实际需要分配给各个院系和学科,而是类似奖勤罚懒、奖优罚劣一样,这就导致经济绩效高者多得、绩效低者少得,以至于"穷者越穷、富者越富"。此外,大学中的竞争不仅存在于内部组织之间,而且还广泛地存在于教学科研人员个人之间,即改变教师的评价奖励制度,将教学与科研绩效的考核结果,特别是科研方面的表现,与学衔晋升、薪资福利等相挂钩。③ 这些都极大地刺激了竞争关系。近年来,"非升即走"(up-or-out)和"不发表就出局"(publish-or-perish)在西方大学中颇受关注。在"不发表就出局"规则下,学者的业绩最主要体现为研究业绩,而研究业绩则以发表研究数量和形式得到衡量,研究质量被成果数量和期刊档次所代替。强大的压力促成了激烈的学术发表竞赛。虽然"不发表就出局"在西方大学中更多地体现为一种潜规则,但在事实中却无人敢于漠视。④ 事实上,这一规则不仅促进了竞争,而且还构成了有力的问责机制。当学者们达不到规定的发表要求时,不仅难以取得晋升和奖励,而且还可能意味着自己将很难继续在大学中保留一席

---

① 张银霞. 新管理主义背景下西方学术职业群体的困境[J]. 高等教育研究,2012,(4):105—109.
② 西蒙·马金森,马克·康西丹. 澳大利亚企业型大学的权力结构、管理模式与再创造方式[M]. 周心红,译. 杭州:浙江大学出版社,2007:127—128.
③ 张银霞. 新管理主义背景下西方学术职业群体的困境[J]. 高等教育研究,2012,(4):105—109.
④ 阎光才. "要么发表要么出局":研究型大学内部的潜规则?[J]. 比较教育研究,2009,(2):1—7.

之地。这种不断被强化的绩效竞争,使得"时间管理"在大学教师学术生涯中的地位越来越突出。曾经,"闲逸的好奇"是知识生产的重要特征;而从知识生产的规律来讲,学者也需要一些"不被时间所管理的时光":"当我们经历着不被时间所管理的时光时,我们的创造力就会开启,而反过来说,所谓创造力开启的体验,就是某种不被时间所管理的状态。"① 然而,在严苛的绩效竞争环境当中,今天的大学里"虽说工作时间的灵活是学者的一项'特权',但摇身一变,弹性也可以转化为每时每刻都在工作,或者是自认为学者应该没休息"。②

第四个倾向是压缩办学成本。诸如减员增效、提高生师比、加大教师工作量、严格预算等都是常见举措。近年来许多大学在这方面最为突出的变化之一,便是大量聘用兼职教师,职业稳定性趋于降低。"因为教师工资是学校财政预算中最大的一项支出,有些学校的管理者就通过彻底取消教师聘用终身制和减少固定合同工的形式来减少专职员工的数量。而更多的大学管理者则只是要求减少学校内终身教职的数量,从而创造出一种更为灵活的聘用机制。"③ 由于大学专职教职人员的减少,而大学又不得不从事大量的教学任务,于是,很多大学都转而雇用大量兼职教师。如就美国高等教育而言,从1970年到1991年,兼职教师比例从占资深教师队伍的21.9%增加到43%,几乎翻了一番。④ 从1993年至1998年,40%的美国高校削减全职终身教职,其中22%的高校采取了固定兼职方式取代全职终身教职;有的社区学院兼职教授比例高达70%—80%,甚至著名的纽约大学都有超过50%的兼职教授。⑤ 但与通过降低专职教职人员职业稳定性以压缩办学成本相并行的是,大学中专业管理人员的数量却呈现出增长的势头。⑥ 正如一些研究所表明的,这种局面并不只为美国独有。事实上,"在许多国家,人们期望大学有更灵活的聘用体制,而在英美国家反对终身制的运动更是高涨"。⑦

诚如多米尼利(Lena Dominelli)和胡格维尔特(Ankle Hoogvelt)所指出的,今天大

---

① 玛吉·伯格,芭芭拉·西伯. 慢教授[M]. 田雷,译. 桂林:广西师范大学出版社,2021:53.
② 玛吉·伯格,芭芭拉·西伯. 慢教授[M]. 田雷,译. 桂林:广西师范大学出版社,2021:36.
③ 简·柯里,等. 全球化与大学的回应[M]. 王雷,译. 北京:北京大学出版社,2010:164.
④ 加里·罗兹,希拉·斯劳特. 学术资本主义、被操纵的专业人员以及供应经济学政策的高等教育[M]. 王义国,译//王逢振,主编. 美国大学批判. 天津:天津人民出版社,2004:88.
⑤ 程星. 细读美国大学(增订本)[M]. 北京:商务印书馆,2006:77.
⑥ 加里·罗兹,希拉·斯劳特. 学术资本主义、被操纵的专业人员以及供应经济学政策的高等教育[M]. 王义国,译//王逢振,主编. 美国大学批判. 天津:天津人民出版社,2004:84.
⑦ 简·柯里,等. 全球化与大学的回应[M]. 王雷,译. 北京:北京大学出版社,2010:186—187.

学中盛行着"学术泰勒主义"。① 所谓泰勒主义,是指美国管理工程师弗里德里克·泰勒(Frederick W. Taylor)于20世纪初期创立的科学管理制度。这一制度的核心内容,就是将生产过程纳入科学的计算之中,通过准确的计量和严格的控制,以提高生产效率;同时,泰勒的科学管理还主张,"将所有的控制、计划和决策由工人向新兴的科学的管理者阶层进行不可逆转的、全面的移交"。② 在这种生产方式中,人被作为生产工具,是机器的一部分,根本没有多少自主性可言,他们必须在管理人员"科学的"指挥下按部就班地劳作。在福特主义时期,这一"只见制度不见人"的生产方式被普遍运用于工业企业中;而今当企业转向后福特主义,开始实施更为灵活、更人性化管理的时候,泰勒主义却在大学中复燃。"在大学的管理实践中泰勒主义的主要特征表现得越来越明显:任务的划分、全面管理控制和为整个过程的每一步骤作系统的成本核算。"③

一个潜在的规律是,大学似乎总是跟随在企业身后亦步亦趋,一些被企业实践证实存有缺陷并最终被其抛弃了的管理方式,却经常被大学重新捡拾起来并奉若革新的法宝。"当这些所谓的最佳惯例在大学里开始盛行时,常常是实际已经过时了。许多企业家正在减少企业中的等级制度,而大学则还在增加自己的等级制度,并且运行成本高昂。企业家们致力于实现和谐一致、权力下放、合作以及平等的关系,而大学则又重新运用起传统的管理工具。企业变得更加多样化,而大学则更加统一一致。企业家们放弃了计划与人力需求预测(man power projections),而大学却正在做这两件事情。"④罗伯特·波恩鲍姆的研究也证实,对于企业采取的相对时尚的管理,大学将它们借鉴过来存在着时滞:"这些时尚可能'在企业中尝试五年之后将它们抛弃,然后才进入高等教育的门槛'。"⑤对于上述状况,或许雷蒙德·卡拉汉用文化传播过程理论的解释比较有说服力。他认为,之所以美国中小学中流行着商业价值观,是缘于"观念和价值一般来说是从在一种文化中地位高或权力大的团体流向地位较低或权力较小

---

① Dominelli L, Hoogvelt A. Globalization, contract government and the Taylorization of intellectual labor in academia [J]. Studies in Political Economy, 1996, (spring): 71-100. 转引自:杰勒德·德兰迪. 知识社会中的大学[M]. 黄建如,译. 北京:北京大学出版社,2010:131.
② 罗伯特·波恩鲍姆. 高等教育的管理时尚[M]. 毛亚庆,樊平军,郝保伟,译. 北京:北京师范大学出版社,2008:14.
③ 杰勒德·德兰迪. 知识社会中的大学[M]. 黄建如,译. 北京:北京大学出版社,2010:131.
④ 简·柯里,等. 全球化与大学的回应[M]. 王雷,译. 北京:北京大学出版社,2010:90.
⑤ 罗伯特·波恩鲍姆. 高等教育的管理时尚[M]. 毛亚庆,樊平军,郝保伟,译. 北京:北京师范大学出版社,2008:102.

的团体的"。因为"商业是美国社会的国王",所以学校商业化不值得大惊小怪。① 在本书看来,这种解释不仅适用于诠释中小学的商业化,对于大学采用企业式管理的原因也同样富有解释力。

三、学术职业面临的压力和挑战

学术权力与行政权力的此消彼长,以及以绩效为中心的企业管理方式,使得大学的学术职业遭遇了前所未有的压力。这突出地表现在教师治校权力的弱化、学术自由的困境、工作压力的加剧、学者地位的降低、职业忠诚的削弱等诸多方面。

在日益强大的管理控制下,学者的治校权力不仅受到削弱(前文已经谈及,此处不再赘述),而且其学术自由权利也受到了很大的挑战。爱德华·希尔斯(Edward Shils)对学术自由有过一段精辟的论述:"学术自由是这样一种情形,学者个人可以在其中活动而不致带来可能损害他们的地位、他们作为终身任用的学术机构成员的身份,或者他们的公民身份的后果。学术自由是这样一种情形,学者们在其中可以选择在教学中坚持什么、在研究课题的选择以及在他们的著作中坚持什么。学术自由还应该是学者个人在其中可以选择学术活动的特定路径或立场。学术自由形成于这样一种情形,其中任何权威——无论是全系同事的一致看法、系主任、院长、校长甚至学校董事会的观点、校外任何权威的判断,无论是公务人员还是政治家、牧师还是主教、政策评论家还是军方人士——都不能阻止学者根据他的学术兴趣和能力提出学术追求。学术自由是学者个人在特定高等教育机构内部、在高等教育体系内部以及在全国性社会内部和社团之间思考和行动的自由。"②总之,学术自由不仅是学者所享有的基本权利,是正在开展治学活动的基本条件和保障,而且还是大学永恒的核心价值。而今,大学"企业化"倾向在以下若干方面削弱了学术自由。其一,学术目标被经济目标所侵蚀,学者的学术自由权利被整合进院校整体的战略目标之中,受到了非学术目标的控制和裹挟。其二,学者的学术自由权利缺失了治校权力的保障。学者在学校治理中的话语权、决策权趋于缩小,教授治校被专业的行政管理所取代。其三,在以绩效为中心的学术管理中,学术活动更多地受到理性控制,这种控制与学术自由在根本上是存在冲突的。

---

① 雷蒙德·E. 卡拉汉. 教育与效率崇拜——公立学校管理的社会影响因素研究[M]. 马焕灵,译. 北京:教育科学出版社,2011:英文版序.
② 爱德华·希尔斯. 学术的秩序——当代大学论文集[M]. 李家永,译. 北京:商务印书馆,2007:277—278.

其四,学术职业稳定性的缺失,也有损于学术自由权利。长期以来,学术职业以稳定性为特征,欧洲大陆教职人员拥有公务员身份,美国则有终身教职制度。这是因为在欧洲大陆教学科研人员被认为从事的是公共服务;在美国则是为了保障其心无旁骛地从事学术工作,自由探究真理。美国大学教授协会曾指出:"终身教职是一种达到下列目的的手段,特别是:(1)教学研究和课外活动的自由;(2)足够的经济保障使得这个职业能够吸引真正有才能者。因此,自由、经济保障和终身教职对于一个学校成功履行对学生和社会义务是必需的。"①伴随着终身教职的缩减,以及"非升即走"和"不发表就出局"做法的盛行,学术职业的稳定性降低,这些都最终缩小了学术自由权利得以实现的空间。

与学术自由空间狭小的趋势相并行的是,学术职业的工作压力正在持续增大。许多有关这方面的研究都表明,近年来,大学教师的工作量明显增加。他们不仅要承担更为繁重的教学科研任务,而且还必须应付形形色色的考核评价,满足学校对其学术业绩的种种要求,甚至为此而疲于奔命。就在2014年9月25日,英国帝国理工学院一名教授疑因未能满足通过研究为学校每年筹集20万英镑的目标,在面临解雇的重压之下选择了自杀。事件曝光后,他的同事表示并不感到吃惊,因为"高等教育如今就好像是大生意"。② 尽管这是一起极端的个案,但却在一定程度上折射出"企业化"倾向中的大学给予学术职业的重重压力。今天,"大学变得贪婪,似乎试图榨干学者的每一份心力",③它本应是作为学者寄身于其中自由探求真理的场所,而今与学者之间却形成了工具性的利用关系。这些最终削弱了学者对知识、对职业和对供职院校的忠诚。治校权力和学术自由权利的失落、工作压力的剧增和管理控制的约束,这些变化都以实际行动回答了大学"企业化"时代"教授是大学"还是"教授是大学的雇员"的问题。"大学教师不再赋予正确的知识以合法性。在知识社会里,他们更像是车间里的翻译人员或者是老师、管理者、记者这类知识工人的顾问。也许大学教师更容易被看做是知识工人。"④在《高等教育哲学》一书中,约翰·布鲁贝克(John S. Brubacher)声称,"教师和管理机构是学者团体的平等伙伴",故而"工会诉诸于集体谈判,并最终诉

---

① 转引自:简·柯里,等. 全球化与大学的回应[M]. 王雷,译. 北京:北京大学出版社,2010:169.
② 英国名校教授疑因筹集研究资金压力大 自杀身亡[EB/OL]. (2014-12-05). http://www.chinanews.com/gj/2014/12-05/6850404.shtml.
③ 张银霞. 新管理主义背景下西方学术职业群体的困境[J]. 高等教育研究,2012,(4):105—109.
④ Bauman Z. Legislators and Interpreters [M]. Cambridge:Polity Press,1987. 转引自:路易丝·莫利. 高等教育的质量与权力[M]. 罗慧芳,译. 北京:北京师范大学出版社,2008:95.

诸于罢工的作法,威胁着学术自治所据以存在的基础"。① 不过,上述说法在"教授就是大学"的时代无疑是适用的,诉诸政治的行动或许有害于学术自治和学术自由。但结合今天的现状来看,布鲁贝克的说法似乎有些理想主义色彩。大学中工会制度、集体谈判乃至罢工的兴起虽然与20世纪左翼思潮的盛行有关,但在某种程度上它们也是大学企业化的产物。因此,真正对学术自治与自由构成威胁的或许并非工人运动本身,而是市场化时代大学制度的转型。

---

① 约翰·S·布鲁贝克.高等教育哲学[M].王承绪,等,译.杭州:浙江教育出版社,2001:39.

第三章　价值张力：大学"企业化"倾向的现实困境

　　大学"企业化"倾向作为我们时代的主流发展趋势，在其倡导者看来，这种变革自然是值得肯定甚至称颂的。首先，与私人部门的效率标准相比照，高等教育和大学往往被一些市场论者认为是低效的、有惰性的，而市场机制和企业管理方式被借鉴过来，似乎可以有效地解决大学的效率问题，使之可以像企业一样对市场做出机敏的回应。其次，将高等教育推入市场、使大学向企业一样经营，将减轻高等教育大众化和大科学时代政府的公共责任，这符合市场化时代"小政府、大市场"的逻辑。最后，相当重要的是，大学创业转型与知识经济、知识社会的发展需要是一脉相承的，一个日益以知识为基础的经济社会显然需要身处学术—产业链中并热衷于技术转移的创业型大学，而不需要闭守于"象牙塔"之内、以"闲逸的好奇"方式献身真理的大学。概言之，如果我们站在市场逻辑、产业即时需要、国家竞争力等这些立场上来看，使大学如同企业一般运作不仅无可厚非，且是必然选择。整体观之，"企业化"确实可以为大学及其利益相关者带来一定的现时利益。然而，我们首先必须明确大学的本质属性是什么，或者说，它应当是一个什么样的机构，其最根本的职责为何。如果我们过于用经济逻辑看待高等教育问题、过于以功用的眼光来看待大学的时候，大学更为基本的使命和责任往往就会被遗忘和抹煞。对当今的大学来说，教育使命始终是大学之所以为大学的根本前置条件；而公共性则是大学立身于世的合法性基石。大学的功用不仅是眼前的，而且是长远的；大学的财富不仅是物质的，而且是精神的。从长远来看，市场逻辑、企业逻辑与大学自身逻辑之间的冲突并不能在根本上得到调和。为了维护教育性和公共性，为大学的长远使命和精神财富留有一席之地，人们应该认识到，有必要为市场机制对高等教育的影响设限，大学对产业即时需求的响应也应遵循适度原则。这些都决定大学不应当像企业一样生存，相反，它必须保持自己的独特身份，这是其植根现实而又超越现实的前提。

第一节　主张大学效仿企业的合理性和局限性

理论与实践总是处于互动之中。任何一项变革要取得广泛认同,其背后必然存在着关于变革合法性的理论论证。因此,我们有必要首先对那些支持大学效仿企业的理想蓝图进行检视,并通过与现实加以比照来分析其合理性与局限性。

一般来说,支持大学向企业学习效仿的主张大致可以划分成两类:第一类可称之为大学外部视角,其主张主要是站在经济政策、产业政策和科技政策等立场上,认为大学采取创业姿态,深入参与到与产业、政府的协同创新活动中是时势之需;而第二类可称之为大学内部视角,其主张主要是立足于大学自身,更偏重于强调在当今时代,选择一条创业转型之路对于大学持续发展的积极意义。

立足于经济政策和科技政策立场支持大学"企业化",并藉此将大学作为知识经济时代引领创新的重要机构的观点,以美国著名学者亨利·埃兹科维茨等人提出的"大学—产业—政府三螺旋"学说为代表。该理论并不是主要从大学面临巨大财政压力的角度出发来理解大学"企业化"的,而是突出了这样一种认识,即在一个经济和社会日益以知识为基础的时代,大学(在埃兹科维茨看来主要是研究型大学,而伯顿·克拉克的研究表明,创业型大学并非仅是研究型大学的发展选择)就应当以创业型大学的形式存在。质言之,如今"大学越来越被看作是经济发展的发动机,其经济合理性主题已经变得和它的文化合理性主题同等重要"。[①] 大学效仿企业与其说是财政压力使然,不如说更是出于知识经济时代中大学的合法性之需。埃兹科维茨特别强调了创业型大学对于推动创新的必要性,以及在此过程中大学与产业、政府之间的互惠互利关系。在《三螺旋:大学·产业·政府三元一体的创新战略》一书中,埃兹科维茨反思了大学与产业、政府曾经相互分离的状态,认为在知识经济时代,大学与产业、政府有必要结成紧密的"三螺旋"关系,即在保持相对独立性的同时,每一机构都能起到其他机构的作用,通过这种方式将三者整合在一起致力于协同创新,而这就必须要求创业型大学的存在:"创业型大学是大学—产业—政府关系'三螺旋'发展的生产力。这样的一个创新体制采取积极的立场将知识投入应用,并把投资范围拓宽到大学知识的创造。'知识产业化'是大学新使命的核心,使大学与知识用户更加紧密地联系起来,并把大学确立为

[①] 亨利·埃兹科维茨. 麻省理工学院与创业科学的兴起[M]. 王孙禺,等,译. 北京:清华大学出版社,2007:9.

拥有自己产权的经济角色。"①埃兹科维茨还认为,上述变革加强而不是削弱了大学的地位和作用:"创业型大学,将促进经济与社会发展的所谓'第三使命'与教学、研究使命结合起来,是处于发展中的当代现象,使大学在新出现的基于持续组织创新与技术创新的创新模式中起领导作用。"②大学正是在上述意义上,体现为"社会的轴心机构"的。

与上述理论相对应,另一种赞同大学效仿企业组织的主张,更多地是从大学自身发展转型的角度出发的。这一观点以美国著名社会学家和高等教育学者伯顿·克拉克对创业型大学的论述为代表。1980年代以降的全球政治经济变化引发了高等教育的急剧变革,这一实践使得对高等教育和大学转型的研究在20世纪最后二十年中渐成热潮。伯顿·克拉克也对此给予了较多关注,且同样对大学创业转型持积极态度,只不过更多地是从大学自身的需要来对其创业转型加以肯定的。他认为,大学之所以会发生创业转型,其原因在于如今大学负载的期待与责任过多。这些期待与责任包括四个方面:一是高等教育大众化、普及化带来的学生需求的增长,主要表现在更多的不同类型的学生寻求并获得入学机会;二是劳动力部门需求的增加,即更多的劳动力部门需要受过高度专门化职业训练的大学毕业生;三是来自大学赞助者的压力,旧时的和新的赞助人对高等教育给予了更大的期望;四是知识超过了资源,也即是知识和科学的规模的增长,使得现有的资源越来越难以满足其需要。"以上四个无穷无尽的需求的宽阔的潮流联合起来产生巨大的需求超负荷。大学处在希望的交叉火力之中。而且,所有需求的渠道显示出高速度的变化",而"在不断增长的超负荷面前,大学发现自己的反应能力有限"。③ 正是在这一系列重压之下,大学才开始出现"创业型的反应"。伯顿·克拉克并不认为创业转型对大学的身份构成了威胁,而是坚称大学仍在保持其学术核心。他指出,"面对环境的复杂性和不确定性,它们必须在环境和大学的界面以新的方式表现它们自己。但仍旧必须是大学,永远为根植于科研、教学和学习的教育价值所主宰。"④只不过在压力之下,大学不可能处于原地不动。由于形势逼

---

① 亨利·埃茨科威兹. 三螺旋:大学·产业·政府三元一体的创新战略[M]. 周春彦,译. 北京:东方出版社,2005:31.
② 亨利·埃茨科威兹. 三螺旋:大学·产业·政府三元一体的创新战略[M]. 周春彦,译. 北京:东方出版社,2005:33.
③ 伯顿·克拉克. 建立创业型大学:组织上转型的途径[M]. 王承绪,译. 北京:人民教育出版社,2003:160.
④ 伯顿·克拉克. 建立创业型大学:组织上转型的途径[M]. 王承绪,译. 北京:人民教育出版社,2003:157—158.

人,不进则退,创业转型成为大学变革的必由之路。相应地,克拉克否认了创业型大学对市场的依附性,认为此类大学正在走上一条介于国家调节和市场调节之间的"第三条道路",它既不过分受制于国家权力,也不完全听命于市场,而是拥有充分的自主性,因而这也是一条"自力更生"的道路。他写道:"数量不断增加的创业型大学现在表现出对院校自力更生的新的选择。在它们比较积极的自治中,它们把对改革的同事关系和对现状的同事关系结合起来。这些现代的院校懂得大学和国家机构之间的区别。它们也懂得大学和商号之间的区别。它们同样也懂得一所复杂的大学拥有很多'灵魂',有些是正义的,有些是不正义的;选择前者而拒绝后者,这需要作出艰难的选择。同时它们懂得世界并不欠它们生计,那种传统的态度是不够的。大学自我发展的第三条道路是它们提供的诺言。"①

上述两大主流观点传递给我们的信息是:大学走上创业转型的"企业化"的道路不仅对于经济社会发展极富价值,对大学自身生存也颇有裨益。拒绝创业的大学不仅在知识经济中丧失了置身立足的合法性,而且也由于站在原地不动、拒斥变革而难以挣脱被淘汰的宿命。应该说,上述这些理由是有一定合理性的。一方面,在知识经济时代,当我们立足于推动经济增长的需要,就要求大学应充当经济发动机的角色,密切大学与产业之间的联系在某种意义上是无可厚非的。今天,大学要紧跟社会发展的节奏,就很难推卸掉其促进经济增长的责任,这也是大学成为"社会的轴心机构"所必须承担的道义甚至说是所必需的付出。另一方面,当我们立足于现实主义的立场观之,大学在诸多压力和挑战面前,采取创业姿态、寻求自给自足,从而缓解面临的压力和危机,也是其维系自身生存与发展的本能举动,对大学眼下的发展具有积极意义。因此,上述两种关于大学创业转型的主张是有一定的合理内核。即便我们立足于理想主义,在整体上对大学"企业化"倾向采取一种批判、反思的立场,这一点也应该得到承认。

同时,我们亦应认识到上述理论观点的局限性。一方面,尽管"三螺旋"理论声称

---

① 伯顿·克拉克. 大学的持续变革——创业型大学新案例和新概念[M]. 王承绪,译. 北京:人民教育出版社,2008:导言. 在此需提请读者注意的是,引文最后一句在《大学的持续变革——创业型大学新案例和新概念》一书中的原文是"大学自我发展的第三条道路是它们提供的谎言",经笔者核对该书英文原版,这句话的原文是"The third way of university self-development is the promise they offer"(参见:Burton R. Clark. Sustaining Change in Universities: Continuities in Case Studies and Concepts [M]. Buckingham: SRHE and Open University Press,2004:7),"promise"在此应译为"诺言",中译本将其译作"谎言",疑为笔误。

"企业化"道路对大学有利,不过在面对某一理论主张时,我们有必要先置身于理论之外去思考其立足点是什么。一些具有彼此竞争关系的观点或理论往往并非只有一种是正确的,关键问题在于从什么样的角度、什么样的立场出发去选择支持其中哪一种观点。"三螺旋"理论更多地是站在经济增长和产业利益的立场而不是大学的立场上说话,这是值得注意的,也正是它的局限。毕竟,所谓"发展"与"经济增长"是两回事,人类社会发展具有多个维度,且还有经济增长之外的需求,而大学的功用也不能主要从经济价值的角度加以理解。无可置疑的是,在经济增长需求面前,大学扮演的是工具性角色,其在产业面前仍体现为一种从属关系,大学的重要责任是为产业的现时需求提供积极服务,服从于知识经济、知识社会中的协同创新使命。这一理论虽然有其自洽性与合理性,但其美国式实用主义色彩十分明显。尽管创业型大学的确有助于刺激产业的创新,但在"第三使命"面前,大学更为长远的使命则难免有被束之高阁之虞。虽然埃兹科维茨声称当今大学的经济合理性与文化合理性同等重要,但对作为经济发动机的创业型大学而言,经济合理性显然比文化合理性更具优先地位。另一方面,伯顿·克拉克对创业型大学的论述则显得有些过于理想化。正如西蒙·马金森和马克·康西丹于经验研究之后所指出的:"在关于日益下降的公共投资和商业化等问题上克拉克比我们更乐观——比如,他很少承认长期基础研究项目中存在的问题——而且,对于向企业型方向的转变他的看法要积极得多,甚至有点不切实际。"①总之,走上"企业化"的道路,未必使大学仍能如伯顿·克拉克宣称的那样继续被教育价值所主宰,将回应知识经济诉求作为大学最重要的使命也不免流于片面。从大学自身的逻辑出发加以审视,大学效仿企业组织的现实,可能往往并不如理想谋划的那般使人乐观。

第二节 "企业化"倾向与大学的身份焦虑

"西方学者认为,作为在社会中生活的个体,总会自觉不自觉地发出关于'我是谁''我应当做什么'等根本问题的追问,这种追问的过程和结果对个体来说有毋庸置疑的心理、行为和社会的意义。当个体不能明确地进行身份定位或面临身份危机的时候,就会面临某种缺失。"②依本书看,不仅对于个人来说这些追问具有反思意义,对作为

---

① 西蒙·马金森,马克·康西丹. 澳大利亚企业型大学的权力结构、管理模式与再创造方式[M]. 周心红,译. 杭州:浙江大学出版社,2007:204.
② 张静宁. "学术资本主义"与英美大学教师学术身份的变迁[J]. 教育科学,2014,(2):81—85.

一类组织的大学而言,这样的自我反省同样具有积极的价值。虽然大学在其传统理想中一直存在引领社会潮流的冲动,但现实往往令这种理想陷入悲观:在政治、经济面前,当代大学与其说是扮演引领者的角色,不如说是更多地处于弱势的从属地位。大学要么服从于政治、军事的诉求,要么听命于市场、产业的需要。相应地,大学的身份在很多情况下也面临着挑战。例如,在传统的大陆法系中,公立大学是作为国家高等教育权的延伸机构存在的,在法律地位上属于公法人,由于分享了政府的公共行政权力,这时大学就扮演了政府的代理人的角色;而在市场化时代,大学又在一定程度上与企业走向趋同。故而对于今天,诸如"我是谁""我应当做什么"这一类的自我追问与反思对大学而言特别重要。如果大学想要保持身份,首先在于时时刻刻保持着清醒的身份意识。

沿循着"我是谁""我应当做什么"这样的自我诘问和持续反思的逻辑,我们应该认识到,不管大学创业转型对产业还是大学自身是否带来了现实好处,而如今朝向"企业化"方向的蜕变正在侵蚀着大学身份也是不争的事实。大学与企业之间的身份边界开始变得越来越不清晰。在一个日益充满不确定性的环境中,在各种责任重负对大学的施压下,大学选择创业道路在表面上看似乎无可指摘,但实施变革的前提在于无论采取何种途径,手段只能是手段,不能和目的倒置。然而,大学走向"企业化"恰恰无法保证这一点,大学很有可能在此过程中旁置其广泛的社会、经济与文化目标,或者弃之不理。就此而言,企业的"学院化"是一个很好的反例。在今天这个日益以知识为基础的社会中,产业科学蓬勃发展,企业拥有自己的研发机构和团队,甚至拥有自己的"大学"早已不是什么新鲜事。但是,从来不会有人相信企业的身份正在处于困惑之中,无论企业多么"学院化",企业都不可能变成大学。其中的道理显而易见:发展产业科学、组织研发团队对企业来说是一种手段,它始终绝对服从并服务于企业的营利目的。只要手段和目的没有倒置,企业的身份就永不可能陷于危机之中。

相形之下,对大学而言,"企业化"的变革理念却包含着将手段异化为目的的危险,进而危及大学身份。长期以来,探究真理、从事教化始终是大学的核心职责所在。而今,"金钱日益成为影响大学决策的决定因素。大学口口声声说,一切为了学生的利益,可他们真正关注的还是学校里能赢利的商业活动"。[①] 不得不说,一定程度上,"企业化"倾向日益突出的大学在金钱与知识、获利与教化孰为手段、孰为目的这一问题上

---

① 哈瑞·刘易斯. 失去灵魂的卓越:哈佛是如何忘记教育宗旨的[M]. 侯定凯,译. 上海:华东师范大学出版社,2007:167.

陷入了言说与实践彼此矛盾的困境。尽管"非营利组织"是近年来的提法,但从历史上看,"非营利"是大学的一条重要信念,这一点与新兴的营利性大学(确切说来,应是营利性高等教育机构)明显不同。从理论上讲,就像企业可以从事科研以服务其经营一样,对于作为非营利性机构的大学而言,它们并非不可以从事营利行为,但营利只能够作为服务于目的的手段,其本身不应当成为目的。然而,理论只是一种构想,这些构想同现实状况并不总是一致。社会学研究表明,"有可能出现这样的情况:最初被视为创建组织的理由的那项任务,由于组织一心追求自我维续、自我扩张,倒被贬为次要之事。组织的维持生存就此成了宗旨本身,人们往往要根据这一新的目标,来衡量组织的工作表现/表演的理性程度"。[1] 这个道理用在大学身上,就是说,如果大学在今天不得不追求自力更生、自我维续的话,谋生的需要或许会取代其本然职责。

因此,由于经济利益的诱惑,大学一旦从事市场行为,很难说它不会异化为目的,即使所得利润不能用于分配。实际上,"在这些创业型大学里,企业的逻辑居于主导,无论高等教育还是科学研究都成了营利的手段。除了营利性大学之外,虽然那些创业型大学和企业型大学都反复强调营利不是目的,但手段和目的之间绝没有不可逾越的鸿沟。'手段代表了在形成之中的理想和进行之中的目的,人们无法去通过邪恶的手段来达到美好的目的。因为手段是种子,目的是树'"。[2] 对于当今大学而言孰为手段、孰为目的在很多情况下处于模糊甚至被颠倒的状态,大学是否仍在与企业有意地保持身份区别这类问题已并非不证自明。现实中更普遍的情况是,"创业型大学迅速成为大学与企业之间的灰色地带。在这个灰色地带里,创业型大学名义是大学,实质上等同于企业或者就是企业。在名义上,创业型大学是以营利为手段,但实质上就是希望大学通过营利自给自足。"[3]尽管此类大学可能确会为自身和产业解决一些实际问题,但"企业化"的实践表明,市场逻辑和经济利益驱使下的营利行为削弱了大学追求真理和教化的长远使命,对眼前营利的追求约束、控制着大学的行为选择。

与企业的经济追求不同,大学一切活动本应以知识和教育为中心,而今这一中心更多地转向创收。大学的高等教育、科学研究和组织管理很多情况下是围绕"筹款"和"创收"这一中心展开的。各国鼓励大学创业的理由主要在于减轻财政负担和推动创新,而大学"企业化"的最大动力显然在于创收。拥有充足的资金确属必要,然而,在四

---

[1] 齐格蒙特·鲍曼,蒂姆·梅. 社会学之思(第二版)[M]. 李康,译. 北京:社会科学文献出版社,2010:53.
[2] 王建华. 我们需要什么样的大学[J]. 高等教育研究,2014,(2):1—9.
[3] 王建华. 我们需要什么样的大学[J]. 高等教育研究,2014,(2):1—9.

处挖钱的过程中大学一旦模糊了自己的使命,就会丧失继续存在的价值,这种"自力更生"恐怕是了无意义的。就此而言,大学的身份在一定程度上正走向异化。西蒙·马金森和马克·康西丹在其对澳大利亚企业型大学的经典案例研究中得出了以下发人深省的结论:"在纯粹的企业型大学中,其目标不是要达到一系列社会、经济和文化目的,它是把企业本身当成目的来实现。至少,在一个'客户'和'顾客'被置于优先地位、大学对外部世界比以往更为开放的时代里,它们更大的目标却变得模糊了,这也是颇具讽刺意味的。把这些更大的目标仅仅当成是假象或是市场营销手段,这是一种具有腐蚀性的倾向。从长远来看,这或许会对公众的支持和公众对大学的投资造成致命的破坏。"①无论何时,我们都不应该忘记卡尔·雅思贝尔斯(Karl Theodor Jaspers)的告诫:"相较而言,大学的机构形式则是次要的,如果大学的生命消解了,仅凭机构形式无法将其挽救。"②

大学组织身份合法性面临的困惑,必然伴随着大学人的身份困惑。正是由于今日之大学游走于传统大学身份与企业身份之间的边缘地带,大学人的身份也显得越来越模糊不定。在英语中,"身份"一词的拼写是"identity",而"认同"一词的拼写则是"identification"。身份总是与组织成员对某种信念的认同紧密联系在一起的,丧失了对某一信念的认同,往往是组织成员的身份已经发生转变的征兆。对大学人来说,经典的大学理念反映出了长期以来他们对共同信念的认同,这些信念包括追求真理、教化育人、学术自由、院校自治、教授治校等方方面面。而今,由于大学陷入了经济学话语和企业逻辑,"以往被认为无之则不成为大学学者的学术自由和自治传统逐渐失落",③大学人的认同正处在这些传统的学术价值观和企业价值观的张力之中。于是,大学校长越来越像企业中的CEO而不是学术共同体的代理人,行政人员从学术人员群体中分离出来而成为专业管理者,前两者共享管理文化而不是学院文化;教学科研人员要么倾向于成为学术资本家,要么则更像知识工人;研究生出现了"雇员化"倾向,一些教师则从传道授业者变身为"老板";本科生以及其他一些利益相关者则往往以"顾客"与"消费者"的面目出现,所谓"以学生为中心"异化为认定和维护学生的"消费者权利"。这些现象,如今已经越来越不足为奇。说到底,均缘于"企业化"倾向中大学

---

① 西蒙·马金森,马克·康西丹. 澳大利亚企业型大学的权力结构、管理模式与再创造方式[M]. 周心红,译. 杭州:浙江大学出版社,2007:206.
② 卡尔·雅思贝尔斯. 什么是教育[M]. 童可依,译. 北京:生活·读书·新知三联书店,2021:144.
③ 张静宁."学术资本主义"与英美大学教师学术身份的变迁[J]. 教育科学,2014,(2):81—85.

人的价值认同陷入了困境,进而使其身份也处于模糊状态。而对现代大学来说,教育性和公共性最为根本,大学和大学人的身份陷于困惑,最终将给这种教育性和公共性带来挑战。

一、"企业化"倾向对大学教育使命的挑战

如克拉克·克尔(Clark Kerr)所言:"现代大学是一种'多元的'机构——在若干意义上的多元:有若干目标而不是一个目标,有若干权力中心而不是一个权力中心,服务于若干群客户而不是一群客户。它不崇敬单一上帝,它不构成单一的、统一的共同体,它没有分别界定一些客户群。它标志着许多真、善、美的视野,以及达到这些视野的道路;它标志着权力斗争;它标志着服务于许多市场和关注许多公众。"[1]作为多元巨型大学,现代大学肩负着多重使命与责任。它既服务于学生和家长个人,又服务于形形色色的社会组织;既服务于国家的政治和军事目标,也需要响应产业的需求。总之,现实中的情况基本上是,只要社会想要大学做什么,大学似乎就有义务尽力满足。现今一个日益明显的趋势便是,大学在界定自身职责时越来越缺乏自主性,大学应当具有什么样的职能、从事哪些活动越来越倾向于由社会的需要来定义。然而,社会对待大学的态度具有明显的工具主义色彩,它在取其所需的同时,并不怎么在意大学的核心职责。正如罗纳德·巴尼特所指出的,当前在高等教育领域流行的是一种功能主义观,我们时刻不忘大学和高等教育如何发挥其各种社会功用,但却总是遗忘"高等教育究竟应当是干什么的"这一根本问题:"无论在公开演讲中,还是在学术界内部,是否真正把高等教育视为'高等教育'人们并不关注。"[2]为此,我们应扪心自问:"什么是高等教育?""高等教育机构最应该做什么?"大学之所以为大学,首先意味着它具有学校的性质,无论大学有多少职能和任务,它首先都是作为教育机构存在的。无论何时何地,高等教育都将是大学最重要的使命。这是大学同其他机构区别开来的重要前提。大学的其他职能乃其教育职能之衍生物,它们与教育职能不应分离,并且应当对实现高等教育使命有所帮助。

那么,我们应如何领悟"高等教育"的意义呢?在很多情况下,当代大学的主要职能通常被表述为教学、科研和服务。但从措辞上来讲,"教学"用于此似乎并不十分恰当,至少它容易引起一些误解。其缘由在于,"教学"很容易使人们将其理解为大学中

---

[1] 克拉克·克尔. 大学之用(第五版)[M]. 高铦,高戈,汐汐,译. 北京:北京大学出版社,2008:77.
[2] 罗纳德·巴尼特. 高等教育理念[M]. 蓝劲松,主译. 北京:北京大学出版社,2012:9.

的课堂教学。课堂教学属于教育活动,但它同时只是教育活动的一部分。诚如哈佛学院前院长哈瑞·刘易斯(Harry R. Lewis)所言:"教育不仅仅是数据、公式、法则、名字和地点的传授。事实上,教育不仅仅是课堂教学。"① 尽管不能否认,课堂教学始终应当作为大学开展教育活动的最主要形式,不过,高等教育不单单意味着课堂教学,不单单意味着具体的知识和技能的传授,它还是一种旨在塑造人的文化体验。爱因斯坦(Albert Einstein)曾说:"如果一个人忘掉了他在学校里所学到的每一样东西,那么留下来的就是教育。"② 与"教学"相比,"教育"一词更为突出文化体验的性质,以及在此过程中对人的全面塑造。在此意义上,说大学的首要职能是"教育"或者"教化"应该更为合适。这里之所以对"教学"和"教育"两个术语进行辨析和区分,并非刻意对习以为常的说法吹毛求疵,而是意在指出,我们不应过于狭隘地理解高等教育的涵义。

第一,对个人而言,高等教育的价值不仅在于"为稻粱谋",更在于心智启迪与思想解放。高等教育主要表现为传授知识和技能的过程,但在更深意义上,高等教育之于个人的价值并不止于具体的知识授受与技能训练,而要通过并超越这些具体的教学操作过程而达致启迪心智的目的。这一点在自由高等教育思想中体现得淋漓尽致。约翰·亨利·纽曼之所以强调高等教育的非功利性,也即是将知识本身作为目的,并非鼓吹高等教育无须具有功用,而是缘于他认为高等教育的功用恰恰在于通过这种方式培育人的理智,以使心智获得启迪和解放。在他看来,理智培育主要是通过突出知识的整体性和关联性来实现的。大学作为传授普遍知识的场所,强调知识的整体性和关联性,这将赋予学生一种想象力,知识将上升为智慧。借他的话说,学生将"领会知识的大框架,领会知识所基于的原理,领会知识各部分所涵盖的范围,其闪光之处和不为人注意的地方,以及它的重点和次要部分。……由此,他所接受的教育被称为'自由教育',一种以自由、公平、冷静、克制和智慧为特征的终生思维习惯得以养成"。③ 无独有偶,20世纪英国哲学家艾尔弗雷德·诺思·怀特海(Alfred North Whitehead)也认为,大学既是从事教育又是从事研究的机构,不过,大学之存在意义不在于单纯地传授知识和开展研究,而在于通过教育和研究结合,以使大学人过上一种充满想象力的智

---

① 哈瑞·刘易斯. 失去灵魂的卓越:哈佛是如何忘记教育宗旨的[M]. 侯定凯,译. 上海:华东师范大学出版社,2007:英文版序言.
② 爱因斯坦. 论教育[M]. 赵中立,许良英,编译//杨东平,编. 大学二十讲. 天津:天津人民出版社,2009:136.
③ 约翰·亨利·纽曼. 大学的理想(节本)[M]. 徐辉,顾建新,何曙荣,译. 杭州:浙江教育出版社,2001:22.

识生活。在《教育的目的》一书中,他说:"大学存在的理由是,它把年轻人和老年人联合在一起,对学术展开充满想象力的探索,从而在知识和生命热情之间架起桥梁。大学传授知识,但它是以充满想象力的方式来传授。"① 亦如卡尔·雅思贝尔斯所宣称的:"大学教育是一个潜移默化的陶冶过程,目的是为了获得意义深远的自由。"② 这样一种主张,意味着大学的职责在于教化;即便是研究,其发挥的也主要是培养想象力的教化功能。

第二,对国家而言,高等教育的作用在于塑造认同和培育现代公民。如果说以纽曼为代表的传统人文主义启示我们高等教育的价值在于启迪心智,那么以德国思想家威廉·冯·洪堡为代表的新人文主义则将高等教育同培育公民身份、塑造公民对国家的认同感紧密联系在一起。洪堡虽然主张将研究纳入到大学的职责范围之内,但研究并不具有独立价值,其合法性在于其教育意义;而这种教育也不是片面地传授给学生以知识和技能,其更大的意义在于为民族国家培养公民。洪堡所处的 19 世纪初的德国饱经战乱、百废待兴。此时国家不仅需要在物质上进行重建,还需要在精神上塑造公民身份。故在德国古典大学观中,修养居于中心地位。③ 大学之所以将研究和教学相统一,目的在于达致"修养",而"科学被视为藉以达到修养目标的媒介"。④ 这是因为在洪堡看来,"科学由于不是一种客观的、经验的存在,而是真理、道德乃至神性的统一,是一种价值的存在,所以从事科学不仅是致知,同时也意味着体验,让科学'出乎其心、入乎其内'。正是在这种意义上,科学才具有修养身心、变化行为甚至示范生活方式的作用"。⑤ 也就是说,在洪堡眼中无论是教学还是科学研究,无非都是达致修养的教化造人的手段而已。实际上,尽管洪堡的大学教育思想具有标志性意义,但就高等教育作为为民族国家培养公民的途径来说,德国并非个案。自民族国家形成以降,高等教育便承载了民族国家的历史命运,为国家培养公民成为高等教育的职责所在。尽管在今天全球化时代,民族国家的主权在一定程度上面临挑战,但是,培育学生的国家认同感,使他们成为国家的合格公民,依然是高等教育无法剥离的内容。

第三,对社会而言,高等教育的意义不仅在于传授必需的知识和技能,更在于培养批判精神和民主价值观。虽然纽曼的自由高等教育理想和洪堡的新人文主义对后世

---

① 怀特海. 教育的目的[M]. 庄莲平,王立中,译注. 上海:文汇出版社,2012:123.
② 卡尔·雅思贝尔斯. 什么是教育[M]. 童可依,译. 北京:生活·读书·新知三联书店,2021:175.
③ 陈洪捷. 德国古典大学观及其对中国的影响(修订版)[M]. 北京:北京大学出版社,2006:52.
④ 陈洪捷. 德国古典大学观及其对中国的影响(修订版)[M]. 北京:北京大学出版社,2006:57.
⑤ 陈洪捷. 德国古典大学观及其对中国的影响(修订版)[M]. 北京:北京大学出版社,2006:58.

启示颇丰,但其具有的局限性同样不可否认。在纽曼那里,高等教育看似没有直接、现实的社会功用,但实际上它的实用性是通过培养统治人才得以体现的。① 说到底,纽曼时代的高等教育仍是贵族专享的特权,是一种统治工具。我们对自由教育精髓的吸收必须将其特定的历史背景和意识形态抽离出去。在洪堡那里,尽管也不强调高等教育的即时功用,但在长远意义上高等教育仍以民族国家的利益为依归,它终归没能脱离国家主义的窠臼。然而,对于民主社会而言,高等教育既不应是统治阶级再生产的场所,也不应仅作为国家复兴的工具,公民社会的运转有赖于具有民主的信仰、独立思考的能力、对习以为常事物的批判精神的公民。除培育国家认同之外,批判精神与民主价值观的培育也是高等教育的重要一环。亨利·吉鲁指出:"学校是公共场所,是学生学习在一种真正的民主制度中生活所必要的种种知识与技能的地方。学校不是工作场所的延伸,也不是战斗在国际市场和国际竞争第一线的机构。作为民主的公共领域,学校是由各种形式的批判性探索所构筑起来的,而这些探索的目的在于赋予有意义的对话与人的能动作用以尊严。……学校被视为提供必要的意识形态的、物质的条件,以培养具有批判能力与道德勇气的公民的机构,这些条件构成了在民主社会中积极的公民发挥作用的基础。"② 这一点不仅对于基础教育适用,对于高等教育也同样适用。批判精神和民主价值观是现代公民社会每个人所必备的基本素质,培养民主批判精神是当今时代高等教育的题中之义。

由此观之,作为大学的核心职责,所谓高等教育,并非在课堂上"你教我学"那么简单,其本质在于"造人"。正如卡尔·雅斯贝尔斯所说,教育是"通过知识内容的传授、生命内涵的分享以及行为举止的规范,将传统交给年轻人,使他们在其中成长,舒展自由的天性。因此,教育的原则是使人在一切现存的文化滋养中走向本源、真实与根基,而不是只满足于获取平庸的知识"。③ "有三件事情是大学必须需要做的:职业训练、整全的人(the whole man)的教化和科学研究。"④ 无论短期的功利需求如何强烈,我们要始终意识到,当今社会需要的不仅是掌握一定专业知识和技能的劳动力,更需要那些"整全的人",即具有科学和民主精神、批判反思能力的,能够深入参与社会公共生活的公民。无论何时这都是值得我们珍视和坚持的信念。

---

① 孟景舟. 自由教育的实用性追问:从亚里士多德到纽曼[J]. 教育学术月刊,2013,(6):7—9,22.
② 亨利·吉鲁. 教师作为知识分子[M]. 朱红文,译. 北京:教育科学出版社,2008:4—5.
③ 卡尔·雅思贝尔斯. 什么是教育[M]. 童可依,译. 北京:生活·读书·新知三联书店,2021:3—4.
④ 卡尔·雅斯贝尔斯. 大学之理念[M]. 邱立波,译. 上海:上海人民出版社,2007:67.

概言之,教育使命是大学之所以为大学的根本所在,"造人"始终是大学职责的核心。所谓"造人",不仅意味着大学要传授给学生以必要的知识和技能,而且要进一步使人成为人。然而,"企业化"倾向使得大学的教育使命遭遇了多重挑战。

在那些充满理想化色彩的构想中,选择创业的道路往往被作为实现大学持续健康发展、实现大学学术目标的手段,这是对将市场原则和企业经验运用于大学的合理性论证。然而,正如前文分析所表明的,如今这种"企业化"倾向正在影响大学的本质,使之面临身份的困境。大学越来越倾向于成为一类从事学术工作的创业组织,而不再是致力于广泛的社会文化功能的公共机构。由于大学的经济利益诉求越来越具有优先性,高等教育使命的实现将在一定程度上受到了冲击。这突出表现在大学教育责任有所缺失、大学教育目标与内容窄化、大学教育性质发生扭曲三个主要方面。

第一,"企业化"倾向使大学教育责任有所缺失。正如许多研究所指出的,在当代大学的诸多职能当中,无论对于大学获取经济利益,还是增强大学在声誉市场中的优势,研究是最具有区别作用的活动。相反,较之研究,一味通过教育来牟利不仅可能面临伦理道德上的指责和非议,亦可能会触碰法律底线。毫无疑问,对于一个走上"企业化"之路的大学而言,大学组织和教学科研人员的行为将受到利润和声誉的强烈驱使,这会使之将其活动的重心转移到研究,以及与研究密切相关的社会服务活动上去,并且多通过技术转移、提供咨询服务甚至是自己开公司办企业的方式,以求获得更多的经济回报。同时,从大学借鉴和采用企业管理方式的角度出发,将研究置于比较重要的地位也在情理之中:因为研究经费和产出经费的测量更加符合那种强调理性计算的管理方式;相比之下,教学的质量则不是那么容易测量和比较。这些都导致了在大学中,无论是经济利益还是学术地位都朝向在研究方面,特别是在能够带来经济价值的研究方面有所成就的人。"终身教职在所有的研究型大学中几乎都是只授予研究者,而在人文领域则是授予那些在主流期刊和出版社发表学术文章和出书的人。……虽然一些教师对他们的本科教学引以为豪,但是他们大多数人都知道升职终身教职和加薪都跟他们是否是一个好老师无关"。[1] 在持续的"企业化"背景之下,由于经济理性和管理理性的引导作用,"重研究、轻教育"在大学中已经是一个非常普遍的现象。大学的制度正在朝向有利于研究,特别是有利于带来经济收益和更大声誉影响的那些研究方向上转变。创业型大学的倡导者亨利·埃兹科维茨曾赞许地描述了麻省理工

---

[1] 斯坦利·阿罗诺维兹. 知识工厂——废除企业型大学并创建真正的高等教育[M]. 周敬敬,郑跃平,译. 北京:高等教育出版社,2012:46.

学院在1930年代首创的"五分之一制度",该制度规定,教师在每个星期的工作日内可以有一天的时间(若将休息日计算在内,一星期最多有三天时间)为企业提供咨询服务,其余时间要承担大学的任务,这一制度一直沿用存续至今。但是,如何来界定教师将五分之一的工作时间用于服务企业,五分之四的工作时间用于服务大学呢?我们是否可以想当然地说,大学应当制定出各种规则加以约束以保证教师履行教育职责?但在经济利益驱动面前,约束更多是外在的,这个边界恐怕并不清晰。对此,斯坦福大学前校长唐纳德·肯尼迪(Donald Kennedy)担心大学"为经济目的而提供的咨询有可能失控",[①]"在首要教学和研究职责上所花时间的多少,越来越多地依赖教师的自觉性"。[②] 从根本上讲,大学本来是作为一个教育机构发展起步的,从事高等教育是任何类型的大学最重要的使命,即便是所谓的研究型大学亦应如此。而今,在利润动机面前,在为社会和产业需要服务的道德性话语中,大学最基本的职责——为学生提供高等教育——却不得不面临着被边缘化的命运。面对日益繁重的财政压力和利润的诱惑,经济目标置换了教育目标,大学不得不减轻其教化造人的责任。

第二,"企业化"倾向使大学教育目标与内容窄化。高等教育以何为目标、教授什么内容,在大学"企业化"时代也是一个值得反思的问题。高等教育并不应简单地理解为课堂教学,不单是某些具体知识的灌输和特定技能、手艺的训练。在更为重要的意义上,高等教育具有明显的文化功能,"造人"是高等教育的真谛和最高境界。当然,与过去精英高等教育不同的是,当代大学无法回避社会责任,也不应改变学生为职业做准备的现实。于是,大学不仅要肩负起塑造学生心智的职责,还需要传授给他们一些实用知识和技能。美国学者埃里克·古尔德区分了大学需要传授的两类知识:其一是商品知识,即学生能够在其工作中发挥作用的知识,它包括职业培训和为职业做准备的培训、政策开发、发明及专利;其二是象征性知识,即价值观判断、道德伦理、文化、审美、哲学思辨,以及那些与思想科学相关的知识。[③] 如果前一类知识的功用在于解决眼前的物质问题,后一类知识的价值则在于对"造人"使命的承继。这两类知识都应当被平衡地传授给学生,既要使他们成为职业人,也要使之成长为心智自由的"整全的人"。然而,日益"企业化"的大学一边维系着产业的无止需求,一边又要迁就学生的功利意愿,上述两类知识的平衡不断被打破,以至于大学对第二类知识的传授、对全人的

[①] 唐纳德·肯尼迪. 学术责任[M]. 阎凤桥,等,译. 北京:新华出版社,2002:299.
[②] 唐纳德·肯尼迪. 学术责任[M]. 阎凤桥,等,译. 北京:新华出版社,2002:302.
[③] 埃里克·古尔德. 公司文化中的大学[M]. 吕博,张鹿,译. 北京:北京大学出版社,2005:63.

塑造越来越具有口头宣示的色彩。实践中的高等教育日渐倾向于成为满足产业需求、迎合学生愿望的职业培训,其文化意义和训练批判思维的功能日益被抽空。亨利·吉鲁认为:"作为学术—军事—产业联合体的附属品,高等教育已经无助于向学生讲授如何在民主社会独立思考,如何通过民主价值的冷静思考自己与更大世界之间的关系。因此,学生被当作待消化的和生产出来的商品和数据一样对待,他们是潜在的求职者,教育已经被贬低为就业能力培训。"① 斯坦利·阿罗诺维兹对高等教育沦为高级培训也持有强烈批判态度,他说:"大多数学院和大学的管理者用以应对由预算约束和不稳定的就业市场所引致的经济和文化不确定性的方式,是按照现代企业的模式来打造大学。结果是许多学校将培训推至前台并将其称为教育。……这个学术体系从整体上被市场逻辑所控制,即学生毕业时已经为工作做好准备。在这些要求的驱使下,学院和大学无法去实施一个使得学生为未来更为复杂的世界做好准备的教育项目。"② 在这一点上,作为保守主义者的布鲁姆(Bloom)与上述激进左派的观点似有共识。他也痛心疾首地指出:"现代大学已经背弃了培养完善的人这一传统的办学宗旨,很多先前被公认为是重要的和需要了解的事情,如今似乎已经无人问津了。大学在很大程度上已退化成为单纯的职业培训中心。"③ 在充斥社会服务责任和就业主义的氛围当中,代表着启迪心智、塑造全人的自由教育理想如今已经退居到一些通识教育课程之中,教化育人的广泛目标开始退却。大学旨在培养的不再是能够深入参与公共生活的公民,而是掌握一技之长,但却不会批判思考的"单向度的人"。一旦高等教育不再坚持"造人"与解放的目标,就缺失了完整性。

第三,"企业化"倾向使大学的教育性质发生扭曲。如果说"重研究、轻教育"是将高等教育活动排挤到大学中一个相对不太重要的位置,高等教育的职业训练化对高等教育中培育完人的目标和内容作了排斥与剔除,那么同样需要关注的是,高等教育的性质一定程度上正在发生扭曲。这一点同样是相当有问题的。在一个与市场紧密融合的"企业化"大学中,经济逻辑扭曲了教育逻辑。由于高等教育在很多情况下被视为一种商品,围绕着交费上学制度的普遍建立以及这些费用的持续上涨,传统的教育关系如今具有了越来越多的市场契约的性质,被改造为教育商品或教育服务的买卖关

---

① 亨利·吉鲁,维多利亚·哈珀. 新自由主义、民主与作为公共空间的大学——亨利·吉鲁采访记[EB/OL]. 吴万伟,译. (2014-04-15). http://www.21ccom.net/articles/sxwh/shsc/article_20140425105056.html.
② 斯坦利·阿罗诺维兹. 知识工厂——废除企业型大学并创建真正的高等教育[M]. 周敬敬,郑跃平,译. 北京:高等教育出版社,2012:142.
③ 转引自:王建华. 高等教育的理想类型[J]. 高等教育研究,2010,(1):1—10.

系,学生进而成为大学的"买家""顾客"和"消费者"。这一点不仅在非学历教育、跨境教育服务贸易中十分明显,就是在面对本国公民的正规学历教育中也依然存在。当大学失去了对教化的信仰,并如同公司一样开始出售高等教育的时候,很难说学生再将大学看成是教化造人的圣殿,他们很难继续对高深知识保持着敬畏感。如今在以市场标准衡量一切的想法中,"学生越来越以商业化的算计眼光来看待教育的价值"。① 他们往往倾向于将上大学看成是一种投资,将自己和大学之间的关系看成是一笔交易。既然大学要从学生身上谋取利润,那么学生就要从大学那里购得谋生求职的实用工具和抬高身价的资本。学生上大学,选专业首要考虑的内容,便是未来所能够获得的回报与自己的费用投入比起来是否划算,而这种回报更多地是由其经济价值来定义。

从根本上讲,教育关系和交易关系在本质上是不相容的。在交易关系中,市场主体之间参与的是平等的商品或服务买卖,然而这一原则却不适用于买卖高等教育。"在零售业中,一个用得烂熟的座右铭认为,'消费者总是对的',但是委托人追求的是专业服务,秉持着专业人士是'正确'的并用他们的专长提供有价值的服务这种信念。"②我们虽然倡导教育关系中的平等性,倡导师生对话,但在某种意义来说,教育关系不可能是绝对平等的,更不是平等的市场主体之间的关系,而是教化者对被教化者、已知者对未知者、管理者对被管理者的关系。"在特定领域中,大学不能取悦所有的学生,因为大学与学生之间存在冲突。"③作为教化者,大学及其教师的职责是将学生塑造成人,而非满足其某种欲望;作为已知者,大学及其教师比学生更清楚需要传授给学生哪些知识以及如何传授;作为管理者,大学及其教师采取恰当的管理活动有助于将学生培养成人。某种类型的知识技能是可以购买的,但"造人"却难以商品化,是无法购买的。同购买其他商品一样,我们不可能通过持续的购买教育的行为使自己灵魂净化、人格完善、品德高尚。质言之,高等教育并非不需要平等、民主和自由,对于教什么、怎样教的问题应尊重学生意见,但民主和自由不等于市场自由和消费者选择,教育不能根据"顾客就是上帝"的市场营销法则一味迁就。有学者认为,提出和认同学生的消费者身份其重要意义之一在于保护学生的权利,④但是,尽管同样强调权利的重要性,不过我

---

① 阿尔弗雷多·萨德-费洛,德博拉·约翰斯顿. 新自由主义批判读本[M]. 陈刚,等,译. 南京:江苏人民出版社,2006:214.
② 罗杰·盖格. 大学与市场的悖论[M]. 郭建如,等,译. 北京:北京大学出版社,2013:254.
③ 哈瑞·刘易斯. 失去灵魂的卓越:哈佛是如何忘记教育宗旨的[M]. 侯定凯,译. 上海:华东师范大学出版社,2007:4.
④ 陶美重. "学生消费者"辨析[J]. 教育与经济,2013,(5):25—30.

们必须区分权利的性质。学生作为受教育者的权利是一种基本人权,它不能等同于消费者的民事权利,对侵害学生受教育权的救济不应适用保障消费者权利的法律法规。概言之,高等教育的任务在于培养有教养的公民,培养思想者,而不在于培养消费者或顾客。无论如何,学生的概念都不应当与"顾客"或"消费者"这类概念等同起来。

二、"企业化"倾向与大学公共性的困境

现代性以降,公共性成为大学立足于社会的合法性基石,即使是私立大学也有其公共使命。可以说,现代大学在本质上应属于公共领域,它为公共利益而生、坚定捍卫公共利益,这种公共利益有时体现为民族国家的利益,有时则将超越民族国家的疆界。近年来,在第三部门理论兴起背景下,超越大学的公私二元对立,将其均定位于第三部门的努力,实际上正是反映出对大学公共性,包括对私立大学公共性的一种承认。正是在以下三种意义上,大学成为公共利益,特别是长远的公共利益的保证人。

第一,大学的高深知识本质上是一种公共物品。探求真知尽管离不开学者的个人兴趣,但并非一种自利行为;高深知识长期以来以公共物品的形态存在,大学的高深知识活动具有鲜明的公共色彩。这种公共性追求源于长期科学活动中逐渐形成的价值信条,即科学社会学家罗伯特·默顿(Robert K. Merton)所谓的"科学的精神气质",它内化于科学家的良知之中,从而在科学家之间达成了一种共识,成为他们共同遵守的价值规范和行为准则。默顿认为,这些规范包括普遍主义、公有性、无私利性、有组织的怀疑,它们不仅是道德上的要求,而且使被确证了的知识得以扩展,反映了科学制度目标的内在需要。[①] 简言之,对这些规范的严格遵守,被认为是求取真理的必要基础和条件。在上述四条规范中,公有性和无私利性规范将科学活动定义为一种具有强烈公共性的活动。公有性规范要求科学必须是公共的,不是私人的;科学是全社会的共同财富,为全社会共同享有,而不是某个人或某个组织的私有财产和牟利手段。"科学上的重大发现都是社会协作的产物,因此它们属于社会所有。它们构成了共同的遗产,发现者个人对这类遗产的权利是极其有限的。"[②] 某一科学成果被科学家发现或发明,科学家有权要求对其贡献加以承认,但却不应对发现或发明进行隐匿和牟利。"科学精神特质中的公有性与资本主义经济中把技术当作'私人财产'的概念是水火

[①] 罗伯特·K. 默顿. 社会理论和社会结构[M]. 唐少杰,等,译. 南京:译林出版社,2006:821.
[②] R. K. 默顿. 科学社会学——理论与经验研究(上册)[M]. 鲁旭东,林聚任,译. 北京:商务印书馆,2003:369—370.

不容的。"①

如果说公有性规范规定了高深知识为公所有,那么无私利性规范则从组织与个人的角度规定了从事高深知识活动不应谋求私利。它要求科学家在科学活动中摒弃个人利益。如科学家应基于中立立场发表观点,不得为实现一己私利提供方便或为特殊利益集团代言;在科学面前他们必须保持诚实。质言之,无私利性要求"为科学而科学"而非"为私利而科学",所有一切出于个人私利而采取的有损于科学的行为,都是不被允许的。尽管默顿提出的上述规范主要是针对自然科学,但其基本原则"并非局限于自然科学领域,它包括许多特征分明的智识传统和学科"。② 人文学科领域同样以知识公有和不谋私利为准则。总之,公有性和无私利性规范反映了长期以来存在于学术共同体中的公共性信仰,尽管时过境迁,但它们对于理解今天大学高深知识公共性仍然富有意义。

第二,大学从事的高等教育活动以公共性为旨归。无论在东方国家还是西方国家,在前现代时期,接受教育并非普通民众人人皆享有的权利,而是为统治阶级所享有的特权,其主要任务在于培养统治人才。当时的国家不负有为民众提供教育的责任,民众也没有接受教育的权利或义务。尽管公共性并非是教育与生俱来的属性,但伴随着近现代以来的教育民主化进程,教育作为一种特权的观念早已被抛入历史的垃圾堆。虽然教育中仍然存在精英主义取向,但特权教育不应再有容身之所。公共性在今天已同教育的使命融为一体,实现公共性已经成为现代教育的核心价值。这一点不仅适用于基础教育,而且同样也适用于高等教育。尽管一般认为,较之基础教育,高等教育具有一定的私人性,但公共性仍是高等教育的基本属性,这一点不容抹煞。在20世纪,接受教育,包括接受高等教育已经被作为一项基本人权,写入了具有里程碑意义的联合国法律文件当中。联合国大会于1948年通过的《世界人权宣言》第26条指出:"人人都有受教育的权利,教育应当免费,至少在初级和基本阶段应如此。初级教育应属义务性质。技术和职业教育应普遍设立。高等教育应根据成绩而对一切人平等开放。"③第21届联合国大会于1967年通过的《经济、社会、文化权利国际公约》第13条

---

① R. K. 默顿. 科学社会学——理论与经验研究(上册)[M]. 鲁旭东,林聚任,译. 北京:商务印书馆,2003:372.
② 约翰·齐曼. 真科学:它是什么,它指什么[M]. 曾国屏,匡辉,张成岗,译. 上海:上海科技教育出版社,2008:34.
③ 联合国大会. 世界人权宣言[EB/OL][2014-05-10]. http://daccess-dds-ny.un.org/doc/RESOLUTION/GEN/NR0/044/86/IMG/NR004486.pdf?OpenElement.

进一步规定:"高等教育应根据能力,以一切适当方法,特别应逐渐采行免费教育制度,使人人有平等接受机会。"①大力发展公立高等教育,保障人民接受高等教育的权利成为世界各国政府义不容辞的责任。高等教育已经成为一项公共事业。在一些大陆法系的公立高等教育中,大学甚至被认为是国家教育权的延伸机构,具有行政主体资格,从事高等教育被认为是行使公共权力。需要指出,相对于公共色彩浓厚的公立高等教育,在当代社会,私立高等教育尽管更多地体现了社会教育权,但同样需以实现公共价值为基本要求。私立高等教育和公立高等教育的区别主要在于提供者的身份和办学资源来源渠道不同,这并不意味着改变高等教育本身的公共物品性质。私立大学提供的高等教育,同样应属公共物品。

第三,大学肩负着批判、反思现实的公共职责。"大学的社会作用不仅在于适应环境,而且在于反思主流;大学的存在理由不仅在于服务社会,更在于批判现实。"②由大学扮演社会反思者是最合适的,批判现实是大学公共性不可分离的维度。大学致力于社会批判,首先同其求真信念和高深知识活动方式密不可分。大学的使命在于追求真理,这就意味着大学必须不断地超越现实、质疑现实,对那些看似不言自明的道理、人们习以为常的现象进行重新检讨,以从中挖掘出新的知识和内涵。这种批判和反思正是高深知识得以增长的根本条件。大学与其他社会机构有所区别的一个重要方面,就是它从事着批判反思活动。其次,强烈的人文关怀,也要求大学以社会批判为己任。大学有着深厚的学术人文主义传统,人文知识在大学中长期居于主导地位。与科学知识相比,人文知识"虽然指向人生的现实世界或现实生活,但并不止于当下的现实世界或现实生活,而是指向于人生的理想世界、未来世界和可能性生活"。③ 大学表面上看是沉醉于知识本身,但却始终对人类社会抱有终极的价值关怀。学者们生活于世俗世界,思想驰骋于理念王国,理想与现实的张力推动着大学不断反思现实世界。最后,大学是社会批判者——知识分子的培育和栖居场所。知识分子秉持一种强烈的批判倾向,这种批判倾向来源于他们超越现实、超越眼前的琐碎、具体事务。"知识分子是从不满足于事物的现状,从不满足于求诸陈规陋习的人。他们以更高层次的普遍真理,对当前的真理提出质问,针对注重实际的要求,他们与'不实际的应然'相抗衡。他们自命为理性、正义和真理这些抽象观念的专门卫士,是往往不被生意场和权力庙堂放

---

① 联合国大会. 经济、社会、文化权利国际公约[Z]. A/RES/2200(XXI),1967-01-12.
② 卢威,周海涛. 知识生产转型时代大学变革的共性趋势与本土反思[J]. 现代教育管理,2014,(8):1—5.
③ 刘振天. 大学社会批判精神的源泉及当代境遇[J]. 北京大学教育评论,2003,(3):60—65.

在眼里的道德标准的忠实捍卫者。"①质言之,"知识分子是为理念而生的人,不是靠理念吃饭的人"。② 正是他们在政治强权和经济利益面前坚定地捍卫着思想的独立性,才使得他们能够从为众人所熟视无睹甚至被认为是理所当然的现象背后挖掘出真实的本质;正是出于对国家前途、社会命运的关切和忧思,才使得他们勇敢地站出来对主流事物加以反思、质疑和批判。在刘易斯·科塞(Lewis Coser)看来,大学之所以利于知识分子生存,一是缘于它提供了一个交流并磨砺思想的环境;二是大学定期支付报酬为知识分子过上中产阶级生活提供保障;三是大学为高级学院人提供了权利保证,使其免受市场与经济压力而全身心投入工作;四是大学对教师时间的分配有助于教师独立思考与自主研究,五是大学拥有学术自由,这是最重要的。③ 知识分子对真理和事实的忠诚,使得大学超越来自现实情境的各种权力羁绊和利益诱惑,从而与现实保持强大的批判力场。尽管我们很少明确地将社会批判作为大学的基本职能,但正如杰勒德·德兰迪(Gerard Delanty)所坚称的:"把批判制度化作为大学的职能之一是有意义的,它可以补充大学研究和教育的职能。"④在任何时代,我们的社会都极为需要这样一个仗义执言的机构。在批判现实这个意义上,大学超越了知识生产和知识传授的具体操作,成为精神的灯塔、社会的良心。

概言之,作为公共利益的捍卫者和保证人是大学的理想类型。社会公共利益最大化即是大学任务的圆满完成和大学使命的实现,大学自身的利益与整个社会的公共利益应当是保持高度一致的,它并不谋求自身的特殊利益。尽管现实往往与理想类型的设想存在差距,但在长期以来的大学理想和实践中,向这一理想类型设定的形象靠拢总是规范、约束着大学人的行为。然而,今天持续蔓延的"企业化"倾向却使得大学在一定程度上旁置了其肩负的捍卫社会的公共利益,特别是长远公共利益的责任。我们甚至可以说,伴随着大学越来越追求自身的特殊利益,特别是经济利益,大学从一个利他的组织,开始沦为更具自利倾向的机构。这突出地表现在高深知识公共性缺失、大学价值中立立场动摇、高等教育公共性受到侵害、大学的批判现实功能弱化四个主要方面。

第一,"企业化"倾向使高深知识公共性缺失。"企业化"使得作为公共物品的高深知识正在向私人物品转变。知识进入市场成为可以被买卖的商品。在赞同者看来,这

---

① 刘易斯·科塞. 理念人——一项社会学的考察[M]. 郭方,等,译. 北京:中央编译出版社,2001:前言.
② 刘易斯·科塞. 理念人——一项社会学的考察[M]. 郭方,等,译. 北京:中央编译出版社,2001:前言.
③ 刘易斯·科塞. 理念人——一项社会学的考察[M]. 郭方,等,译. 北京:中央编译出版社,2001:308.
④ 杰勒德·德兰迪. 知识社会中的大学[M]. 黄建如,译. 北京:北京大学出版社,2010:107.

并不意味着知识公共性式微,相反,该变化昭示着大学走出象牙塔,积极响应产业需求,担起社会服务的公共责任。知识商品化只不过是大学日益广泛深入参与社会服务的结果。虽然大学在知识产权经营中营利,但通过该渠道将知识和技术从大学扩展到产业,促成了知识的应用。在此意义上,知识的公共性非但未受到削弱,反而在社会服务进程中增强了。然而基于如下三点主要理由,我们仍然坚持认为,大学和高深知识的公共性正在受到威胁。首先,为企业特殊利益服务损害了知识的公共性。"社会服务"四个字并不必然体现大学的公共性,关键在于,我们须认清大学与产业结合这项"社会服务"主要是服务于社会中的什么组织和哪些利益。正如三好将夫所指出的:"学术界的技术发明的真正受益者不是消费者和一般的纳税人,而是经常通过不公平的价格来获取巨大利润的公司或企业家。"[1]而企业不是公共机构,它们并非公共利益代言人。尽管大学—产业结合确有激励创新的正效应,这的确包含了公共性向度,但亦应看到,企业追求的是自身经济利益而非社会效益最大化。企业利益与公共利益有时会一致,但也常常产生冲突。在知识产权框架下,国家的大量公共资金被用于满足大学和企业的私人需要,大学与企业之间就某些知识和技术达成的协议有时会有损于公共利益。例如,哈佛大学利用公共资金研制了有助于治疗癌症的肿瘤鼠并拥有知识产权,杜邦公司购买了将其作为研究工具销售的执照许可。为了维护公司利益,杜邦公司不允许其他人饲养肿瘤鼠,也不允许协议方(哈佛大学和美国国家卫生研究院)以外的机构获得。在此过程中,哈佛大学和杜邦公司各取所需并得利,但这一公共资金资助下取得的成果,其研究和治疗癌症的公共目的大打折扣。[2] 其次,知识的保密性要求不利于知识生产与传播,有碍于知识公共价值的实现。在默顿看来,坚持科学的公有性并不仅仅是出于某种道德上的要求;它是高深知识得以扩展的必要条件。唯有通过自由交流,才能够有效地促进知识的增长与扩散。然而,知识一旦被私有化和商品化,其自由交流必将受到影响。"在知识产权制度下,由于对优先权的高度重视,大学内部自由的学术交流首先受到抑制。由于忌惮可能被'剽窃'或'抢先',学者之间处于一种相互不信任的状态,学术共同体已名存实亡。"[3]这从长远上看不利于知识的生

---

[1] 三好将夫. 转让中的象牙塔[M]. 姚建斌,译//王逢振,选编. 疆界2——国际文学与文化·A. 北京:人民文学出版社,2003:21.
[2] 蒋凯. 知识商品化及其对高等教育公共性的侵蚀[J]. 北京大学教育评论,2014,(1):53—67;菲利普·G·阿特巴赫,罗伯特·O·波达尔,帕崔凯·J·甘波特. 21世纪的美国高等教育:社会、政治、经济的挑战[M]. 施晓光,蒋凯,主译. 青岛:中国海洋大学出版社,2007:390.
[3] 王建华. 学术—产业链与大学的公共性[J]. 高等教育研究,2012,(6):6—13.

产和拓展,有损于公共性。最后,效仿公司企业的大学更多地将知识活动作为获取办学资源和经济利益的途径。"大学研究人员会像公司一样,算计进行基础研究最终能有多少收益。如果探索解决问题的方法不能带来商业回报的话,他们可能就像公司一样,决定不再进行这种探索。"① 一旦知识活动围绕经济利益最大化的原则加以组织,大学将越来越偏离生产和拓展知识本身这个公共目的。做什么研究、生产何种知识在很大程度上取决于其可能带来的经济价值,坐"冷板凳"、周期较长的基础研究和风险较大的研究越发被边缘化,这种对高深知识的选择性生产同样缺失公共责任。

第二,"企业化"倾向使大学的价值中立立场动摇。高深知识的公共性内在地包含了大学必须立足于普遍主义,奉行价值中立立场。正如法院要公正地行使审判权,就必须中立地居中裁判一样,一旦丧失了对中立性、客观性的追求,与各种利益关系盘根错节地缠绕在一起,大学就无法做到基于公共利益的立场来发声。马克斯·韦伯之所以将学术与政治加以区别并分为两大理想类型,其用意正是在于指出学术与政治遵循着不同的、甚至是截然相反的逻辑。正如他所说:"一名科学工作者,在他表明自己的价值判断之时,也就是对事实充分理解的终结之时。"②"以学术为业"要求必须遵循价值无涉立场,这同"以政治为业"有着天壤之别。实际上,韦伯的思考方式同样可以用来反思学术与市场的关系。学术以真理为信仰,市场则奉利润为圭臬。同模糊了学术与政治界限的后果相似,学术一旦市场化,由利润来诱导、驱动,照样有害于其中立性和客观性。在今天,由于大学"企业化"倾向导致高深知识的公共性缺失,大学的价值中立立场开始动摇。在《学术责任》一书中,曾任斯坦福大学校长的唐纳德·肯尼迪指出,大学技术转移中"利益冲突的一个特别有破坏性的方面是,当学者能够直接从工作产出中获得经济利益时,就容易丧失客观性,并对学者行为产生影响。"③ 无独有偶,担任过哈佛大学校长的德里克·博克也表达了对大学丧失公正立场的担忧。认为这种更为隐蔽的危险会影响学术领导能力,而且最终会波及科学研究事业中的学术道德状况。④ 他反问道:"当大学持有大量的公司股票,它面对有关美国公司经营行为的争论还会保持

---

① 彼得·达沃豪斯,约翰·布雷斯韦特.信息封建主义[M].刘雪涛,译.北京:知识产权出版社,2005:254. 转引自:王建华.学术—产业链与大学的公共性[J].高等教育研究,2012,(6):6—13.
② 马克斯·韦伯.学术与政治:韦伯的两篇演说[M].冯克利,译.北京:生活·读书·新知三联书店,1998:38.
③ 唐纳德·肯尼迪.学术责任[M].阎凤桥,等,译.北京:新华出版社,2002:317.
④ 德里克·博克.走出象牙塔——现代大学的社会责任[M].徐小洲,陈军,译.杭州:浙江教育出版社,2001:170.

'中立'立场吗?"①对此,一种有后现代色彩的观点抗辩称,认识论的内核本身就是空洞的,所谓中立客观的知识并不可靠,相反,大学与企业协同生产的情境化知识具有社会稳健性。② 我们应当承认,"中立性""客观性"确有相对的成分,但这并不意味着我们要放弃中立性、客观性追求,陷入相对主义之中。不为企业的特殊利益所扰,尽可能基于良知和已有认识独立作出判断,仍然是大学最大限度地捍卫公共利益的基石。试想,如果大学的某项研究中包含了公司利益,大学与公司分别从中得到了某些好处,那么,我们又如何才能够相信大学能够坦诚地指出相关研究产品存在的问题?正如罗伯特·赫钦斯(Robert Hutchins)所言:"大学是非赢利性团体,也许能获得更多的信任。"③"企业化"了的大学与产业特殊利益结合在一起,必然会弱化人们将大学作为可信赖机构的基础。

第三,"企业化"倾向使高等教育活动公共性受到侵害。高等教育在现代社会中是公共物品,接受高等教育已是人人皆应公平享有的基本权利。为此,大学必须是公共机构而不能成为"准企业"组织。因为即便是优秀的私营企业能够很好地担当社会责任,其首要目的也是自身营利而非公共利益最大化,一些企业组织实施的"战略慈善"行为就可以很好地说明这一点。相应地,政府对保障高等教育公共性负有不可推卸之责,而不应任凭大学像企业一般自行筹集收入,进而使之像出售商品一般出售教育。然而,在政府推卸责任的背景下,大学日益奉行市场原则,从公共物品提供者转向商品出售者,从而威胁了高等教育的公共性。由于为经济利益所驱动,一个越来越向公司企业看齐的大学与其说是致力于实现公民高等教育权利的公共机构,不如说更像教育商品和服务的营销机构,学生则被视为消费者,这不仅导致教育的性质扭曲(见本章第二节的论述),而且还意味着高等教育从公民的基本权利,转变为私人自决的事务。接受高等教育更多地被认为是消费者的私人投资,支付能力成为关键因素。照此逻辑,可以设想在极端情况下,彻头彻尾的"企业化"大学完全有权将没有支付能力的学生拒之门外,这是它作为市场主体的契约自由。从实践来看,日益抬高的学费门槛的确使得高等教育性质日益私人化。我们今天之所以反复强调高等教育公平,或许恰恰折射

---

① 德里克·博克. 走出象牙塔——现代大学的社会责任[M]. 徐小洲,陈军,译. 杭州:浙江教育出版社,2001:8.
② 海尔格·诺沃特尼,彼得·斯科特,迈克尔·吉本斯. 反思科学:不确定时代的知识与公众[M]. 冷民,等,译. 上海:上海交通大学出版社,2011:184—223.
③ 罗伯特·M·赫钦斯. 美国高等教育[M]. 汪利兵,译. 杭州:浙江教育出版社,2001:31.

出这种公平性正面临市场的挑战。"在许多情况下,新自由主义改革通过收取较高学费与减少政府对院校和个人的支持,限制了一些阶级和种族接受高等教育的机会。"①1979 年来自美国 25% 最富有家庭的学生入学人数是来自 25% 最贫困家庭学生的 4 倍,而在 2004 年,这一差距则飙升到 10 倍。② 由于使用者付费之故,学生对高等教育的选择,越来越取决于对投资—收益的计算。如今,"学生不再被看作国家公共知识资本的潜在贡献者,而是被当作追求经济回报的私人投资者,这种回报的体现形式就是更强的就业技能。"③概言之,高等教育的提供与接受更多地体现为学校与学生双方之间的私人契约。大学与学生就高等教育建立了买卖关系的要害就在于"'私'字当头",它将学生接受高等教育的公法权利,转变为学生购买高等教育服务的私法权利。高等教育正在向私人服务蜕变。

第四,"企业化"倾向使大学的批判现实功能弱化。走向"企业化"的大学不仅很难致力于培养具有批判精神的人,而且其自身批判现实的功能也被削弱。其一,大学批判现实目标模糊。大学本是拥有广泛社会文化功能的公共机构,然而"企业化"倾向在一定程度上将大学的目的和实现这些目的的手段倒置。伴随着与市场的广泛结合,财务问题成为大学的核心问题,收入和盈余成为大学首先要考虑的事项之一。无论是大学研究、教育还是管理活动,都是紧紧围绕着提高经济绩效的核心目标进行。虽然重视经济收益似乎无可指摘,然而大学走入市场却对其社会文化功能造成严重伤害,因为"市场对文化生产的内在价值毫不关心——它只对它的货币价值有兴趣。"④由于批判、反思现实这些社会文化活动无助于提升经济效益,甚至还不排除对大学追逐经济利益本身提出质疑和批评,因此对于大学是否应当从事社会批判,是否应当成为精神的灯塔、社会的良心这些远离市场价值的话题,陷入企业逻辑中的大学恐怕并不在意。其二,在理想与现实之间保持张力是批判之前提。这或许也就是爱德华·萨义德(Edward W. Said)认为"放逐者"和"边缘人"更能彰显知识分子本色的原因:"流亡意

---

① 卡洛斯·阿尔伯托·托里斯. 新自由主义常识与全球性大学:高等教育中的知识商品化[J]. 许心,译. 北京大学教育评论,2014,(1):2—16.

② Robert Reich. The Destruction of Public Higher Education in America, and How the UK Can Avoid the Same Fate [EB/OL]. (2004 - 03 - 25). http://www.hepi.ac.uk/wp-content/uploads/2014/03/SecondAnnualHEPILectureRobertRiech2004.doc.

③ 拉亚妮·奈杜,乔安娜·威廉斯. 学生合约与学生消费者:学习的市场化与高等教育公共产品性质的侵蚀[J]. 许心,译. 北京大学教育评论,2014,(1):36—52.

④ 弗兰克·富里迪. 知识分子都到哪里去了——对抗 21 世纪的庸人主义[M]. 戴从容,译. 南京:江苏人民出版社,2012:87.

味着将永远成为边缘人,而身为知识分子的所作所为必须是自创的,因为不能跟随别人规定的路线。"①现实中的大学虽然不可能真正成为"放逐者"的家园和"边缘人"的大本营,但是与社会拉开必要距离是其作为社会批判机构的立身之基。然而,如今大学更多地强调自身与社会、市场的强整合,专注于满足来自社会的即时的功利需要,"象牙塔"正在处于瓦解之中。大学与社会的必要距离正在消失,进而危及了大学从事批判的条件。其三,大学的社会批判有赖于那些超越现实的人文理想,有赖于强大的人文精神。然而,正如著名文学批评家三好将夫所指出的,大学"企业化"使得作为一种批评和干预力量的人文学科走向了失败。② 人文学科不仅被边缘化,而且也被市场所侵蚀。其四,科层理性的强化和企业管理方式的盛行钳制了学术独立与自由。"独立之精神,自由之思想"始终是大学保持批判锋芒的基础。然而,大学从企业那里借鉴管理方式,通过诸如规划控制、绩效审计、灵活竞争和成本控制等手段,使得学术活动被整合进大学获取经济利益和取得竞争优势的目标之中。在各种管理手段压力下,学术活动肩负了增强大学整体竞争力的职责,形势越发不利于不问经济价值和实用效果的独立自由探究。伴随着学术独立与自由的弱化,知识分子的容身空间被大大压缩,大学教师被迫成为知识工人或知识商人。从事知识商品的生产与销售比批判现实的公共关怀更为切合当今大学的现实需要。一些学者注意到,"企业化"倾向正在削弱大学的道德性。西蒙·马金森和马克·康西丹认为"企业型大学的社会道德准则也处在危险之中";③杰勒德·德兰迪也指出:"随着管理合理性的确立,大学可能正失去以道德为目的的意识。"④

第三节 寻回大学的教育性与公共性

无可置疑,仿效和学习企业是当今时代大学制度变革的重要趋势,我们也面对许多支持大学"企业化"的雄辩理由。然而,居于主流的事物不一定是无可挑剔的,无论对于主流事物还是非主流事物,我们均应加以批判性检视。应该承认,这些主张并非

---

① 爱德华·W. 萨义德. 知识分子论[M]. 单德兴,译. 北京:生活·读书·新知三联书店,2013:56.
② 三好将夫. 转让中的象牙塔[M]. 姚建斌,译//王逢振,选编. 疆界 2——国际文学与文化·A. 北京:人民文学出版社,2003:31.
③ 西蒙·马金森,马克·康西丹. 澳大利亚企业型大学的权力结构、管理模式与再创造方式[M]. 周心红,译. 杭州:浙江大学出版社,2007:206.
④ 杰勒德·德兰迪. 知识社会中的大学[M]. 黄建如,译. 北京:北京大学出版社,2010:131.

毫无合理性可言,对这些观点采取偏激的一概否定态度极有可能失之偏颇。因此,本书无意否定那些支持大学"企业化"理论的合理成分,只不过坚持认为,我们不应当过于盲信和乐观,而是要认真地对变革所致的得与失进行权衡。从"利"的方面看,"企业化"确能为大学带来一定的经济收益与声誉回报,但我们基于高等教育的真义和现代大学的公共性进行的反思表明,大学一旦模糊了同企业的边界,无论对于社会而言,还是就大学自身来说,都是得不偿失的。它虽然可能给大学带来些许眼前好处,但其对大学造成的伤害也必须引起我们的高度警惕。美国著名高等教育学者罗杰·盖格在进行大量严谨的实证研究后语重心长地告诫说:大学与市场结合"绝大部分的收益是物质性的、可量化的、有价值的;失去的是无形的、不可量化的,一定意义上是无价的。大学侵入市场的后果,因此是不可测算的。毫无疑问,从近期看,来自市场的有形报偿被证实比无形危害大。然而,市场对大学进行协调的增强不应被解读成持续追求物质收益的必然要求。塑造着美国大学的市场是由人的手而不是由无形的手设计的。一个时期的成功,如果不加以改变,很可能会导致下一阶段的失败"。① 在世界各国都普遍推崇美国经验、竞相复制美国模式之时,盖格教授的这一忠告并不仅适用于眼下的美国,对任何一个试图仿效美国、推进高等教育市场化和大学企业化的国家而言,皆为如此。

  面对"市场化""企业化"浪潮甚嚣尘上、横扫一切的趋势,我们说,在关乎大学命运的时代挑战面前,大学没有理由选择退缩,也没有条件回到过去,大学制度必须根据时代的发展形势来适时适度地进行变革。但是,现代大学的本质就在于它是公共教育机构,一旦教育性失落了主导地位,大学便不再成其为大学;而一旦缺失了公共性,大学也就丧失了立足于现代社会的基本前提。教育性的核心属性和公共性的核心价值,是无论如何都不应当被边缘化的。大学制度变革的合法性在于维护、捍卫大学的本质和逻辑,使大学更好地将其责任使命发扬光大。从此意义来讲,"企业化"使大学偏离了正常的轨道。无论何时,大学必须坚守其教育使命和公共价值,必须"不惜一切代价,无条件地追求真理"。"大学不仅仅是研究场所,不仅仅是谈论工业、商业和由国家确定的场所。大学与所有类型的研究机构不同,它原则上(当然实际上不完全是)是真理、人的本质、人类、人的形态的历史等等问题应该独立、无条件被提出的地方,即应该无条件反抗和提出不同意见的地方。"② 今天需要的正是雅克·德里达(Jacques

---

① 罗杰·盖格. 大学与市场的悖论[M]. 郭建如,等,译. 北京:北京大学出版社,2013:273.
② 德里达,等. 大学、人文学科与民主[J]. 读书,2001,(12):3—13.

Derrida)所谓如此的"无条件大学"。于是,扭转和超越大学"企业化"倾向就成为时代之需。当然,如果难以找到新的替代性选项,"企业化"路径就必然具有唯一性。要真正超越大学"企业化"倾向,就必须另行图谋明确的、合理的转型路径(这也正是下一章要探讨的问题)。总之,大学制度的历史远未终结,扭转"企业化"倾向,捍卫大学的本质和使命,将成为一切关心大学和高等教育乃至人类社会未来命运的有识之士肩负的光荣责任。

第四章 理念回归：大学"企业化"倾向的扭转超越

作为一种流行风潮，当前对大学创业转型的推崇并不都是理性的。由于过度聚焦短期、可见的利益，一些倡导者往往热衷于深描大学效仿企业的价值，而疏于批判反思以挖掘其背后深藏的问题。然而，正如前文所表明的，"企业化"倾向不仅使大学自身陷入了难以自拔的困境，而且也难以真正切合社会公共利益。大学的最终理想或最理想的大学应是"作为大学的大学"，它绝不是政府和企业中的一种，更不是它们的混合物。[①] 尽管当今大学不存在与市场隔绝的可能，亦无需对来自企业的经验避之不及，更不可能彻底超然于知识社会之外，但我们今天仍需要坚守自觉并怀有警醒意识，对大学逻辑进行再认识与再认同。扭转和超越"企业化"倾向，有必要从"企业化"倾向的根源——新自由主义将高等教育拓展为市场领地、新公共管理将企业经验移植于高等教育、知识社会的来临使得大学与产业紧密耦合——入手分析。上述三个方面不仅作为外因改变了大学的生存环境，而且其倡导的某些原则已经内化于大学的理念和实践当中。有鉴于此，本章将重新检视将新自由主义、新公共管理运用于高等教育的误区，剖析知识社会条件下大学与产业融合的局限性，并基于此，尝试着从厘清市场界限、变革管理方式和转变大学定位三个方面，提出扭转和超越大学"企业化"倾向的重建路径。归根结底，今天我们需要认清大学到底是一个什么样的机构，它应当遵循怎样的理念和逻辑，以及如何在社会和市场中恰当地发挥作用。具体来讲，就是要在根本上尊重大学的社会文化机构的本质；理解大学长期以来形成的组织特性；从更加宽广和长远的意义上看待大学在人类社会中的价值，避免片面地从工具主义的角度看待大学的功用。

---

① 王建华. 第三部门视野中的现代大学制度[M]. 广州：广东高等教育出版社，2008：261.

第一节 大学—政府—市场关系再定位

新自由主义推动的高等教育市场化进程是导致大学"企业化"的重要原因。扭转和超越大学制度的"企业化"倾向,首先需对新自由主义高等教育理念和政策进行必要反思。面对这一倾向带来的消极影响,超越市场逻辑,重新定位大学—政府—市场的关系,明确并落实政府发展高等教育的本分和职责,便成为必然选择。

一、高等教育市场化的必要限度

在新自由主义大力推动下,不仅是市场经济不够健全的发展中国家正积极推动高等教育市场化转型,以此来实现与世界潮流的接轨;即便是那些早已实行市场经济的发达国家,如今仍在继续推行高等教育市场化改革。可以说,走向市场是高等教育领域普遍具有的时代特征。众所周知,不论对于曾经实行计划经济的社会主义国家来说,高等教育是一个与市场绝缘的领域,就是对于资本主义国家而言,在福利国家时代高等教育也同市场保持某种区隔。那么,高等教育市场化实践引出的理论问题便是,高等教育究竟是否应当引入市场机制?换言之,高等教育能否市场化?进一步的问题是,在多大程度上,市场化是可行的、可接受的?如何把握高等教育市场化的必要尺度?

无论我们对市场化抱有何种态度,首先都必须承认,市场化论者对国家包办高等教育的批评,在许多方面是准确、中肯的。适度引入市场机制有益于高等教育发展。日本学者金子元久指出,高等教育市场化的成就有三:一是增加了高等教育的资源;二是加强了学术活动与社会需求之间的联系;三是推进了高等教育系统管理决策分权化和地方化,有利于鼓励创新并提高效率。[①] 就上述意义而言,特别是在高等教育大众化、普及化时代,适度引入市场机制为高等教育补充资源、促进高等教育回应社会关切,对高等教育健康发展是有所帮助的,这一点已经在学界内外达成了广泛共识。

然而问题在于,作为高等教育市场化的动力,新自由主义几乎无限地推进市场向社会领域扩张,把市场作用夸大到极致。"市场和市场导向的观念向传统上由非市场

---

① 金子元久. 高等教育市场化:趋势、问题与前景[J]. 刘文君,钟周,译. 清华大学教育研究,2006,(3):9—18.

规范所统辖的生活领域的入侵,乃是我们这个时代最重大的发展之一。"①随着市场版图的扩大,经济学的话语霸权正在形成,我们面对着一个市场统治的世界。诚如安妮·科特(Annie L. Cot)所指出的,一种趋势正在蔓延,这便是"扩展经济话语的领域,超越传统的界限,因此,产生了数不胜数的经济学:婚姻、犯罪、家庭、学校盗窃、毒品、流行文化、选择行为、慈善、绘画、宗教、利他主义、生育、道德、一夫多妻、法律、自杀、通奸、婚姻角色等,诸如此类,反正名单很容易继续加上去"。科特还引述芝加哥经济学派的领导人物贝克尔(Gary S. Becker)的话说:"经济理论可能正在奋勇前进,为解释一切稀少资源的行为,提供一个统一的框架,不管这些行为是非市场还是市场的、非金钱还是金钱的、合作形式还是竞争形势的,无一例外。"②当下高等教育问题并非无须用经济学去解释,高等教育市场也并非没有存在之必要,但症结在于,包括高等教育在内的诸多非市场领域,如今已深陷市场泥潭,难以挣脱束缚趋紧的经济学逻辑。对此,辨析"社会市场"和"市场社会"两个概念或许是有意义的。在社会市场里,市场并非不起作用,如没有危及人的安全和尊严,也不破坏自然环境,就应允许市场来运作;不过,一旦市场危害到人与自然,就必须受到限制,质言之,社会市场是以社会为依归的。③ 而市场社会则与之不同,当市场经济原则适用于非经济领域,把所有人类赖以生存的必需品均作为商品来交易,即将所有东西都商品化的时候,就形成了市场社会。④ 简单来说,社会市场是镶嵌于社会中的;而市场社会则是力图用市场原则统辖一切,它凌驾在社会之上。新自由主义所致力于构建的,并不是将市场作为手段的社会市场,而是以市场本身为目的的市场社会。在这样的社会中,经济学成为雄踞一方的显学,它不仅用于分析市场现象,还被用于解决非市场领域中的问题;包括高等教育在内的传统公共领域,都将适用市场法则。因此就高等教育而言,现在的问题并非要不要市场,而是要去追问,持续蔓延的市场和经济学逻辑的边界或限度在哪里。

新自由主义市场社会中大学的"企业化"倾向及其带来的大学身份困惑,以及相应的教育性、公共性被侵蚀的负面后果,要求我们重新思考高等教育市场化议程、重新思考大学与市场之间的关系。在经历福利国家或计划经济之后,不论是资本主义国家还

---

① 迈克尔·桑德尔. 金钱不能买什么:金钱与公正的正面交锋[M]. 邓正来,译. 北京:中信出版社,2012:XⅣ.
② 安妮·科特. 新保守主义经济学:乌托邦与危机[M]. 薛翠,译//许宝强,渠敬东,选编. 反市场的资本主义. 北京:中央编译出版社,2001:176.
③ 王绍光. 波兰尼《大转型》与中国的大转型[M]. 北京:生活·读书·新知三联书店,2012:52.
④ 王绍光. 波兰尼《大转型》与中国的大转型[M]. 北京:生活·读书·新知三联书店,2012:17—18.

是社会主义国家,都在反思"大政府"弊端的基础上选择了市场调节,不过,改革必须避免矫枉过正。建立市场社会并非合理的替代方案,高等教育同市场结合过于紧密的实践值得仔细斟酌。无论从大学价值取向、活动方式还是产品特性观之,市场机制运用于高等教育领域应有限制,大学并不适合在高度市场化的环境中像企业一般生存。

第一,大学的价值取向决定市场化是有限度的。从规范意义上讲,高等教育求真而不求利。虽然理想的大学组织状态是有组织的无序,具体、细节的目标有一定模糊性,但作为以高深知识生产和传授为中心任务的机构,大学最基本的目标其实是明确的,这就是追求真理、传播真理、捍卫真理,最大程度地促进知识发展与发挥育人功能。为实现这一使命,大学必须避免一味响应市场需求,市场需要什么就做什么。因为,市场诉求往往反映了一时之需,而市场暂时不需要的或许恰恰切中了人类社会的长远利益。大学并非不应关心自身的经济问题,但是任何经济上的诉求,其合法性在于有助于实现大学求真的使命。相反,企业以在市场中追求经济利益为目标,求利的行为无须服从其他目的。大学的这种追求也决定了高等教育具有公共领域的性质。不仅公共产品的外部性可能会导致市场失灵;而且,在道义上大学也不应用公共物品做交易。这就决定了大学不能成为在市场中自利的机构,它必须体现公共关怀。这一点和企业的私人目标有根本差别。总之,大学的求真目标与公共性追求都决定了市场不应过度介入高等教育。

第二,大学的活动方式决定市场化是有限度的。从表面上看,市场以及身在其中的企业也强调自由与独立,但必须澄清的一个误区是,市场自由不同于大学所追求的学术自由,企业的经济独立也不同于大学所追求的学术独立。试图经由自由市场途径实现大学的独立、自主和自由可谓天方夜谭。一方面,过度市场化将束缚学术自由。新自由主义试图让公众相信,"无约束的市场不仅是个人自由的最真实的表现,而且必须拓展到生活的方方面面。"[1]然而对大学来说,"这些自由是签署合同的自由,出售新发现的自由和保留赚得的收入的自由,进行交易的自由。"[2]为了在这种自由交易中立于不败之地,自由的思考、非功利性的探究将成为牺牲品。另一方面,过度市场化将有损于学术独立自主。"真正的自主还应包括大学对于市场的独立性,不被'看不见的

---

[1] 迈克尔·W·阿普尔. 教育的"正确"之路——市场、标准、上帝和不平等(第二版)[M]. 黄忠敬,吴晋婷,译. 上海:华东师范大学出版社,2008:12.
[2] 西蒙·马金森,马克·康西丹. 澳大利亚企业型大学的权力结构、管理模式与再创造方式[M]. 周心红,译. 杭州:浙江大学出版社,2007:120.

手'所操控。"①在市场化环境中,大学获得的是财政意义上的自主,这并不必然意味着学术上的自主。相反,为了经济上的目标,学术自主可能会受到限制。希拉·斯劳特和拉里·莱斯利在大量经验研究基础上得出结论:"随着高等教育更紧密地融入市场,教学科研人员和院校逐渐丧失了自主权。"②总之,"如果市场的力量占据主导,它就会在最大限度上把市场的原则和目标强加给精神活动,以实际效益衡量一切,以功利、实用作为行为动机,这将会破坏精神活动所需要的自由氛围和创造空间"。③ 即在一定程度上,市场是靠不住的,真正的独立自主只能通过合理构建大学与政府、市场之间的契约关系来实现。

第三,高深知识和高等教育的特性决定市场化是有限度的。将知识和教育彻底商品化不仅面临伦理争议,而且难以实现。一方面,在市场中交易的商品或服务须是可计量、可定价的。但在许多情形中,无论是高深知识还是高等教育都很难被有效计量和估价。尽管知识无价,但姑且说某项知识产权尚可就市论价的话,那么作为一种塑造人的活动,高等教育的价格则根本无法确定。另一方面,"教育不是一个经济领域,教育是指人的个性的形成过程,个体的社会化,以及对个体适应社会生活和社会活动的培养。教育本身就是一种至关重要的职能,一个具有自身价值的独立领域,一种基本的社会制度和社会存在的条件。没有教育就不存在社会。教育活动的目标、任务和职能不在于为个人或者集团生产利润"。④ 如著名经济学家阿瑟·奥肯(Arthur M. Okun)在《平等与效率》一书中所指出的:教育"是制衡市场的一部分力量,它用来保护金钱无法标明的某些价值"。⑤ 实际上,如果教育交流以追求经济与商业利益为目的,就意味着文化和知识属性的异化。⑥ 即便教育的价格可通过某种"科学"手段计算出来,一旦将价格机制和市场交易关系引入教育,教育的性质也会发生扭曲。在纯粹的商品交易关系中,某些具体的知识技艺可以得到传授,而"使人成为人"的目标却难以实现。

---

① 卢威,周海涛. 知识生产转型时代大学变革的共性趋势与本土反思[J]. 现代教育管理,2014,(8):1—5.
② 希拉·斯劳特,拉里·莱斯利. 学术资本主义:政治、政策和创业型大学[M]. 梁骁,黎丽,译. 北京:北京大学出版社,2008:200.
③ 戴晓霞,莫家豪,谢安邦. 高等教育市场化[M]. 北京:北京大学出版社,2004:199.
④ C. A. 坦基扬. 新自由主义全球化——资本主义危机抑或全球美国化?[M]. 王新俊,王炜,译. 北京:教育科学出版社,2008:102—103.
⑤ 转引自:肖雪慧. 教育:必要的乌托邦[M]//刘铁芳,主编. 回到原点:时代冲突中的教育理念. 上海:华东师范大学出版社,2006:31.
⑥ 邬大光,林莉. 教育服务:现代教育交流中的一种异化[J]. 教育研究,2005,(6):48—53,67.

以上三方面因素，都决定了大学不应当市场化生存。适度引入市场机制的价值在于，适当缓解高等教育大众化、普及化带给大学的经济压力，以及解决大学自身的确存在的一些效率问题。这样的改革才具有合理性。概言之，大学制度"企业化"倾向赖以产生的新自由主义市场社会"不仅是要不得的，而且非常危险。假如市场化的力量进入了学术，那学术就腐化了；进入教堂或寺庙，宗教就污染了；进入家庭，家庭就异化了，所以这是严肃的大问题。"①否则，若我们真的按照新自由主义把社会市场化，将高等教育市场化本身作为目的，推卸政府的财政责任，强行将大学推入市场，进而使得逐利诉求侵蚀了求真使命，私利目标削弱了公共责任，经济独立取代了学术独立，市场自由压迫了学术自由，不可计算的文化价值被化约为可计算的货币价值，后果只能是模糊了大学与公司企业的边界，异化了大学身份，背离了大学逻辑。

二、从推崇市场机制到强化政府责任

高等教育受到三方主要力量的协调，这些力量分别是政府、市场和学术本身。② 其中，高等教育资源要么来源于政府，要么来源于市场或社会的渠道。上文分析提醒我们，市场机制仅是手段，它不能成为高等教育的目的。高等教育本身仍然属于市场有限介入的领域，不能处处适用市场规则。新自由主义将高等教育同其他市场领域共同对待，主张全盘市场化，削弱政府对高等教育事业发展的保障责任的理念和做法并不足取。若要避免高等教育被市场宰制，使大学免于"企业化"，"防止学生变成消费者、防止知识变成商品，一个主要的手段是给予大学足够数量的公共拨款，或者是不附带条件的私人投资，这才能够使教师保持自己在学术和教学上的公正无私"。③ 政府不应缺场，或者仅扮演一个近乎"守夜人"的角色，必须呼唤政府对高等教育事业发展责任的回归。

我们这里强调的政府责任，主要是政府对高等教育事业发展负有的财政责任。实际上，高等教育事业面临的公共财政经费不足主要源自两方面因素：一是大众化、普及化背景下高等教育规模的扩大，客观上导致了资源不足；二是新自由主义主导下的政府公共职能弱化。其中，后者属于如何界定政府职责的问题，理论上是可以通过转

---

① 杜维明，卢风. 现代性与物欲的释放：杜维明先生访谈录[M]. 北京：中国人民大学出版社，2009：43.
② 伯顿·R·克拉克. 高等教育系统——学术组织的跨国研究[M]. 王承绪，等，译. 杭州：杭州大学出版社，1994：159.
③ 简·柯里，等. 全球化与大学的回应[M]. 王雷，译. 北京：北京大学出版社，2010：234.

变政府角色加以扭转的。政府推卸高等教育发展责任的理论基础之一,便是高等教育的私人产品观。然而在某种程度上,这一广为流行的理论与其说具有内在合理性,不如说是对新自由主义政策的认可并付诸实践。英国有学者尖锐地揭露称,今天"和19世纪一样,政府、企业和商界领导人对继续教育和高等教育持有一种矛盾心理,在当时,他们需要一批接受过更多教育的劳动力去操作新机器,但是他们又不想在这方面投资"。① 也有学者一语道破"天机":政府希望既拥有又控制大学,给大学公立机构的所有责任,却不给予其任何利益。② 实际上,从理论来看,那些倡导高等教育规模扩张、产学研结合等诸多高等教育改革的主张,无不是从国家战略和产业繁荣的角度出发;从实践考察,从美国《军人权利法案》的实施到遍及世界范围内的高等教育大众化、普及化进程,不仅使众多个人受益,更是使国家和产业获益匪浅。特别在知识社会时代,高等教育和社会发展的关系更为密切,国家和产业无不将受过高等教育的群体视为重要的人力资源加以开发。概言之,高等教育的最大受惠者并非个人,怎么能将接受高等教育理解为个人的责任呢? 即便是从成本分担理论原则出发,国家也理应肩负起对高等教育的投资责任。削减教育经费,由个人担负过多高等教育费用甚至任由学费上涨,或者任凭大学通过市场的途径自行去筹集办学资源的做法恐怕是有失公允的。

在事实面前,近年来,高等教育私人产品观的倡导者也在持续反思该理论的合理性。世纪之交,世界银行在其同联合国教科文组织共同发布的《发展中国家的高等教育:危机与出路》报告中指出,高等教育具有重大公益性,要超越经济学视角对教育收益率的狭隘分析。③ 一些国家也在实行高等教育收费制度之后,向免费高等教育回归。据《参考消息》网站报道,德国最近正在逐步恢复免费高等教育制度。④ 当然,大众化、普及化时代免费高等教育并非每个国家均有能力负担,但是,承认高等教育的公共性,以及接受高等教育是公民的基本权利,正视将高等教育推入市场并导致大学"企业化"带来的负面后果,要求每个国家必须重审新自由主义原则,承担起必要的财政责任。要把高等教育大众化、普及化带来的个人负担学费以进行必要的成本补偿,同政府将大学推入市场,由后者按照市场逻辑运作区别开来。正如联合国教科文组织在

---

① 阿列克斯·克里尼克斯,保罗·麦克内. 新自由主义世界中的大学[J]. 周宏芬,译. 马克思主义美学研究,2000,(1):33.
② 转引自:简·柯里,等. 全球化与大学的回应[M]. 王雷,译. 北京:北京大学出版社,2010:57.
③ 蒋凯. 全球化时代的高等教育:市场的挑战[M]. 北京:北京大学出版社,2013:51.
④ 外媒:德国所有大学免学费 促进年轻人继续深造[EB/OL]. (2014-09-23). http://world.cankaoxiaoxi.com/2014/0923/506183.shtml.

《教育——财富蕴藏其中》的著名报告中所指出的:"通过取消其他开支来增加公共教育经费,这应该被看作是所有国家,特别是发展中国家必须做的一件事。"[①]高等教育发展当然可以借助必要的市场机制,但这并不意味着政府可以将高等教育这一公共事业作为负担甩给市场,从而迫使大学通过向形形色色的"消费者"兜售知识产权和教育服务实现自给自足。

"当大学最自由时却缺乏资源,当它拥有最多资源时则最不自由。"[②]当然,在政府担负起高等教育财政责任的同时,限制政府对大学的干预这一议题随之浮出水面。实际上,不当干预正是政府担当财政责任可能会引起的后果之一。这种担忧具有它的合理性。从已往的实践来看,公共财政资助和政府干预往往是并行的。如果大学的很大一部分收入来自政府,那么就很难避免对政府的依附。然而,这并不是主张将高等教育市场化的充分理由。最近三十余年来的实践同样证明,将高等教育推入市场后,高等教育并未挣脱政府干预,新公共管理的实施只不过改变了政府干预的方式,而没有令政府的"有形之手"真正退场。因此,相对合理的选择,就是需要在政府和大学之间建立起一种互信、互惠、互利的契约。在这方面,历史将为我们提供了经验。无论是政府还是大学,如今都有必要重温洪堡时代的德国大学理念。洪堡的"国家在整体上……不应就其利益直接所关所系者,要求于大学,而应抱定这样的信念,大学倘若实现其目标,同时也就实现了,而且是在更高的层次上实现了国家的目标,由此而来的收效之大和影响之广,远非国家智力所及"[③]这一论述,至今对于协调大学与政府之间的关系仍有启示意义。同时,这一契约的达成,不能仅依赖于大学和政府之间的谈判与妥协,而是要寄希望于法治。要通过必要的立法手段,将明确政府财政责任并避免对大学不当干预的内容,详细地写入法律,从而界定好政府和大学两者之间的责、权、利关系。

第二节 走出移植企业家精神的误区

扭转和超越大学"企业化"倾向,不仅需要政府责任的回归,还要对新公共管理理

---

① 教育——财富蕴藏其中(由雅克·德洛尔任主席的国际21世纪教育委员会向联合国教科文组织提交的报告)[M]. 联合国教科文组织中文科,译. 北京:教育科学出版社,1996:161.
② 伯顿·克拉克. 高等教育新论——多学科的研究[M]. 王承绪,等,译. 杭州:浙江教育出版社,2001:26.
③ 转引自:陈洪捷. 德国古典大学观及其对中国的影响(修订版)[M]. 北京:北京大学出版社,2006:34—35.

论指导下将"企业家精神"引入高等教育领域的合理性加以重新审视。教育就是教育,大学就是大学,这是再通俗不过的常识。它们有特定的活动规律和责任使命,要还大学以光明前景,政府管理高等教育和大学自我管理都必须走出套用企业逻辑的误区。

一、新公共管理改革高等教育的局限

1980年代以降波及世界的新公共管理运动也是大学"企业化"倾向得以形成的重要背景因素之一。与新自由主义倡导高等教育市场化相对应,作为其"孪生兄弟"的新公共管理倡导将来自企业组织的经验、原则和方法等移植于包括高等教育在内的公共部门。针对传统官僚制的弊病,新公共管理的理由听上去是比较充分的。然而大学的实践困境,要求我们不得不重新审视新公共管理下高等教育改革的问题。

第一,要真正实现大学的功能,就不能要求其像企业回应市场那样过于富有弹性。大学和企业是两类不同的组织,拥有殊异的理想使命、责任目标、行动逻辑和文化信念。在思考企业经验是否适合移植于高等教育之前,我们应明确大学和学生、社会之间究竟是什么关系,以及大学应怎样恰当做出反应。就前者而论,大学是教育者,学生是受教育者。尽管在非义务教育阶段,教育关系往往是教育者和受教育者双向选择的结果,这一点很像自由契约,而一旦教育关系得以形成,教化作用和权力机制便包含其中,但企业和它的顾客之间只存在纯粹的平等交易。"从商业的立场看,顾客总是正确的。对商人来说,质疑或批评潜在顾客的品位和价值不是他的事。相反,教师不断培养其学生的品位,鼓励他们质疑他们的价值。"[①]优秀的企业要投顾客所好,想其所想、急之所急,但教育则以一味迁就学生为大忌,教育目标和内容不能由学生单方定制。因此,作为教育机构的大学和作为服务经营者的培训公司有根本区别。尽管大学的确应关注并适当满足学生意愿,然而新公共管理将这种满足借助于将学生定义为顾客的方式来实现,将接受教育等同于购买教育服务,鼓励了教育消费主义,这无疑是对教育性质的一种误读。就后者而言,从肩负的社会责任出发,大学须走出象牙塔以回应社会,但这并不意味着它要像企业对待顾客一样,总是对眼前的各种诉求作出敏锐反应并即刻加以满足,从而求得顾客满意。作为公共机构,大学是思想的启蒙者,是社会实践的反思者,是社会长远利益的呵护人,这就意味着它必须超越即时需要。概言之,大学增强对学生和社会的反应能力,并不能套用企业回应市场的策略。新公共管理将企

---

① 弗兰克·富里迪. 知识分子都到哪里去了——对抗21世纪的庸人主义[M]. 戴从容,译. 南京:江苏人民出版社,2012:86.

业经验植入高等教育,将教育、知识需求者定义为顾客,虽其旨在变革所谓的僵化官僚体制,但却不合适地将企业逻辑套在高等教育头上,这种不当的类比混淆了大学和企业响应社会的不同方式。

第二,新公共管理的权力控制方式与高深知识运行规律和大学权力结构不相吻合。就高等教育系统特性来看,高深知识是高等教育活动的基本前提,是高等教育机构中教师和学生工作的基本材料,[①]其性质决定了高等教育的组织形式和管理方式。一方面,高深知识的生产与传授扎根于大学基层学科组织之中,由于知识的高深性,它不仅不易于被管理人员理解;而且由于知识的专业化,即便是在不同学科领域的学者之间也存在"隔行如隔山"的障碍。唯有身处大学基层学科组织中掌握这些知识的学者,而非只有各级管理者才能拥有知识权威。这就决定了大学具有相对于政府的自治性,并且基层学术组织和人员在大学内部具有自治性。如伯顿·克拉克所言:"与其他组织生活方式相比,学术权力结构的基本特征是底部沉重。"[②]任何试图将高深知识活动纳入严格管理控制和评估问责的做法,都难以取得理想效果。另一方面,与企业、政府组织相比,高等教育组织中充满不确定性。迈克尔·科恩(Michael D. Cohen)和詹姆斯·马奇(James G. March)指出,大学校长面临四种模糊性:一是目标模糊,即大学的具体目标不清晰;二是权力模糊,校长权力大小不确定;三是经验模糊,即复杂情况使得经验作用有限;四是成就模糊,即成功不易得到衡量。四者共同构成了大学的一大特性,即"有组织的无政府状态"。[③] 韦克也认为,高等教育具有"松散结合系统"的特征。[④] 概言之,作为高度专业化、结构松散的组织,大学的科层组织特征并不明显;[⑤]高等教育系统更适合自下而上的权力运行方式,需要基层组织和学者享有充分的自主权和学术自由。然而,新公共管理一方面使得政府对高等教育的权力控制并未退场,反而变得更为强大;另一方面强化了大学内部的行政权力,将模糊的目标、松散的结构整合在"一个强有力的驾驭核心"之下,提高了管理重心。如此虽在短期内利于

[①] 陈洪捷. 论高深知识与高等教育[J]. 北京大学教育评论,2006,(4):2—8.
[②] 伯顿·R·克拉克. 高等教育系统——学术组织的跨国研究[M]. 王承绪,等,译. 杭州:杭州大学出版社,1994:145.
[③] 迈克尔·D·科恩,詹姆斯·G·马奇. 大学校长及其领导艺术:美国大学校长研究[M]. 郝瑜,主译. 青岛:中国海洋大学出版社,2006:213—222. 有关"有组织的无政府状态"(organized anarchies)的观点,另外可以参见 Michael D. Cohen, James G. March, Johan P. Olsen. A Garbage Can Model of Organizational Choice [J]. Administrative Science Quarterly, 1972,17(1):1-25.
[④] 转引自:季诚钧. 大学属性与结构的组织学分析[M]. 北京:人民教育出版社,2006:62.
[⑤] 阎光才. 识读大学——组织文化的视角[M]. 北京:教育科学出版社,2002:103.

大学回应市场诉求、参与市场竞争,在提高响应能力的同时使之获得经济利益,但评估型政府的有效控制、且使学者的学术权力向专业管理人员移交的做法无疑会使学术活动受到行政权力的钳制,使之服从于大学的短期利益最大化目标,进而影响了知识进步和公共使命的实现。

第三,新公共管理倡导的企业经济、效率、效益准则不适用于衡量高等教育的经济、效率、效益,相应的理性管理方式也无法提高高等教育的绩效。新公共管理是作为公共部门效率和效益问题的疗治方案出现的,主张通过最小投入获得最大最有效的产出,其奉行的经济、效率和效益准则以企业为基准。然而,从经济与非经济、有形与无形、短期与长远、理性与非理性这四对范畴的辨析出发,新公共管理倡导的标准对于高等教育领域并不适合。就第一对范畴——经济与非经济的关系而言,企业适用的经济原则,对大学的适用程度有限。这既是缘于大学的成就具有模糊性,如何才叫取得了最大产出难以衡量;而且还缘于,思想活动"属于一种耗费经济,而不是受限于一种核算经济。思想是非生产性劳动,因此只能以耗费的形式出现于财务报表"。① 因此,大学的价值不都是经济性的,其绩效不能简单通过经济绩效来表达。如高等教育使个人心智终身获益、洪堡大学改革对德国民族精神的贡献,都不可能体现为可计算的货币价值。这就自然引出了第二对范畴,即相对于有形成就,大学的贡献更多是无形的。"一般工商部门可以用产出和利润作为统整目标和评估目标达成情况的依据,但大学的产出是人的知识和能力以及研究成果,尽管也包括一些其他的有形资源,然而它不可能凌驾于无形资源之上。"② 三是就短期与长远的关系观之,大学学术活动不仅为满足眼下需求而进行,并且还肩负着对人类社会长远利益的责任,这和企业专司满足眼前的市场需要具有天壤之别。若用企业满足市场需要的标准来衡量,大学对人类社会长远利益的贡献就会面临被抹煞的危险。大学与企业在上述方面的分野都可以归属到第四对范畴上来,即理性与非理性的关系。由于同企业相比大学的成就具有非经济性、无形性和长远性,故在企业中通行的理性管理不能照搬到高等教育领域。"一切以数字形式呈现给决策者的东西都是表象,而不是真理。认为表象就是真理,必然导致决策的失误,在大学里,这可能是灾难性的。"③一个片面强调理性和绩效的制度环境,

---

① 比尔·雷丁斯. 废墟中的大学[M]. 郭军,等,译. 北京:北京大学出版社,2008:168.
② 阎光才. 识读大学——组织文化的视角[M]. 北京:教育科学出版社,2002:100.
③ 罗伯特·波恩鲍姆. 高等教育的管理时尚[M]. 毛亚庆,樊平军,郝保伟,译. 北京:北京师范大学出版社,2008:156.

很难容忍厚积薄发、格格不入、奇谈怪论以及难以避免的失败。史蒂夫·富勒（Steve Fuller）提醒我们，大学的智识生活具有即兴性，"如果人们的精神生活旨在启发社会行动（制度就建立并重建在这一基础上），那么公开的、基于知识或经验的思想实践（包括经常被嘲笑为扯淡的思想），就需要得到鼓励和效仿"。① 但这种与知识生产密不可分的行动很难得到企业理性的包容。总之，新公共管理将使高等教育的价值理性被企业的经济理性和工具理性所统治，不可计量的教化造人和探索求知被可计算并突出经济价值的指标所计量，大学将变得短视和功利，本身意义的教育和公共性终将受损。因此真正理性的选择，恰恰是承认并顺应高等教育的"非理性"本质。

整体观之，新公共管理把私人部门的价值准则和管理方式引入公共部门，旨在赋予后者更多的弹性，提升其绩效，但这却致使本应享有高度自由和自主的教育学术活动处于权力网络的密切监控与规训之中。米歇尔·福柯（Michel Foucault）所谓的"全景敞视主义"②在高等教育领域中如影随形、无处不在。"橘生淮南则为橘，生于淮北则为枳。"③尽管移植企业经验的做法如火如荼，但从某种程度上说，如此举动本身就缺乏理性思考和审慎分析这一基础。就高等教育领域而言，新公共管理所指责的效率和效益问题是否真的严重？是否真的广泛存在？我们为什么非要选择移植企业家精神来提高其绩效？企业的做法是否具有普适性？将在企业中行之有效的做法运用于高等教育是否行得通？认为"企业家精神"有助于提高高等教育绩效的假定是什么，是否具有合理性？实际上，以"企业家精神"改革高等教育，本质上是一种并不合理的逻辑僭越。只不过缘于我们身处市场社会中，市场关系、经济逻辑几乎对所有市场与非市场领域发挥着统治作用，用企业经验改造高等教育更为符合市场社会的主流逻辑。

事实或许正如罗伯特·波恩鲍姆在论及用企业管理方式变革高等教育时所言："绝大多数关于高等教育改革的批判，都源自对组织结构和运作差异的重要性的无知。"④面对大学的"企业化"，林塞·沃特斯（Lindsay Waters）也告诫道："也许有一天，'企业精神'会被视为导致美国衰落的主要原因之一。"⑤事实反复证明，将企业经验照

---

① 史蒂夫·富勒. 智识生活社会学[M]. 焦小婷，译. 北京：北京大学出版社，2011：191.
② 关于"全景敞视主义"的论述，参见米歇尔·福柯. 规训与惩罚：监狱的诞生[M]. 刘北城，杨远婴，译. 北京：生活·读书·新知三联书店，2007：219—256.
③ 语出《晏子春秋·杂下之十》.
④ 罗伯特·波恩鲍姆. 高等教育的管理时尚[M]. 毛亚庆，樊平军，郝保伟，译. 北京：北京师范大学出版社，2008：115.
⑤ 林塞·沃特斯. 希望的敌人：不发表则灭亡如何导致了学术的衰落[M]. 王小莹，译. 北京：商务印书馆，2011：25.

搬到高等教育领域并非一剂良方,而且还将带来"副作用"。现在应该是我们反思这种照搬、移植浪潮的时候了。张楚廷先生说:"'教育就是教育',教育不是别的,教育就是我们教育自己。教育已经足够庄严和神圣了,还需要用别的什么来注释吗?"[①]相应地,我们不妨说"大学就是大学"。我们既不应让它依附于政府,以至于成为政府的延伸;也不应使之非要拥有什么"企业家精神"。大学应该拥有的是真正的大学精神,其活动遵循的应该是大学自己的教育和学术逻辑。不能说大学精神和企业家精神在某些方面被解释为具有相通性,就要以后者来改造大学。毕竟,大学精神、大学逻辑中还有很多内容与企业家精神、企业逻辑是不相通的、难以融合的,甚至是相抵触的。或许通过企业经验的眼光看起来很成问题的问题,对大学来说根本就不需要解决。

二、从移植企业家精神到尊崇大学逻辑

新公共管理倡导的以"企业家精神"改造高等教育,这在多方面均有局限性。要扭转大学制度的"企业化"倾向,政府对高等教育的宏观管理和大学的自我管理都必须避免陷入经济、效率、效益等企业逻辑之中,并且要复归到尊崇大学自身的逻辑上来。这就要求在充分尊重高深知识和大学运行规律基础上,着手进行改变。

第一,政府管理高等教育,要从对有形绩效的苛责转向对大学社会文化目标的关照。相应地,政府要选择适合于实现大学社会文化目标的管理方式。在大众化时代和新公共管理理念下,政府对高等教育事业的有形绩效,特别是经济绩效十分关注。一方面,政府颇为重视高等教育的投入—产出效率问题;另一方面,政府要求高等教育对经济增长做出直接贡献。但毕竟,大学不是物质生产机构,而是文化生产之所。高等教育的产出并不限于经济方面,在更大程度上是社会文化方面的,后者则无法通过经济绩效指标加以测评。如果过于关注高等教育中的投入—产出效率问题,那么就可能会导致对其广泛的社会文化目标的忽视。虽然关于高等教育应当有效地利用公共经费、高等教育活动应当为经济发展做出直接贡献这类要求,通常看起来理由充分和十分迫切,但任何社会若要健康成长,就不能只关心眼前的经济问题。如今,新公共管理塑造的"评估型政府"像"榨汁机"一样挤压知识生产与教育活动,这种近乎苛刻的管理控制在挤压出更多有形业绩的同时,也挤压了大学发挥社会文化这一无形作用的空间。政府对高等教育的管理必须摒弃新公共管理所奉行的投入—产出效率观,从对经

---

① 张楚廷. 教育就是教育[J]. 高等教育研究,2009,(11):1—7.

济绩效的聚焦,转向对社会文化目标的关照。而要真正关照大学的社会文化目标,就不能简单套用经济学和企业管理的思维实施过于精细的控制和评估,在这个意义上来讲,适度的粗放型管理是有益的。

第二,重塑政府与大学之间的信任关系,尊重和推进院校自治。历史证明,"就大学为了追求和传播知识需要自由而言,当种种控制力量软弱分散时,大学知识之花就开得绚丽多姿"。[①] 这就是分权之于大学的价值。表面上看,"分权""松绑"的确是新公共管理实践的重要内容;大学"企业化"正是在近年来高等教育分权背景下形成的。但这种分权并非真正意义上的权力下放,而是一种"分权中的集权"形式。新公共管理赋予大学的自主权更多的是程序性的。大学在获得一定自主权的同时,背后通常是强大的评估型政府。自主权和绩效责任一并下放,大学所获得的自主权是一种手段上的自主权,无论它如何自主地采取何种行动,都须达到相应的绩效,接受严格的监管和问责。这也导致了校内行政集权,得到强化的是院校管理层的行政权力,而非以个体学者为中心的学术自由。实际上,政府在下放权力的同时对高等教育施以严格的事后评估,其背后总是存在对高校自主发展的某种不信任。虽然不能排除大学中的确有铺张浪费、资源使用效率低下、对社会责任承担不力等问题,但这种不信任也在一定程度上源自政府用企业的标准和眼光看待高等教育的绩效产出。如果要想让高等教育实现广泛的社会文化目标,政府就应与大学建立起一种基于社会共同利益的互信互惠关系,不再片面强调高等教育的经济绩效和对经济增长的贡献,减少不必要的评估、控制权力,真正赋权给大学,使之尽可能自主地从事知识生产与传授活动。

第三,维护学者的治校地位,捍卫学术自由。由于大学内部存在学术与行政二元权力结构,大学自治并不必然意味着学术自由。而后者才是终极目的,是大学自治的合法性源泉,否则院校自治将与企业自治无异。当然,任何一种权力过大难免滑向权力失衡,学术权力也是如此。传统欧洲大陆高等教育模式的弊端之一,便是教授治校体制下的学术权力过于强大,对此适度提高管理重心确有理由,但由行政主导大学发展、控制学术事务更难以取得合法地位。出于改变高度分权下的势力割据、一盘散沙甚至学阀霸占"学术山头"状态的目的,以适度的行政集权对学术权力进行整合牵制,其理由是无可置疑的;但若通过行政集权将学术事务置于管控之中并不是为了学术本身,而是意在使之作为工具服从于绩效最大化和市场竞争的目的,甚至为此去限制学

[①] 伯顿·克拉克. 高等教育新论——多学科的研究[M]. 王承绪,等,译. 杭州:浙江教育出版社,2001:26.

术自由,则很难说具有合理性。大学"企业化"倾向中出现的 CEO 式领导和种种绩效问责并不可取。学术权力过于分散、院校行政权力过于弱化,并不是大学像企业一般实施科层管理的理由。学术活动的自发秩序和学者个体的自由创造正是高深知识生产和传授的最合适土壤,是实现大学无形的社会文化价值的基本条件。管理在其中最合适的角色应当是辅助、服务作用,它必须服务于学术活动需要,尊重学术组织的决策,而非凌驾在后者之上。尽管今天的大学的确需要向全体学者、学生和管理人员分享参与治校的权力,避免让权力集中于少数人手中,但我们仍需要捍卫学者群体的治校权力,以及他们的学术自由权利。这一方面需要推行"以学者治校为主的多边共治",将传统的教授治校制度转变为包括初级学者在内的学者治校,并由大学中各利益相关群体共同参与治理,另一方面则需要废除当前流行的理性化的企业管理方式。要真正保障学者的学术自由,就必须限制使用各种具有"学术泰勒主义"色彩的做法,给他们以宽松而自由的思索、创造空间,对"闲逸的好奇"得以存在的制度和文化,需要我们去仔细建构和悉心呵护。

第三节 超越狭隘的学术工具主义

与新自由主义和新公共管理相比,对知识社会时代大学深度服务产业的反思更需审慎态度。尽管前两者在现实中发挥着巨大影响力,但对它们的缺陷及其造成的负面后果,人们已经达成了一些理论共识。扭转新自由主义和新公共管理政策,更多地是实践问题。相比之下,知识经济本身并非一项需要接受批评的政策,而是人类社会必经的一段历史进程,是一种进步。我们不应像质疑新自由主义和新公共管理那样质疑知识经济的正当性;但是,面对知识社会给大学造成的种种挑战和潜在不利,我们又必须为大学寻找出"第三条道路"——使之既不成为经济的俘虏,又不遁入象牙塔般的过去,而是力求在适当满足知识经济需要的同时,继续保持超越知识社会功利需求的锋芒。

一、大学何以不应沦为产业的工具

由于产学深度融合、推进知识资本化日益被视为大学的职能和责任,在此过程中大学走上"知识企业"的道路似乎在所难免。然而,任何关乎高等教育的决策都不应一味出于经济上的考虑。一些片面强调产学融合的论调代表了一种工具主义(我们姑且称之为"学术工具主义")。它将大学的经济价值和知识资本化的意义推崇到极致,却遗忘了大学在服务产业之外,还有其他广泛的社会文化目标。如果我们一味地遵从上述工具主义逻辑,就会对大学实现社会文化目标、完整兑现社会责任的承诺造成严重伤害。

第一,学术工具主义专注于经济目标,排斥"无用之学",有损于大学社会文化目标的完整性。任何知识只要存在,便一定会以不同方式各尽其用,对某类知识是否有用的追问或许是一个伪问题。然而在学术工具主义蔓延的情境中,却产生了"有用之学"和"无用之学"的紧张关系。为响应产业需要和自身经济利益,大学将知识的实用价值置于颇为重要的位置。这种"有用性"以创造直接经济价值为基本尺度,它们能够为企业带来丰厚利润,同时也为大学带来可观的物质回报。另有一些知识的直接经济价值则不够明显,这即是所谓的"无用之学"。于是,在理论知识和应用知识之间、人文知识和科学知识之间便出现了无用和有用的分野。"无用知识"在学术资本化的工具主义中日益处于边缘位置。不过,仅凭经济价值衡量知识用途的尺度是站不住脚的。一方面,理论知识的用途虽可能并非立竿见影,但其功效更为基础和深远。早在1883年,物理学家亨利·罗兰(Henry A. Rowland)就在《科学》杂志上发表了号称美国科学"独立宣言"的传世之作——《为纯科学呼吁》(A Plea for Pure Science),指出"为了应用科学,科学本身必须存在"。[①] 无独有偶,1930年代,时任普林斯顿大学校长的亚伯拉罕·弗莱克斯纳(Abraham Flexner)提醒道:"在整个科学史中,已最终证明,有益于人类的大多数真正的伟大发现,并不是由实用愿望所推动的,而是由满足好奇的愿望所推动的。"[②]为了知识和科学事业的可持续发展,我们没有任何理由只顾眼前好处,急功近利地牺牲基础科学和理论研究。就在2014年10月8日,西方多个发达国家的学者联署公开信,批评现行的科技政策,要求增加基础研究的经费投入。[③] 另一方面,与"有用的"科学知识相比,"无用的"人文知识其价值并没有通过资本化途径来彰显。学术资本化有其客观边界,并非一切知识都能同等程度地成为资本。"对于工程技术类学科以及一些应用学科而言,市场化也许是实现学科价值的最佳途径,但对于一些人文社会学科以及理论基础学科而言,其与市场的距离是比较遥远的,并且保持与市场

[①] 亨利·奥古斯特·罗兰. 为纯科学呼吁[J]. 王丹红,译. 科技导报,2005,(9):74—79.
[②] 亚伯拉罕·弗莱克斯纳. 无用知识的有用性[J]. 陈养正,赵汐潮,编译. 科学对社会的影响,1999,(1):50—54.
[③] Elisabeth Pain. European scientists ask governments to boost basic research [EB/OL]. (2014-10-10). http://news.sciencemag.org/europe/2014/10/european-scientists-ask-governments-boost-basic-research.

的距离反倒是保持其内在生命力的必要条件。简单而言,市场需要的是技术专利,而人类的心灵需要的却是诗歌。专利只有在利润的驱动下,才能实现更大的推广,产生更广泛的社会经济效益,而诗歌只有远离金钱的诱惑,远离市场的喧嚣,保持心灵的沉静和孤寂时,才有可能形成其滋养情感、涤荡心灵的魅力。"① 无论服务产业的工具主义如何宣扬知识资本化,而大学要完整承担社会责任,就必须成为充满人文关怀的诗性场所,决不能沦为利欲宰制下的专利经营商。即便是强调知识应用价值、经济价值的今天,大学的根基仍然在于人文性,人文关怀始终是大学实现教育意义、彰显公共价值的基础。因此,大学不仅应为那些不能资本化或资本化程度极为有限的人文学科保留一席之地,而且还应更进一步,即处处体现人文情怀。概言之,大学永远需要的是闲情逸致、"闲逸的好奇"和忠于真理的自由辩论。看似无用的知识实则并非真正无所用处,对大学的很多知识活动片面地追问直接的实用价值、经济价值并不恰当,此即是所谓"无用之学乃大用之学"的道理。

第二,学术工具主义专注于产业群体,而非整个社会。这种特殊主义(particularism)取向,与大学的普遍主义(universalism)立场相抵触。普遍主义意味着"独立于行为者与对象在身份上的特殊关系",特殊主义则是"凭借与行为者之属性的特殊关系而认定对象身上的价值的至上性"。② 大学的社会责任是对整个社会的责任,而不是满足某些个体或组织的私利,这就是大学的普遍主义立场。若旨在满足某些个体或组织的利益,且这种满足无助于甚至不利于社会整体利益实现的时候,大学就违背了普遍主义原则。产业部门只是社会的一部分,不是社会的全部。产业利益不能代表社会利益,社会利益最大化也并不都能通过经济指标加以衡量。服务产业的工具主义所致力于满足的是产业的个别利益,只关照产业这一特殊群体,而非整个社会的普遍利益,甚至会导致大学为保护特殊利益而对社会普遍利益的承诺做出背叛。本书前文引述过三好将夫的一个观点,即学术界技术发明的真正受益者并非消费者和一般纳税人,而是公司或企业家。他写道:"利用让大学进行研究的方式,这种大公司节约了巨额的资金,而通过对服务费和专利费等相对来说微不足道的投资,它们获取巨大的利润。它们对某些研究方面的资助远远不够或不足。这些公司利润的一部分难道不应该返还

---

① 蔡辰梅,刘刚. 论学术资本化及其边界[J]. 高等教育研究,2013,(9):8—14.
② Parsons T, Shils E. Toward a General Theory of Action [M]. Cambridge: Harvard University Press, 1951:82. 转引自:郑也夫. 代价论:一个社会学的新视角[M]. 北京:生活·读书·新知三联书店,1995:41—42.

给公众——纳税人吗?"①史蒂夫·富勒则进一步指出:"近年来,驱使大学模拟厂商成为知识产权发动者的动力,已经发展成为一场不亚于解体大学的运动。……由此出现了准私有的'科学公园',它那有利可图的冒险,危及知识的正常流向,并为创造一种以知识为基础的阶级架构,又称信息封建主义(information feudalism),提供了一个合法的框架。"②概言之,这种工具主义表面上是让大学在社会中发挥更大影响力,但它以特殊主义为取向,最大的受惠者是产业等特殊群体,这并不必然意味着社会公共利益最大化。

第三,学术工具主义专注于大学对产业需求的响应,却舍本逐末地冲击了大学的核心职责。从"本"和"末"的关系而言,大学的核心职责是教化育人,其他都是"末"。这一亘古不变的道理无需反复强调。工具主义的要害在于,它几乎将大学的一切活动均置于产业需求之下:大学要与产业合作为基础,以响应产业需要为目标,为产业培养所需的合格人才,以产业需要为中心开展科学研究,人才培养质量和学术研究绩效都要以切合产业之需和取得产业满意为衡量标准,最终大学在片面服务产业的过程中自身也走向了产业化。这些现象我们在今天已经司空见惯。在服务产业的工具主义中,大学最根本的职责使命反而被人们逐渐淡忘。正如亨利·吉鲁所言:今天,"高等教育的作用主要体现在它推动经济增长、创新、转型和促进国家繁荣等方面,但这里利害关系更大的是把大学变成了企业的附庸,而且存在把它看作由不同政见者、批判性对话和批判性地参与社会问题讨论的仅存机构而抛弃的企图"。③从规范意义上讲,高等教育以培养人、塑造人本身为终极目的,具有一定的独立性,不会迁就其他外在的目标。尽管客观上高等教育始终为社会各行各业输送人才,但是,大学培养人的目标并不应当被简单地窄化为仅向产业输送劳动力。而今,高等教育的教化育人目标已在某种程度上被工具主义目标所俘虏和绑架,从而沦为替产业提供合格劳动力的工具。台湾地区著名学者黄俊杰教授称之为"教育主体性沦丧"。黄俊杰教授认为,当前大学教育主体性——教育的根本目的在于促成学生人格完善——正面临着一场深刻的危机:"大学的教学与研究活动,由于知识经济与市场需求等因素的介入与操弄,而演化

---

① 三好将夫. 转让中的象牙塔[M]. 姚建斌,译//王逢振,选编. 疆界2——国际文学与文化·A. 北京:人民文学出版社,2003:22.
② 史蒂夫·富勒. 智识生活社会学[M]. 焦小婷,译. 北京:北京大学出版社,2011:3.
③ 亨利·吉鲁. 超越新自由主义高等教育的边界:全球青年的抵抗和美英分裂[J]. 吴万伟,译. 武汉科技大学学报(社会科学版),2012,(3):233—242.

成为大学的教研目标的对立物。其结果是使大学终于与大学之目的互相疏离,而造成大学的'自我异化',从而使大学成为完成其他目的(如市场经济的扩张)的工具,使大学的'教育主体性'为之沦丧。"①试想,如果大学连最根本的教化育人职责都面临威胁,那么何谈大学其他社会文化目标的实现?这同样也证明了大学使命和职责的本末倒置。

"在知识经济中,大学不能仅仅局限于适应社会的要求,还应当肩负起引领社会发展和社会变革的重任。"②眼下这种学术工具主义狭隘地专注于特定目标(经济目标)、特定群体(产业群体)和特定活动(响应产业需求),却较少顾及大学其他职责,也不在意大学发展的可持续性和身份异化问题,甚至还为大学"企业化"拍掌叫好。这种短视的做法实在不利于大学广泛社会文化目标的完整实现。正如英国学者约翰·伯恩斯(John Barnes)所言:"如果大学不仅顾及相对短期的经济利益,而且顾及中、长期利益,并起到传递知识、保存文化的作用(这些远远超过政府目前关心的事情),那么它将更好地为国家利益服务。"③知识经济的发展的确离不开大学和学者的参与,但这并非让大学无条件服从经济诉求的理由。无论如何,我们都不应将大学作为纯粹的经济增长工具来对待,大学为经济和产业服务的责任应是有保留、有限度的。

进一步说,将大学片面作为产业的工具,把知识资本化作为大学的新职能,是大学职责的一种泛化。然而,大学的职责并不是越多越好,要完整实现社会文化目标,大学必须紧扣教学和研究两项基本职责不动摇,社会服务则更多地内含在教育和科研职能之中。创造并共享高深知识、实施社会教化和育人,本身就是大学提供公共服务的方式;至于知识直接应用甚至将其资本化,则超出了大学本然职责的范围,即便是在知识社会中也是如此。就像医院的公共服务是通过疾病诊疗、救死扶伤来实现的,而不能脱离疾病诊治来谈论医院的社会服务职能一样,我们也不能脱离教育和研究来谈论大学为社会服务,更不应让服务产业的工具主义凌驾于后两者之上,任凭外部需求决定教研活动。大学对产业的直接服务必须恪守边界,否则就可能会偏离、扭曲教育和研究这两项根本任务。

现实情况的确是,社会中总是有千千万万亟需解决的问题,并且新的问题还在层

---

① 黄俊杰. 全球化时代的大学通识教育[M]. 北京:北京大学出版社,2006:12.
② 蒋凯,马万华,陈学飞. 适应还是引领:社会变革中的大学——北京论坛(2007)教育分论坛综述[J]. 北京大学教育评论,2008,(1):167—172.
③ 玛丽·亨克尔,布瑞达·里特. 国家、高等教育与市场[M]. 谷贤林,等,译. 北京:教育科学出版社,2005:169.

出不穷。人们总是习惯于将社会中的某些未决问题交给大学,并将解决这种问题说成大学的职能或责任。但是这些倡导者很少考虑,一些问题的解决未必都适合成为大学的职责,将它们强加给大学可能会对大学造成一种伤害。不能说今天的产业需要知识资本化,大学就有义务让知识变成资本;明天的社会中哪个部门产生了新的需求,就要求交诸于大学来满足。如此下去,随着社会发展和时间推移,大学承载的职责将越来越多以至无限泛化。表面上看大学发挥了更大作用,成为所谓的"社会轴心机构",而实质上它是这一过程的牺牲品。大学理念将被撕扯得四分五裂,我们再也难以寻回大学的本然面目。这样大学将在一系列"责任""职能"的无限压力下,连最根本的使命责任都无法很好地承担。"企业化"倾向中的大学身份困境及其负面后果,就是其在职责泛化过程中受到伤害的有力证据。这种趋势的蔓延无疑在长远上有损于社会公共利益。"大学必须停止模仿其他机构,放弃其他职能,专心致力于它们仍然擅长的服务职责。"①要让大学真正地、完整地实现社会文化目标,就必须解决其"职责超载"的问题,使之在最本分的教育和研究职责中充分发挥社会效益。总之,现在已是申明"大学的有限责任"的时候了。

二、从"产业工具"复归"公共领域"

如今,大学正处于两难的尴尬境地。一方面,它不能遗忘历史与传统,抛却其教育天职和公共责任;另一方面,知识经济、知识社会则以摧枯拉朽之势使象牙塔土崩瓦解。回到同世俗相分隔的过去以求独善其身已不再可能;而片面适应知识社会,为产业服务,进而走上一条"知识企业"的道路同样意味着大学的终结。能否在知识社会中成功转型,关乎大学的生死存亡。对此,回避历史和逃避现实均无法缓解困境。"大学必须找到出路,想办法超越实用主义和工具主义。由于实用主义和工具主义是当今社会最强势的两种运动,大学应确保自己在文化转型和经济转型的方向上发挥重要作用。"②唯有超越服务产业的工具主义,在知识经济、知识社会中坚守独立性与主体性,依托教育和研究两项基本职责另寻清晰而独特的角色定位,方为挽救自身命运的唯一途径。

出路在于将大学重塑为知识社会的公共领域。一方面,知识社会时代仍需培育理

---

① 安东尼·史密斯,弗兰克·韦伯斯特. 后现代大学来临?[M]. 侯定凯,赵叶珠,译. 北京:北京大学出版社,2010:60.
② 杰勒德·德兰迪. 知识社会中的大学[M]. 黄建如,译. 北京:北京大学出版社,2010:182.

性和批判精神的公共领域。尽管知识的价值越发由经济价值衡量,产学协同创新和知识资本化均被视为要务,但是,经济增长远非社会发展的全部,不能以经济增长代替社会发展。无论是传统的工业经济还是新兴的知识经济,这些经济领域都必须嵌入更大的社会之中,经济目标永远是人类社会发展目标的一部分。无论何时,人类都需要净化心灵的启蒙教化机构,需要社会的良心和精神的灯塔,而不仅仅需要纯粹的职业技能训练场所、作为求职谋生和社会流动通货的文凭的颁发机关和缺失人文精神的知识工厂。我们已然身处物质极度丰裕的世界,但我们同时也看到了与物质成就不相称的精神失落、信仰缺失甚至是物欲横流、道德滑坡。知识经济社会不应仅是经济和技术高度发达,而缺乏自省意识和反思能力的"单向度"社会。今天我们同样需要批评反思之维,需要心智健全、具有理性和民主精神的公民,批判和教化有其现实意义。另一方面,由大学承担知识社会时代公共领域的职责再合适不过。在尤尔根·哈贝马斯(Jürgen Habermas)看来,批判性的公共反思得益于人性、理性和主体性的培育。这一培育功能曾经是由文学公共领域承担的。而今,文学公共领域由于大众文化泛滥、核心家庭破碎而走向了衰落,此时能够承担公共性和主体性培育职责,从而继续保证批判性的正是大学。① 这是因为,公共领域的形成离不开交往,而大学恰恰具有交往空间的特质。一者在于,大学是人际交往的空间。大学的职责并不止于传道授业,作为群贤毕至的场所,"大学应该成为人生中的一个个驿站,在这样的大学里,无论长幼,大家都能学做或反思一些事情——而在生命中的其他时间里,他们可能没有这样的机会"。② 二者在于,大学还是不同知识和思想的交流、碰撞之地。是多元思想的共存之所。用比尔·雷丁斯的话说,今天的大学应该成为"各抒己见的共同体"。③ 在这里没有权威知识,没有统一思想,只有不同知识、思想之间的民主协商与持续对话。在这样一个交往环境中,高等教育成为不同思想持续碰撞、人与人之间增进理解的过程,进而成为个体理性精神涵养和心智解放的过程。这些都使得大学在今天有条件发挥公共领域的作用。概言之,知识经济社会同样需要大学扮演有助于反思批判的"公共领域"角色。大学的作用不仅在于经济价值,更在于文化功能,这一点并没有随着知识社会的到来而改变。因此,对大学来说,它应实现由"知识企业"向"公共领域"的转换和回

---

① 童世骏. 批判与实践:论哈贝马斯的批判理论[M]. 北京:生活·读书·新知三联书店,2007:218—219.
② 安东尼·史密斯,弗兰克·韦伯斯特. 后现代大学来临?[M]. 侯定凯,赵叶珠,译. 北京:北京大学出版社,2010:50.
③ 比尔·雷丁斯. 废墟中的大学[M]. 郭军,等,译. 北京:北京大学出版社,2008:172—183.

归。虽然我们无法避免也没有充分理由切断大学与产业之间的联系,但作为公共领域的大学,其首要作用自当聚焦于理性和批判精神的张扬与传承。在这一精神培育的过程中,大学并不是在单纯地培养劳动力,而是培养既能适应产业需要,又具理性反思精神的公民。同时,由于理性的公共生活为全体大学人所共享,在教化过程中,教育者自身也经受了理性和主体精神的洗礼。这就进而使得大学人具有知识分子的特质,大学则获具了超现实的批判锋芒。

"大学成为公共领域的一个前提,就是大学与不同利益主体保持一定距离。"[①] 要保持自身的理性生活和批判立场,坚守捍卫人类长远利益的普遍主义信念,大学就不能和各种特殊的利益集团(包括产业界)不分你我、歃血为盟。必须承认,尽管大学向公共领域转型的理由已比较充分,但实践起来却不免困难重重。这主要是缘于,"大学—产业—政府三螺旋"的出现意味着一个社会契约已经形成,在该契约关系中,大学与其他利益主体的距离性和独立性无法得到保证。将大学从这种契约中超脱出来,使之发挥广泛的社会文化功能而不仅仅局限于创造经济价值,不可能像前述的强化政府财政责任、推进实质性分权那样容易付诸操作,这就不免使我们都会有一种无力感。然而,现实困境证实了改变现状的紧迫性,要改变则必须有赖于大学与政府、产业和社会之间契约关系的重建。诚如"学术资本主义"理论的提出者之一希拉·斯劳特指出的那样:"如果教授和管理者想继续获得公众信任和财政支持,他们必须使自己有别于公司世界,并找到一个新的社会契约。这种新的契约既不屈从于市场,亦非简单地捍卫旧制度。那些想要在市场之外保持专业空间的教师要为这样的契约付出努力,并争取获得管理者、学生和公民的支持。"[②] 或许,这是一项我们应当长期为之奋斗的事业。

---

① 安东尼·史密斯,弗兰克·韦伯斯特. 后现代大学来临?[M]. 侯定凯,赵叶珠,译. 北京:北京大学出版社,2010:191.
② Slaughter S. Professional Values and the Allure of the Market [J]. Academe,2001,87(5):22-26.

第五章　本土反思：对我国大学"企业化"倾向的检视

尽管前文多涉及西方发达国家的实践，且多以西方学者论述为据，但大学"企业化"倾向早已不限于西方发达国家。它一经形成，便迅速从发达国家向其他国家和地区辐射，成为全球化进程的一部分。如今，这一倾向已是众多发达国家和发展中国家共同面临的挑战。同时，实践正如埃里克·阿什比（Eric Ashby）所言："任何类型的大学都是遗传与环境的产物。"[①]全球化和本土化始终处在张力之中，不同国家和地区都有其自身传统和特殊境况。特定时空下的高等教育现象，往往融合了全球趋势和本土现实的双重元素；其面临的问题也是全球问题和本土问题的交织混合。今天，同世界上许多国家和地区的大学一样，我国大学也已经出现了"企业化"倾向；同时，由于缺少西方大学所富有的学术传统和精神以及"行政化"积弊影响，"企业化"对我国大学来说更为不利。在前文对大学"企业化"倾向进行一般意义的分析和反思之后，回归本土视野，聚焦我国大学面临的问题，力求探索出适合国情的大学变革出路，自然就成为本章的任务。

第一节　我国大学的"企业化"倾向

无论我们将大学"企业化"倾向的成因归结为多少项因素，"市场"都是这些因素的共同内核。没有市场的存在，就不会有大学"企业化"倾向的产生。就我国高等教育而言，尽管今天政府的力量和作用依然十分强大，但改革开放至今的四十余年来，来自市场的影响也越来越明显，"企业化"的倾向在我国大学中已开始出现。正如李零先生所

---

① 阿什比. 科技发达时代的大学教育[M]. 滕大春，滕大生，译. 北京：人民教育出版社，1983：7.

指出的:"大家呼吁去行政化,去官僚化,我想提醒一下,中国的大学改革,还有一个方面,是追求商业化和企业化。中国的改革,从来都是两方面,光讲一个方面,太片面。……特别是改革开放以来,中国的任何体制都是新旧杂陈。中国和外国的区别并不在于公立私立,他们谁都扛不住商业化和企业化的大潮。"①

一、我国大学"企业化"倾向之缘起

如前文分析,一般来说,大学"企业化"倾向是1970年代末以降新自由主义、新公共管理和知识经济推动产学融合等主要因素共同作用的产物。"伴随着改革开放的推进以及市场经济向市场社会的蔓延,今天的中国已经是世界的中国而不再只是中国的中国,在诸多问题上中国与西方已经开始共享一个现代性的后果。"②在对我国大学"企业化"倾向的背景缘起进行考察后,我们同样可以发现上述三个维度的存在。

第一,市场对高等教育持续渗透。当前我国的改革,源自对计划经济体制弊端的检讨与反思,以"市场化"为核心,但并未从根本上超越"政府—市场"的二元逻辑。改革开放以来主导我国高等教育改革发展的主要是市场逻辑和经济理论,社会建设相对滞后。尽管我国围绕政府与市场关系的改革迄今尚未完成,让市场机制在资源配置中发挥决定性作用的目标还在实现过程当中,但吊诡的是,这并未阻碍市场力量和市场逻辑侵入一些本应该适当限制其发挥作用的领域。换言之,在应该充分市场化的领域,市场尚未得到充分发育,需要限制市场逻辑的领域却出现了市场逻辑的僭越。改革开放后,高等教育在继续承载意识形态功能的同时,也开始被作为实现经济目标的工具。特别是1990年代以来的"教育产业化",更是使得高等教育和市场之间的关系走到了过于紧密结合的地步。高等教育扩招当然为更多学子提供了深造机会,保障了他们的权利,也大大促进了经济社会的转型发展,顺应了高等教育本身和宏观经济社会的发展趋势,但不可否认,当时实施高等教育扩招背后存在一种直接的经济上的诉求,这就是教育在某种程度上被作为产业来运作,拉动高等教育消费被视为新的经济增长点。尽管后来官方否认推行了"教育产业化",学界绝大多数声音也对此持反对态度,但教育已轰轰烈烈地走上产业化道路却是不争的事实。目前这方面的争论已逐渐消退,不过至今我们都很难说教育产业化的实践已宣告终结。随着市场化、产业化的推进,高等教育从国家保障的公共物品转变为个人当为之付费的私人物品,变成了可

---

① 李零. 大学改革,更要警惕企业化[N]. 文汇报,2014-08-15(12).
② 王建华. 我们时代的大学转型[M]. 北京:教育科学出版社,2012:254.

以在市场中进行交易的商品或服务。在高等教育规模持续扩大的同时,政府相应的保障责任跟进不够。国家财政性教育经费支出占国内生产总值的比例达到4%的目标,我国直到2012年才实现。此外,这4%的经费是包含干部教育培训经费在内的[①]。高等院校越来越被作为市场主体对待,自给自足、经营创收行为受到鼓励,公共经费缺口将由受教育者个人和学校自行拓展的收入渠道填补。由于市场本身已成为目的,不仅教育收费标准持续攀升,甚至教育乱收费问题也屡见不鲜。总之,在高等教育领域,国家正在为市场让渡空间,教育市场化、产业化正是市场社会的缩影,高等教育很大程度地被改造为市场的领地。

  第二,企业界盛行的经济、效率和效能准则,已被我国高等教育领域吸收内化。西方国家在新公共管理影响下,私人部门的理念、原则和方法等被移植于高等教育领域。类似的趋势在我国也同样存在,高等教育越来越重视投入—产出效率,企业管理方式也被移植到政府管理大学和大学内部管理当中。与西方国家相似,"中国大陆高等教育体系正在发生重大变化。政府与高等院校之间已经结束了绝对支配与完全依附的关系,开始从国家支配模式向国家监督模式转变"。[②] 伴随着高等教育市场化进程的深入,大学的办学自主权有所扩大。同时,我国政府也日益重视投入—产出效率,新公共管理被运用于高等教育管理,越来越强调大学的绩效责任。有研究证实,仿市场导向的竞争、基于量化指标的表现性评估、多样化经费来源等新公共管理方法和理念均已在我国出现。[③] 以评估为例,自1990年代开始,国家持续加大高等教育投入,诸如"985工程"、"211工程"和"双一流"建设等各种"工程"项目不断。紧随投入增加而来的是,各种评估、评审项目也越来越多。由政府主导的各种高等教育评估日益繁多和复杂。诸如本科教学评估、博士点和硕士点评估、教学和科研成果奖评审、人才计划、精品课程等评估评审活动,名目多得已难以一一列举。从政策导向看,未来将继续在高校中引入竞争机制,实行绩效评估,进行动态管理。[④] 与国外的新公共管理体制相似,早在2008年我国就已在中央高校中引入绩效拨款制度。[⑤] 近年来,一些地方也开

[①] 华东师范大学国家教育宏观政策研究院. 中国教育发展论坛2019"人口变动与教育资源配置"成果汇编[Z]. 上海:华东师范大学国家教育宏观政策研究院,2019:25.
[②] 戴晓霞,莫家豪,谢安邦. 高等教育市场化[M]. 北京:北京大学出版社,2004:205—206.
[③] 李琳琳,卢乃桂,黎万红. 新公共管理理念对中国高等教育政策及学术工作的影响[J]. 高等教育研究,2012,(5):29—35.
[④] 国家中长期教育改革和发展规划纲要(2010—2020年)[M]. 北京:人民出版社,2010:31.
[⑤] 财政部教育部关于完善中央高校预算拨款制度的通知(财教〔2008〕232号)[Z]. 财政部办公厅,2008-10-10.

始针对所属院校探索、实施绩效拨款举措。通过强有力的评估评审以及与之紧密挂钩的资源分配,教育行政部门加强了对大学的控制,在分权中实现集权的"评估型政府"已经出现。整体观之,无论是政府评估大学,还是大学内部管理,都纷纷强调绩效产出的可计量性,某项业绩被分解为具体指标,赋予相应权重。每一项教育和研究活动,几乎都需要面临严格的绩效审计。这些带有新公共管理色彩的政策已经改变了我国高等教育的学术生态。

第三,我国正在形成鼓励创业型大学发展的政策环境。尽管知识经济、知识社会发端于西方国家,是工业经济高度发达的产物,但在全球化时代,知识社会的挑战对我国来说已无可避免。国家优先选择的是以产学协同创新驱动经济增长。这和当前西方国家推动的大学—产业—政府三螺旋在方向上如出一辙。无论是高等教育政策还是科技政策,往往都以满足产业需求、实现创新目标为出发点,人才培养和科学研究都要与产业紧密对接。这些都构造出了一个鼓励学术创业的政策环境。"创新创业"正在成为时代话语。当前国家支持创业的政策,并非某种权宜之计和一时之策,它需要从工业经济向知识经济转型的角度加以理解。之所以要鼓励大学生创业,并不单单在于缓解就业压力,其深层目的在于以创业求创新。不仅大学生成为被鼓励创业的对象,高校教学科研人员同样被鼓励成为创业的主体。无论从《科学技术进步法》仿效美国《拜杜法案》的规定,即利用财政性资金设立的项目的知识产权可以授权项目承担者依法取得(也正是因为如此,《科学技术进步法》号称中国版的《拜杜法案》)来看,[①]还是从有些地方出台的一些鼓励高校的教学科研人员留岗"下海"等政策来看,都很能说明问题。当然,站在促进经济社会发展的角度出发,这都是必然选择,但我们也应该看到其中隐含了学术工具主义。在这样一种政策环境下,自然科学在人文社会科学前面,应用研究在基础研究前面,容易资本化的知识在难以资本化的知识前面,显然都处于明显的优势地位。形势越来越有利于学术资本化和知识商品化,越来越有利于大学走上一条学术创业的发展道路。在经济增长和科技创新的话语下,这些创业行为均被赋予了难以挑战的合法性,功利性诉求日益凸显。

总之,上述方面蕴含着这样一种基调:高等教育不仅本身要依循市场逻辑运行,而且要为经济建设服务,它并未成为独立于市场、经济领域的社会领域的一部分。大学出现对外追逐经济利益,对内实施理性管理的"企业化"倾向也自在情理之中。

---

① 中华人民共和国科学技术进步法[Z]. 中华人民共和国全国人民代表大会常务委员会公报,2008,(1):49—56.

二、我国大学"企业化"倾向的主要表现

我国大学的"企业化"倾向一方面表现在，追逐经济利益成为大学中实际存在的目标，大学越来越热衷于通过教育、研究市场化渠道实现创收。尽管非营利组织（non-profit organization，NPO）是从西方舶来的概念，有其特定的内涵和指向，且在我国法律法规当中尚没有这一部门分类，但长期以来，我国高等教育属于公共事业，大学被定位于事业单位（即便是非营利性民办大学，也被冠以民办非企业单位的名号），这种定位要求大学不以营利为目的，不能像企业一样追求经济利益最大化，随行就市地尽可能以最高价卖掉商品。抛开"非营利组织"特定涵义不论，仅从字面出发，理论中的我国大学属于事实上的"非营利组织"。但从近年来的实践状况来看，越来越多的大学热衷于从事逐利活动，尽管这些逐利收入并不能真的像营利组织那样用于在所有者之间分配。最初，我国大学从事营利行为是在经济压力下开始的。早在1980年代，在政府财力不足、事业单位普遍面临财政危机的背景下，政府通过"以政策代资金"的方式允许事业单位利用国有资产进行创收。这种创收最初以公立大学举办各种培训班的形式出现；此后，在开办培训班之外，以非营利性身份创办营利性企业成为众多大学纷纷作出的选择，我们熟知的一些高科技企业正是建立在这样的背景下。[①] 1990年代在财政投入跟不上的前提下，高等教育"大跃进"式扩招和新校区建设，更是使得许多大学陷于财政危机之中，这就进一步迫使大学利用其教育、研究资源走上营利创收的道路。而近年来市场社会的形成和蔓延，使得大学在营利问题上的态度趋于模糊。当非营利的价值观发生改变时，即使经济压力不大，大学也很难会放弃营利。如今，具有非营利机构身份的大学向企业一样从事营利性活动不再是值得大惊小怪的事情。对知识经济、知识社会的适应不仅进一步为大学从事营利行为提供了机会，而且使其在科技创新的话语下获得了合法地位。

目前，经营知识产权、开办校办产业、在提供学历教育之外面向社会开办各种培训活动等，都是我国大学实现创收营利的主要途径；大学教师以个人名义从事咨询、企业兼职和下海经商等行为也已经屡见不鲜。这些具有营利色彩的活动的确为我国高校带来了丰厚的收入。根据教育部科学技术司的统计，2012年，我国各类高校签订技术转让合同10 275项，合同金额总计38.761 68亿元，当年实际收入总计27.561 17亿元。[②] 到

[①] 王建华. 第三部门视野中的现代大学制度[M]. 广州：广东高等教育出版社，2008：162.
[②] 中华人民共和国教育部科学技术司. 2013年高等学校科技统计资料汇编[M]. 北京：高等教育出版社，2013：80—81.

了 2018 年,各类高校签订技术转让合同增长到 11 207 项,合同金额总计增长到 61.528 69 亿元,当年实际收入总计增长到 34.058 40 亿元。[①] 此外,据教育部科技发展中心和中国高校校办产业协会的统计显示,来自全国 29 个省、自治区、直辖市的 489 所普通高校参与了统计,涉及企业共计 3 478 个;截至 2012 年末,全国高校校办资产总额为 3 190.26 亿元,所有者权益为 1 287.53 亿元,其中归属学校方股东的所有者权益为 633.92 亿元;2012 年度全国高校校办产业收入总额为 2 086.07 亿元,比 2011 年增加了 217.34 亿元,增长率为 11.63%;实现利润总额为 108.44 亿元,比 2011 年增加了 8.62 亿元,增长率为 8.64%;实现净利润 87.57 亿元,比 2011 年增加了 5.48 亿元,增长率为 6.68%;其中归属学校方股东的净利润为 40.92 亿元,比 2011 年减少了 1.37 亿元,降低了 3.24%。[②] 当然,仅从大学经济需要与产学合作角度来看,大学兴办企业从事营利也无可指摘,不过,也有评论指出:高校校办企业的确扩充了大学的财力,但却很难与高校的身份和职责相得益彰。因此,大学办产业应当有约束边界,大学的本分、教授等科研人员的本业,始终是一条不能触碰的底线。[③] 教育培训也是大学重要的利润来源。由于一些培训可自由定价,市场需求旺盛,收入颇为可观,同样也被大学办得热火朝天。面向商人和官员举办的形形色色的"天价"教育培训,其学费高达数万元至数十万元不等,如 2014 年清华大学经济管理学院高级工商管理硕士(EMBA)学费为 58.8 万元,复旦大学的 EMBA 项目学费为 59.8 万元。[④] 在学历教育之外,许多大学对开办各种教育培训抱以极大的热情。相对于研究和社会培训,学历教育存在非营利红线的限制,自主定价空间较小,但近年来也出现了大学学费普遍上涨的趋势。2014 年,大学上涨学费成为广受公众关注的事件,全国多地纷纷出台高校学费上涨标准,部分地区平均涨幅高达 50%。这些现象,在各个大学可谓大同小异。更有甚者,在经济利益的驱动下不惜铤而走险。媒体曾报道有的大学违规利用公款炒股,造成了严重经济损失。虽然理念中的大学本是超越物质诱惑的脱俗机构,法律意义上的大学是一心为公的事业单位,然而,现实中的大学却经常为逐利而深陷舆论漩涡。现实和理想还是存在着一定程度的差距。

[①] 中华人民共和国教育部科学技术司. 2019 年高等学校科技统计资料汇编[M]. 北京:高等教育出版社,2020:82—83.
[②] 中华人民共和国教育部科技发展中心,中国高校校办产业协会. 2012 年度中国高等学校校办产业统计报告[M]. 北京:北京理工大学出版社,2013:4—11.
[③] 武洁. 大学办产业要有约束边界[N]. 工人日报,2014-02-07(5).
[④] 冯杰,孙震. 基础学科坐冷板凳 大学重商难出诺贝尔奖[N]. 中国青年报,2014-10-09(8).

我国大学的"企业化"倾向不仅表现为利用教育、研究资源面向市场开展经营活动，其另一方面还表现在，大学内部管理中也充斥着企业的经济理性和科层理性。规划控制、绩效审计、灵活竞争和压缩成本等企业式管理的做法，如果说在国外大学尚受到大学文化传统的牵制而有一定的限度，那么在我国大学中则有过之而无不及。最令学界人士诟病的，便是大学片面注重量化的学术管理。"经济学逻辑的核心是竞争机制，竞争行为的发生总是存在于特定的资源稀缺或者优质资源稀缺环境之中的。要建立起一个机构和个体间的竞争机制，其前提是确立资源分配的标准。该标准一般而言应该是明晰而不是模糊的，更倾向于定量而不是定性。在经济领域，几乎所有活动都可以具体目标和任务的形式加以清晰界定，量化考核和评价几乎成为企业界不二的黄金法则。"[1]由于我国大学越发追求企业中盛行的经济、效率和效能价值，企业管理中的经济理性也被滥用到学术管理当中，学术生产和计件生产之间的差别越来越模糊，复杂的学术绩效被简化为学术成果数量的产出。学者则被管理者视为经济人，在一些根深蒂固的管理思维中，只要使学者面临的压力足够大、物质利益的诱惑足够强，他们就会产出更多的学术成果，量化学术管理和锦标赛竞争由此颇受追捧。

眼下，片面追求学术发表和科研课题数量，已经成为我国学术界的一大顽疾。大学更像是开展学术劳动竞赛的"知识工厂"。在以量化为主的学术评价制度下，对学术业绩的考察几乎就是要看发表了多少论文、获批了多少课题、拿到了多少科研经费、取得了多少项奖励。此外，刊物和课题被进一步划分成不同级别，赋予相应分值和权重，学术水平高下被转化为期刊档次和课题级别的区分。学者担任或晋升一定的专业技术职务，必须在指定档次期刊发表论文，承担指定级别的科研项目。自然科学界以文章在《科学》(Science)、《自然》(Nature)及其他 SCI 期刊上发表为目标，人文社会科学界则以文章在 SSCI、A&HCI、CSSCI 上刊载为圭臬；拿到各类自然科学和社会科学基金及横向项目，亦无不为学者乃至高校领导所殚精竭虑。发表文章、拿到课题本身成为目的，至于它们是否真的能代表学术水平，是否真的对知识进步和社会发展有益，则鲜有密切关注。甚至在某种程度上可以说，相较于研究贡献本身，大学更重视一目了然、光彩炫目的研究业绩。要达到这些目标，物质激励成为惯常使用的手段，依靠层层的利益刺激促进绩效。与政府对高校实施绩效拨款制度相对应，很多高校内部也引入了绩效拨款制度，大学内部学术机构的收入与业绩产出紧密挂钩。而对个人而言，无

---

[1] 阎光才. 于危机中重思高等教育的公共性[J]. 大学(学术版), 2009, (12): 11—20.

论是职称评定还是奖励分配,莫不与业绩产出相关,其中,最重要的还是把产出同金钱关联起来:"所有这些等级和指标,最后都落实为教师个人的物质生活条件,也就是:钱。"①产出越多,职称越高,收入越丰厚。靠知识吃饭本无可厚非,但真正要做好学问,就必须有非功利的好奇心存在。一旦学术生产为各种现实利益所驱动,用金钱诱导学术业绩的提升,学术就难免会被物质利益所诱导。如果说各种利益诱惑类似于"胡萝卜",那么紧随其后的便是"大棒"。同量化学术管理相并行的是问责机制的强化。伴随着"铁饭碗"的逐步打破和聘用制改革的推行,大学教职的职业稳定性降低,越来越多的学者面临着"非升即走""不发表就出局"的压力。拼命发论文、报课题成为保住岗位、晋升职称、增加收入乃至扩大学术影响的不二法门。"有课题意识,无问题意识;有经费意识,无学术意识;有工作量的意识,无质量意识;有个人意识,无团队意识"②等问题在一定程度上具有普遍性。加拿大学者玛吉·伯格(Maggie Berg)和芭芭拉·西伯(Barbara K. Seeber)认为西方世界大学公司化拨快了校园的时钟,③实际上,这种趋势在我国大学中也已经出现。一项对24位中国大学教师进行深入访谈的研究发现,学术工作自身特征要求大学教师持一种有深度的思考时间观,工作与生活时间区分并互相调剂,以学术兴趣和能力为导向进行时间规划,用预约和计划机制来协调时间冲突,容忍知识创新的不确定性、随机性与偶然性,进行较长的职业准备和持久的职业发展,但是这种时间观并不符合当今大学管理的时间要求,进而导致了中国大学教师的日常实践就是在这两种冲突的时间观中挣扎。④ 总之,在形势的逼迫下,学术职业群体的时间不够用似乎是常态,大学已越来越少见那些"十年磨一剑""慢工出细活""板凳甘坐十年冷"的学术了。

大学本应具有宽松的治学环境,尽力排除功利因素干扰乃大学之本分。针对学术管理的理性化趋势,近年来学界的质疑批评声音此起彼伏,几乎每个学界中人都对此有着刻骨铭心的感受,包括教育行政部门和大学管理者同样也能够认识到这种管理制度固有的弊端,且近年来不乏有试图改变这一局面的种种努力。然而,改革之路并非一帆风顺。学术管理企业化、理性化趋势显然同本已十分强大的大学行政权力更合拍。在行政化管理和学术锦标赛的规训下,特别是很多不掌握太多学术资源的青年教

---

① 钱理群,高远东. 中国大学的问题与改革[M]. 天津:天津人民出版社,2003:329.
② 陈廷柱. 大学的理想:价值取向及其言说立场与限度[M]. 青岛:中国海洋大学出版社,2008:166.
③ 玛吉·伯格,芭芭拉·西伯. 慢教授[M]. 田雷,译. 桂林:广西师范大学出版社,2021:6.
④ 李琳琳. 时不我待:中国大学教师学术工作的时间观研究[J]. 北京大学教育评论,2017,(1):107—119.

师已沦为"知识工人"。

第二节 "企业化"与"行政化"问题交织的后果

尽管我国大学"企业化"倾向同西方大学具有一定的相似性,然而,除新兴市场力量之外,大学还处于行政链条当中,"企业化"倾向与"行政化"问题彼此交织,①这是西方大学所不曾面临的处境。因此,我们须抱以更加理性的态度,审慎地分析其带来的影响,并规避可能带来的风险。

一、我国高等教育体制的特殊性

2005 年,联合国教科文组织在《从信息社会迈向知识社会》的报告中谈及高等教育的未来时指出:"高等教育机构'商品化'的危险确实存在,虽然面对这种挑战,各个国家的情况不尽相同。那些有着悠久大学传统的国家一般不大受这种高等教育提供渠道多样化的威胁。最令人担心的是那些没有大学传统的国家,因为与知识社会的兴起相伴而来的常常是名副其实的高等教育市场的出现。"②对我国而言,这一警告的确值得深思。无须粉饰,我国大体上就是报告中所谓的"没有大学传统的国家"。这不仅体现在与西方大学相比,我国大学制度只有相对短暂的历史(至今才一百余年),而且更主要地体现在大学精神理念的匮乏。我们现在所说的大学制度的原型,特指诞生于中世纪欧洲的西方大学制度。一方面,西方大学制度是自由、理性知识活动的场所。吴国盛教授在回答现代意义的科学为什么是西方文明的独创产物时讲到,今天所谓的狭义的科学,也即是数理实验科学,其源头是古希腊的理性科学。而"希腊人的科学

---

① 从学界的相关研究来看,我国大学中的一些问题,究竟是高等教育"市场化"、大学"企业化"的结果,还是"行政化"所导致,尚未完全形成定论。依本书看,当我们经历了三十余年的改革,市场力量已全面向高等教育领域渗透之后,将当前高等教育问题单纯地归咎于"企业化"或"行政化"任何一方均失之偏颇。实际上,在今天的高等教育领域中,传统的政府权力与新生的市场力量彼此交织,大学"企业化"和"行政化"是"剪不断、理还乱"的关系,无法脱离其中一者去单独地谈论另一者。我国大学始终处于政府的强力控制之下,其对市场化的接受,对企业价值规范的引借,以及对产学结合的参与,背后都有政府的身影。可以说,"行政化"为"企业化"构造了一定的条件。大学"企业化"是"行政化中的企业化";其种种表征,确切来讲是"行政化中的企业化"之结果。这也是本节之所以要结合"行政化"问题来分析大学"企业化"倾向之影响的原因。
② 联合国教育、科学及文化组织. 从信息社会迈向知识社会[R]. 巴黎:联合国教育、科学及文化组织,2005:91.

本质上就是自由的学术","希腊科学纯粹为'自身'而存在,缺乏功利和实用的目的"。① 这种"求真的科学"日后与基督教文明产生碰撞以后,才诞生出现代意义的"求力的科学"。② 而所谓的"自由的学术",正是依托大学进行的。在中世纪,"自由的探索是大学的法定特权,大学因此成为自由学术的制度保障"。③ 因此,可以认为,西方大学的原初职能就是自由学术的场所。另一方面,西方大学制度本身就是自治逻辑的产物。考察历史可以看出,西方大学诞生的一个不容忽视的背景就是自治城市的兴起和自治行会组织的萌生,这就使得大学制度从一开始就被植入了自治的基因。概言之,我们所说的"大学的传统",指的就是这样一种自由自治的、追求知识本身的大学制度精神及其所塑造的传统。这种制度精神、制度传统由于切合了学术的内在逻辑,因而超越了其产生的西方土壤而具有了普适性。

传统的形成,需要以深厚的历史积淀为前提。从我国的情况观之,虽然在民国时期,大学精神曾经得以张扬,学术风气为之一振,但客观地说,这种繁荣无非昙花一现,并且是在一个"弱政府"背景下产生的意外结果,与一些特定学术领袖人物的个体化行动有关,具有"卡里斯玛"的特质,而当时的果实也并未在日后被充分制度化。从源流来看,新中国大学制度建立在三种大学制度模式基础之上:一是西方国家的大学制度和大学理念;二是高等教育的"苏联模式";三是由中国共产党人在革命战争环境下探索的高等教育模式。④ 在时间顺序上,新中国成立之初,随着院系调整等高等教育的改革,民国时期在学习西方大学制度和大学理念基础上建立的高等教育制度被中断,苏联式高等教育和中国的革命式高等教育理念,重塑了新中国的高等教育体制和大学制度。现实条件并没有允许将民国时期的大学精神和学术理念发扬光大,使之一代代传续下去。随着建国后高等教育无条件服从政治需要,"为知识而知识"饱受批判,"行政化"积疾阵阵作痛,学术的自主性、独立性付之阙如。因此,形成于西方世界的真正意义上的大学精神,诸如学术自由、大学自治、教授治校等,并没有牢牢扎根于我国大学之中。这不仅反映在一定程度上它们缺乏相应的制度保障,而且还反映在这方面的文化也比较脆弱。故较之西方大学,"市场化""企业化"对我国大学的冲击更为猛烈。在市场化时代,在全球化的知识社会中,我国大学是否要紧随西方发达国家身后,急于

---

① 吴国盛. 什么是科学[M]. 广州:广东人民出版社,2016:49.
② 吴国盛. 什么是科学[M]. 广州:广东人民出版社,2016:149—169.
③ 吴国盛. 什么是科学[M]. 广州:广东人民出版社,2016:129.
④ 张应强. 新中国大学制度建设的艰难选择[J]. 清华大学教育研究,2012,(6):25—35.

走上一条"企业化"发展道路,恐怕并不是一个能直接给出肯定答案的问题。

事实上,"近30年来我国高等教育与学术体制的改革本应遵循逐渐向高校放权和还学术以自主的基本路线与取向,但不幸的是,这一改革所置身的国际环境却恰恰是:西方学术界由相对散漫的政校联盟或合作伙伴关系,学术与政治的相对各行其是,转向了政府以放权为名而行加强控制之实,即以财政紧缩手段来强化问责的治理模式。在这一国际背景之下,原本就缺乏自主性传统、文化、经验和制度资源的我国学术界,因为客观上存在对政府所提供资源的高度依赖关系,在政府强调与国际接轨、效率主导的资源配置政策框架下,反而陷入了更加被动和依附的状态"。[①] 近年来高等教育市场的形成和壮大并未伴随着政府直接干预的明显退出,相反,"企业化"发展倾向和长期以来形成的"行政化"问题相互交织、彼此强化。这使得我们面临的形势比西方大学更为复杂,也更为不利,因此,"企业化"的道路对我国大学而言也潜藏着更大风险。

二、"企业化"与"行政化"合流的风险

在我国高等教育中长期存在"行政化"困境,学术精神和大学理念有所匮缺的背景下,现今的大学"企业化"倾向带来的问题突出地表现在以下四个方面。

第一,在"行政化"背景下,大学"企业化"倾向进一步强化了对待高深知识和高等教育的工具主义态度,削弱了学界中人对真理的忠诚、对知识的热忱和对学术的信仰。从大学自身逻辑来说,求知本身具有独立的价值,其社会功用应该是通过追求真理实现的。但传统上,我国公立大学有两个标志性特点:其一是社会主义视野中的单位化大学,其二则是作为一种意识形态的高等教育。[②] 大学之所以会产生"行政化"问题,同我国计划经济时代形成的总体性社会结构以及相应的国家治理模式是无法切割的,反映了国家治理社会的需要。而效仿公司企业则意味着大学不仅直接为创造经济价值服务,而且其自身也利用知识和教育获取利益,高深知识和高等教育在某种程度上被看作实现经济价值的工具。在已有"行政化"问题的背景下,"企业化"倾向的登场,自然会进一步导致大学将政治经济等外部需求置于更重要的位置,"为知识而知识"趋于边缘化,知识生产和传授本身的价值受到冲击。当然,任何现代国家的高等教育都不可能毫不过问政治和经济问题,即便是有着知识自我合法化传统的西方国家,其高等教育同样肩负着为政治经济服务的角色(如高等教育的阶级再生产功能,就反映出

[①] 阎光才.我国学术职业环境的现状与问题分析[J].高等教育研究,2011,(11):1—9.
[②] 王建华.第三部门视野中的现代大学制度[M].广州:广东高等教育出版社,2008:154.

统治的需要①),不过对大学学术传统不足的我国来说,存在着片面强调高等教育顺从政治、经济需要的倾向,对待知识和教育的工具主义色彩更为浓重。在"行政化"导致我国大学长期疏离学术逻辑的前提下,而今一味挖掘教育和研究的经济价值,使大学走上效仿公司企业之道路,必将导致高等教育中工具理性进一步失去边界,对知识本身的信仰和追求更加匮乏。"总之,实用主义的高等教育价值观使整个高等教育领域充斥着极其严重的工具论和短期功利主义思想和行为,窄化和矮化甚至扭曲了高等教育的意义和价值,严重抑制了高等教育系统所蕴含的创新发展能力。"②其实,在如何看待大学与企业关系这一点上,有企业家也深刻认识到:"企业与高校的合作要松耦合,不能强耦合。高校的目的是为理想而奋斗,为好奇而奋斗;企业是现实主义的,有商业'铜臭'的,强耦合是不会成功的。强耦合互相制约,影响各自的进步。强耦合你拖着我,我拽着你,你走不到那一步,我也走不到另一步。因此,必须解耦,以松散的合作方式。"③

第二,在"行政化"背景下,大学"企业化"倾向进一步增强了行政权力,导致大学过度行政化,贬抑了学术自治和学术自由。大学由学术权力主导,奉行学术自由原则,这是放之四海而皆准的"普世价值"。然而,学术权力与行政权力长期处于不平衡状态,在我国始终是一个难以化解的难题。"行政化"不仅使教育行政部门在大学面前有绝对权威,而且导致了大学内部行政集权,极大地剥夺了学者本应享有的学术主体性。这种状况与高等教育系统松散结合、以基层为重心的基本规律是相违背的,产生了种种负面影响。而新公共管理通常偏好使用市场的、企业化的方式来缓解科层化的弊病,对大学而言则是一种误区。实践证明,"市场并不必然消除科层制作风和科层制行为;事实上,在一定条件下,市场还会助长这些科层制作风和行为"。④ 历史考察也表明,"对科层管理原则的使用不仅私营机构先于政府机构,适用于科层控制的岗位类型也最早出现在工业企业"。⑤ 现实情况是,"企业化"通过加强行政权力对大学内部的

---

① 法国著名社会学家皮埃尔·布迪厄(Pierre Bourdieu)对此颇有研究,感兴趣的读者可参阅其《国家精英——名牌大学与群体精神》《再生产——一种教育系统理论的要点》和《继承人——大学生与文化》等著作.
② 张应强. 在计划与市场之间:我国高等教育治理转型和治理体系建设[M]. 武汉:华中科技大学出版社,2020:47.
③ 上海交通大学新闻中心. 任正非在上海交通大学、复旦大学、东南大学、南京大学座谈时的发言纪要[EB/OL]. (2020-08-29). https://news.sjtu.edu.cn/jdyw/20200829/129713.html.
④ 贺武华,方展画. 公立学校"科层制批判"的反思与批判[J]. 浙江大学学报(人文社会科学版),2009,(4):171—181.
⑤ 彼得·布劳,马歇尔·梅耶. 现代社会中的科层制[M]. 马戎,时宪民,邱泽奇,译. 上海:学林出版社,2001:164.

松散结构进行整合,同样导致了大学内部"行政集权"现象的产生。我们非但不能借助"市场化""企业化"的手段来缓释"行政化",相反,还要有一种谨慎态度,避免两者可能会出现的彼此叠加。王英杰教授指出,国外大学在学术资本主义中出现的大学规模膨胀下的管理科层化、绩效责任强化下的大学行政部门膨胀、大学商业化及与企业管理的趋同三大趋势在我国已经有所显现,而"在我国独特的是,这三种趋势与原本就具有的很强的官本位文化契合起来"。他认为,我国大学的市场化努力"并未从实质上改变政府与大学间的治理关系,但是在大学内部却极大地加强了行政权力,成为大学行政化的一个重要的推手"。[1] 总而言之,"企业化"和"行政化"在加强大学行政权力这个方面并不是针锋相对、此消彼长的关系,而是极有可能发生合流与共鸣,这就导致我国大学深陷经济理性和科层理性的泥沼之中,从而进一步加剧学术权力不彰、学术自由式微的困境。与欧洲大陆大学长期以来存在的高度分权、微弱的院校行政权力与强大的教授学术权力不成比例的状况不同,我国大学亟需解决的问题是权力集中而不是权力分散。"国外大学内部改革的走向是相对松散的分权到适当地倾向于集权,而由于历史的缘故,我们则应趋向于由集中到相对分散。"[2]当然,官方出台的一系列政策文件都承认了大学"行政化"并将其作为今后致力于解决的问题,[3]这些改革举措也都富有积极意义,但是,若在"去行政化"的同时没有警惕大学"企业化"的导向和诱因,就无法从根本上改变大学内部集权管理的现实,进而抵消"去行政化"的改革成果。

第三,在"行政化"背景下,大学"企业化"倾向进一步加剧了学术浮躁,有损学术生态。而今,一些学者开始将视野转向大学之外以谋取更多收入。最近有经验研究表明,市场化导致教师之间的收入急剧拉大,教师的视线和精力被导向学校之外的市场,其结果是涣散了教学和科研的积极性。[4] 当这样的风气弥漫于整个校园,学生和教师整天想着创业兼职、捞取外快的时候,又何谈教育质量!另外,在"行政化"基础上走向"企业化",将进一步增强管理的逻辑。一味强调有形绩效产出,搞学术生产"大跃进",其结果不是促进学者成长与学术进步,而是导致了急功近利和学术成果粗制滥造。近年来,科研经费和学术成果猛增已为学界有目共睹,但一些科研成果的质量却不免令

---

[1] 王英杰. 大学文化传统的失落:学术资本主义与大学行政化的叠加作用[J]. 比较教育研究,2012,(1):1—7.
[2] 阎光才. 识读大学——组织文化的视角[M]. 北京:教育科学出版社,2002:110.
[3] 国家中长期教育改革和发展规划纲要(2010—2020年)[M]. 北京:人民出版社,2010:42;中共中央关于全面深化改革若干重大问题的决定[J]. 求是,2013,(22):7.
[4] 张荆,等. 高校教师收入分配与激励机制改革研究[M]. 北京:社会科学文献出版社,2014:35.

人堪忧。在自然科学界,2013年,我国SCI论文数量已达23.14万篇,位列世界第二,而被引次数却排位第四;世界科技论文平均被引11.05次,我国发表的国际科技论文的平均被引7.57次,不及世界平均水平。[1] 类似问题在人文社会科学领域同样存在。著名法学家季卫东教授曾批评说,教育行政化催生了"指标人"和"申报学"。[2] 急功近利的环境究竟能给我们多少静下心来思考的时间?在堆积如山的著作和论文中,有多少是经过深思熟虑后"瓜熟自然蒂落"、充满着真知灼见的成果?又有多少是利益诱惑和体制挤压下只对作者有工具价值而没有真正读者的学术垃圾?恐怕答案并不能使人乐观。更严重的是,由于对学术业绩的计量和评估同学者的利益联结在一起,"存在可见和可预期的利益,学术界内部的声誉竞争也便转化为利益之争,再加上权力和人情的介入,各种为满足计数需要的低水平论文泡沫性地增长以及学术不端事件频发,不仅有损学术尊严,让学术人斯文扫地,而且破坏了正常的学术生态"。[3] 实事求是地讲,如今大学中的学术不端甚至是学术腐败已达到了非要下大力气解决的地步。根据有专家的调查,在其2007年的样本数据中,多达72%的文章竟是全文抄袭。[4] 近来,关于科研经费腐败的新闻也时常见诸报端,甚至连个别院士都未能独善其身。学风日下的局面恐怕不能完全归咎于监管制度漏洞和学术自律意识淡漠,在更深意义上,它折射出学术信仰的缺失。当学术沦为一种计件生产活动,当知识和教育与学者的兴趣分离,而变成一种与经济利益紧密挂钩的工作时,对知识的热爱,对真理的崇敬,对学术规则的信仰自然也就不复存在。

第四,在"行政化"背景下,大学"企业化"倾向进一步损害了大学的形象和声誉。尽管约翰·亨利·纽曼声称"大学的目的是理智的而非道德的",[5]但由于大学历来扮演教化者角色,无条件地追求知识和真理,肩负关切社会命运的公共责任,它必然要以道德的形象立身于世。在"行政化"的基础上,大学进一步走向"企业化"的问题在于,它不单削弱了大学的道德关怀,而且还破坏了大学的道德形象,最终将损害大学的声誉。就前者而言,"企业化"使本已作为政府膀臂的大学进一步沦为市场的附庸,它不

---

[1] 李大庆. 用SCI论文考核高校:"巨型"失去优势[N]. 科技日报,2014-10-08(1).
[2] 季卫东. 教育行政化催生了"指标人"和"申报学"[EB/OL]. [2019-01-26]. https://mp.weixin.qq.com/s/Bj8_8De1Xh6uE8GOYdSZSw.
[3] 阎光才. 于危机中重思高等教育的公共性[J]. 大学(学术版),2009,(12):11—20.
[4] 梅刚,李玉波. 论文买卖市场是如何形成的[N]. 中国青年报,2013-09-23(11).
[5] 约翰·亨利·纽曼. 大学的理想(节本)[M]. 徐辉,顾建新,何曙荣,译. 杭州:浙江教育出版社,2001:1.

仅要听命于政府,而且还必须以致力于实现市场为目的。学术当以独立为第一要义,"国内外大学的历史和现实都告诉我们,不自由、不独立、依附于政府的大学在道德上将无任何优势可言。甚至无道德可言"。① 而作为市场傀儡的大学同样无法屹立于道德的高地。由于缺失了相对于政治和经济的独立性,大学的教育和研究活动一方面要在政府控制下进行,另一方面又要致力于满足市场的需要。在此条件下,大学也就无力对一些政治和经济问题进行根本的批判和反思,肩负起对社会未来命运的道德责任。更为严重的是,"企业化"倾向进一步导致一些大学和大学人在金钱面前放松了操守自律,以至于做出与伦理道德背道而驰的举动。甚至可以说,大学与社会之间的那堵无形围墙已被拆解,不仅不少人对学术的态度越来越不诚实,而且,大学与市场之间形成了某种"共谋"关系,严重损害了大学的道德形象和口碑,降低了公众对大学和知识群体的信任。对此,每个社会成员都有责任捍卫大学的道德性,大学和大学人亦应反求诸己。毕竟,"如果一个社会连大学都堕落了,社会的良心也就沦丧殆尽了"。②

总之,在我国已经缺乏学术传统和"行政化"积弊客观存在的背景下,大学再走向"企业化"带来的负面影响不可小觑。行政化的控制有害于大学,而在强大政府控制犹存前提下,进一步走向"企业化"绝非合理选择。高等教育领域绝非"政府—市场"两种力量的角力场。若用市场力量去遏制"行政化",不仅难以取得明显效果,而且还将加剧大学面临的危机。学术相对于经济和政治具有独特性,相应地,大学对于市场和政府应具有独立性。正如钱理群先生当年在反思北京大学人事制度改革时所指出的:"今天当人们提出要把北大当作'计划经济的最后一个堡垒'来彻底改革时,一定要注意:不要用经济力量去'大换血',用资本的逻辑,将'最后一个精神堡垒'也一起摧毁,那我们就真的要重演'从这个门走进去,从那个门走出来'的悲剧了。"③在推进"去行政化"的同时,应一并推进"去市场化""去企业化"。未来的大学不应成为市场的附庸,它必须从"企业化"的困境中解脱出来,复归并严格遵循学术本身的逻辑。

第三节 我国大学"企业化"倾向的扭转超越

如上所述,较之西方大学,我国大学面临的问题解决起来更富有挑战性。在已有

---

① 王建华. 我们时代的大学转型[M]. 北京:教育科学出版社,2012:259.
② 徐显明. 大学理念论纲[J]. 中国社会科学,2010,(6):36—43.
③ 钱理群,高远东. 中国大学的问题与改革[M]. 天津:天津人民出版社,2003:289—290.

"行政化"积疾的前提下,"企业化"不仅不应成为我国大学变革的方向,相反,当务之急是,我们要尽可能扭转、超越这一倾向,使我国大学回归到学术本位上来。除我们前一章在一般意义上针对新自由主义、新公共管理和知识经济、知识社会提出的几点思路外,单就扭转和超越我国大学"企业化"倾向而论,至少有以下三点是值得思考和尝试的。

一、尊重高等教育发展的内在价值尺度

对于我国高等教育而言,当前的问题显然并不在于要不要市场介入,而是在于,要搞清楚将市场机制和企业管理方式引入的目的是什么,如何协调好高等教育与市场之间的关系,怎样在利用市场的积极作用发展高等教育的同时尽可能使其消极影响最小化。虽然改革开放四十余年来我国高等教育事业取得了举世瞩目的成就,但由于改革过程基本上由经济学思想主导,这些思想既被运用于市场领域,也被不恰当地运用于非市场领域,进而导致市场和企业逻辑对高等教育形成了束缚。要解决我国大学"企业化"倾向问题,必须超越(不是彻底拒斥)市场和企业逻辑,为其作用的范围和程度厘清边界。

第一,摒弃"政府—市场"的二元对立思维,使高等教育从市场逻辑回归学术逻辑。长期以来,我们往往局限在"政府—市场"二元对立的思维框架中,认为"大政府"必然意味着"小市场",而"大市场"要得以形成,就必须限制政府的权力。高等教育改革和发展问题往往被置于"政府—市场"的框架中进行讨论;相应的政策实践,通常也是在政府调控还是市场协调之间摇摆。钱理群先生曾在2003年针对北京大学改革发表意见时指出:"教育、文化、学术独立自主性的匮缺,正是中国大学教育几十年不变的根本问题;因此,在这次讨论中,很多朋友发现以'创办世界一流大学'为旗帜的大学改革的思路里,依然是沿用政治的逻辑与经济的逻辑,而不是教育的逻辑、学术的逻辑,就绝不是偶然的了。"[①]改革开放后,大学在继续受政府权力框限的同时,越来越受制于市场逻辑。如果试图减少政府对大学的干预,就要诉诸"市场化"的途径。而市场渗透进一步导致了大学"企业化",行政本位弊端并不必然得到纠正,真正的学术逻辑则付之阙如。这也就是为什么市场化改革尽管使大学获得了一些自主权,但并未在实质上增加学者学术权力和学术自由的原因。因此,正像有学者所呼吁的那样,教育改革本身

---

① 钱理群,高远东. 中国大学的问题与改革[M]. 天津:天津人民出版社,2003:294.

需要转型,即从作为政治—经济的改革,特别是作为经济改革的教育改革,走向作为社会—文化改革的教育改革。①从我国实际出发,当务之急并不是要搞什么市场化,而是要在高等教育改革中突破"政府—市场"二元对立思维,使我国大学回归到学术逻辑本身上来,这才是高等教育健康发展的基础,是我国大学的希望所在。

第二,尊重高等教育活动的独立价值,避免将高等教育作为直接实现经济价值的手段。将教育和研究本身作为创收的途径,抹杀了其独立价值,甚至异化了高等教育性质。主张将教育作为产业发展的观点认为"教育一定能产生利润",②单从经济学角度看,利用教育获取利润在理论上并非不可能,但从超越经济学的立场观之,为什么要让教育产生利润?是不是只要是可以产生利润的活动,都要让它有利润产生?教育的根本目标是培养人,而不是直接创造经济价值,否则就会造成混乱。我国在教育市场化的道路上已经走得很远。"近百年来,'资本主义'国家已经在不同程度上意识到有若干领域是不能够完全推向市场,以利润为驱动的,例如:教育、医疗、学术、社会保障、文物保护等。而在我国这些领域,不论是明的还是暗的市场化的程度,不必与欧洲国家相比,比最讲自由市场的美国也远远超过。"③因此,政府应压缩其他开支,保证对高等教育事业的足够投入,并对大学的市场行为进行必要的限制,以保护高等教育免于受到市场浪潮的侵袭。

第三,认识和把握新公共管理的局限,尊重学术活动的自发秩序,不盲目照搬企业管理方式。"无欲速,无见小利。欲速则不达,见小利则大事不成。"④旨在提高经济、效率和效能的企业式管理并不是提高学术绩效的有效途径。为此,首先,政府不能在新公共管理原则下以放权之名行新型控制之实。真正的世界一流大学不是用钱堆出来的,也不是计划指令、指标控制和物质刺激的结果,而是在健康的政府与大学关系中自发秩序的产物。通过项目制度对高等教育进行投入固然对提升办学水平和效益有益,但与之相伴的严格而繁杂的评估评审,其效果却值得怀疑。我国大学需要的办学自主权,应当是以恢复学术本位、实现学术自由与独立的自主权,而不是类似于西方近年来"评估型政府"下的程序性自主权。其次,淡化以量化为主的学术评价方式。在企

---

① 程天君. 改革教育改革——从作为政治—经济改革到作为社会—文化改革[J]. 湖南师范大学教育科学学报,2012,(2):15—20.
② 张铁明. 教育产业论——教育与经济增长关系的新视角(第二版)[M]. 广州:广东高等教育出版社,2002:3.
③ 资中筠. 感时忧世[M]. 桂林:广西师范大学出版社,2011:55.
④ 语出《论语·子路》.

业中,通过简单地"数数",业绩一目了然,但在大学中则未尽如此。要实现学术评价从"量"向"质"的转变,就要回归教授治校制度,从行政主导的外行评价转向学术共同体的同行评价。再次,使学术绩效与物质收益适度脱钩,避免照搬企业的物质刺激手段增进绩效。"在欧美学术界,既然选择了以学术为志业,就意味着在这个行业中你一生都不可能大富大贵,这已经是常识。因为有相对稳定的生活保障,学者更在意的是个人的学术声誉和尊严。"①当务之急是改变用物质刺激产出的做法,通过学术声誉竞争而非金钱诱惑来保证学术水平的提高。最后,企业管理方式对改善大学行政性管理工作还是有价值的。针对大学管理机构臃肿、工作效率低下的问题,适当借鉴企业管理中的一些技术性手段,改进工作流程,提升服务质量,或许不失为一种值得尝试的做法。

二、充分彰显大学的非功利性价值

知识经济、知识社会强调大学的功用,主张通过产学通力合作的方式最大程度地发挥高等教育的经济价值。但若片面强调对知识社会的适应,会加剧大学"企业化"倾向。尽管今天国际竞争日趋激烈、不进则退,不过对我国而言,固然需要让大学在知识社会中创造物质财富,但其前提是首先需要疗治大学中存在的"病症"。这不仅是高等教育健康发展的前提,也是在长远意义上实现大学社会功用的关键。从这个角度说,出于扭转"企业化"倾向的考虑,提出大学与知识社会保持必要张力是具有现实性与合理性的。

为什么联合国教科文组织说"最令人担心的是那些没有大学传统的国家,因为与知识社会的兴起相伴而来的常常是名副其实的高等教育市场的出现",②就是因为在这样的国家里,不存在强有力的大学精神、理念和制度与市场的冲击相抵制、相抗衡。相反,在那些大学传统深厚的国家,由于大学与市场的张力始终存在,高等教育"市场化"和大学"企业化"的程度反而会受到一定限制,从而减轻了不利后果。我国作为"没有大学传统的国家",无论是从国家和社会的立场出发,还是对大学自身而言,当务之急并不是一味地谋求知识的经济价值,而是要重申以知识本身为目的的认知理性,向传统的大学理念作适度回归。"认识理性的基本内涵就是对真理的不懈追求,就是在

---

① 阎光才. 于危机中重思高等教育的公共性[J]. 大学(学术版),2009,(12):11—20.
② 联合国教育、科学及文化组织. 从信息社会迈向知识社会[R]. 巴黎:联合国教育、科学及文化组织,2005:91.

追求真理的过程中对学术自由、批判反思和客观公正等观念所做出的个人信仰方面的承诺。认知理性价值观一方面是学术共同体成员的共同信仰,另一方面又必须在知识生产活动中得到制度化的体现。在高等教育活动中,认知理性价值观是一种核心性的观念。也就是说,它可以应用到其他价值观活动之中,却不允许其他价值观反过来运用于自己的活动。"①应当承认,片面的"为知识而知识"由于否定了知识的直接功用而难以取得社会合法性,不过,对于缺乏大学传统的我国来说,适当强调"为知识而知识"却具有特殊价值,因为它正是疗治高等教育病症的有效处方。长期以来,我国并不缺乏高等教育为政治、经济需要服务的理念和制度,而恰恰缺乏的,是以追求真理本身为目的的高等教育哲学认识论。我们一味强调大学对经济增长的适应、挖掘知识的经济价值,强调大学的社会合法性,但却罔顾了大学的知识合法性。"实际上,大学成为社会'服务器'并不意味着要彻底走出象牙塔,在经世致用的同时,应始终胸怀象牙塔精神。"②

申明"为知识而知识"并不是对大学功用的否定,而恰恰对大学在更大程度上发挥功用有所帮助。这是因为,要让大学更好地在社会中施展作用,就必须保证高等教育制度和文化的"健康体魄"。出于急功近利之需对大学进行过度透支,并不见得真的有利于大学功用最大化。我国之所以在自然科学领域鲜有人获得诺贝尔奖,和"为知识而知识"的缺失不无关系。在金钱诱惑和绩效压力下,学界中人要么忙于赚钱,要么应付考核,如果我们的大学急功近利到容不下一张平静的书桌,又怎么可能培养出杰出人才来?这又何谈对知识社会的贡献呢?无论什么学科,要取得重大突破都必须有良好的治学环境,以及学者自身对学术的信仰与认同。可能当我们发自内心而不是在外部压力下投入学术活动,拒绝利益诱惑甚至忘掉诺贝尔奖本身的时候,有更多的人获得自认科学领域的诺贝尔奖也就为时不远了。何况,大学的功用价值并不仅仅是在经济方面实现的,建构良好的社会文明秩序,同样是大学的功用。"为知识而知识"正是从思想启蒙的意义上实现了功用价值。③"虽然大学被人们评为'钻研高深学理'的象牙塔,与世俗社会距离不小;但实际上民众的进步、社会的发展,往往多依赖于'象牙

---

① 展立新,陈学飞. 理性的视角:走出高等教育"适应论"的历史误区[J]. 北京大学教育评论,2013,(1):95—125.
② 元龙. 象牙塔精神不能丢[N]. 光明日报,2014-11-30(6).
③ 19世纪普鲁士大学改革对德国民族精神的塑造、20世纪初蔡元培领导的北京大学改革对思想的启蒙,均是大学发挥社会功用的典型。在今天我国现代文明秩序的构建中,依然需要大学发挥思想启蒙的作用.

塔'内的孤独精神者奠定学理之基、指明灯塔所在。"[1]发挥大学的功用价值不一定是要求它直接为政治、经济目的服务,而是要重新思考大学发挥社会功用的恰当方式,找到知识合法性与社会合法性的最佳契合点,"寻找大学作为象牙塔的积极意义、大学的非功利性和教育的非经济价值。"[2]概言之,高等教育认识论哲学和政治论哲学应是平衡的,或许我国大学最需要做的并非为太多的外在目的服务,而是首先努力补上大学精神与大学逻辑这一课,找回对认知理性的认同,弘扬和完善学术自由独立的理念、文化和制度。

三、求索大学制度的多元现代性

发端于欧洲的大学制度,如今已成为人类文明的智慧结晶。无论是在哪个国家,大学之所以成其为大学,总是要遵循一定的共同标准。在漫长的大学历史演进过程中形成的核心价值理念和制度,诸如学术自由、院校自治和教授治校等,均具有跨越国界的普适性。主张求索本土化的大学发展道路,并不是要在这些公认的标准、价值和制度之外另辟蹊径,更不是要在本土特色的旗号下为一些问题进行合理化辩护,而是说,当面对全球高等教育变革的滚滚洪流时,我国须始终保持自主和自省的意识。

现代性虽然是多元的,从字面上讲,现代化也并不必然意味着就一定要西方化。然而世界体系中充满不平等,始终存在着中心对半边缘,再对边缘的宰制关系。[3] 不仅非西方国家的发展并不都是自主的,而且,西方国家也会自然成为被仿效、膜拜的对象。发展中国家的实践道路往往证明,其现代化总是自觉或不自觉地以西方的发展道路为样板。纵览历史,我国高等教育的现代化始终是一个西学东渐的过程。"教育现代化分析框架的理论寓意是:所有现代社会的教育特征都是相似甚至同一的,所谓教育的现代性就是西方性。非西方发展中国家的教育之所以不发达,就是因为它处于传统的状态之中。非西方国家的传统缺少向现代变迁的内在动力,是消极障碍性的因素,是教育现代化的枷锁。非西方国家要想实现教育的现代化,道路只有一条,即终结或摧毁传统文化,学习和借用西方的教育模式。西方当前的教育状况就是非西方发展中国家未来的教育发展图景。"[4]西方国家今天走过的路,就是非西方国家明天要走的

---

[1] 叶隽. 大学的精神尺度[M]. 福州:福建教育出版社,2011:158.
[2] 卢威. 高校管理机构"大部制"改革研究[D]. 天津:天津工业大学,2012:41.
[3] 洪晓楠,等. 当代西方社会思潮及其影响[M]. 北京:人民出版社,2009:67—72.
[4] 邬志辉. 教育全球化——中国的视点与问题[M]. 上海:华东师范大学出版社,2004:4—5.

路;西方国家的高等教育模式,就是非西方国家高等教育发展的蓝本。随着学术中心从德国向美国的迁移,20世纪的美国大学模式代表了世界高等教育发展的最高境界,成为各国竞相学习、仿效的对象。在这种意义上说,高等教育现代化就是西方化,甚至就是美国化。我国大学之所以也面临"企业化"问题,在某种程度上正是向发达国家(主要是美国)进行接轨、模仿的结果。实践证明,这一模仿给我国高等教育带来的并不都是福音,而是可能会带来困境和问题。要扭转大学制度"企业化"倾向,还须以避免盲目仿效他国为前提。

我们必须承认西方特别是美国高等教育的先进性,但也要避免使用过滤镜将我们不想看到的问题过滤掉,对于学习的榜样,要看到它的种种侧面。事实上,美国高等教育也同样面临困惑。诸如市场力量向高等教育领域渗透和大学"企业化"等问题,在美国也绝非没有争议。应看到,在对待大学创业转型问题上,美国学界的立场是高度分化的。不少学者对高等教育领域的这些新转变持保留甚至是批判态度,不少对高等教育融入市场和大学"企业化"的有力批评,正是出自美国著名学者之手。甚至可以认为,这些趋势对于美国高等教育来说,更大程度上未必是成功经验,不是革新进步带来的副作用,而是误区。作为在美国学界有着长期工作经历的著名学者,罗伯特·里奇(Robert Reich)认为近年来市场力量的蔓延正在破坏美国高等教育的公共性,进而提醒英国不要效仿美国,以免重蹈覆辙。[1] 同样,俄裔美国学者、纽约州大学教授阿尔乔姆·奥加诺夫(Artem Oganov)在反思西方大学学术职业压力之后,建议俄罗斯反其道而行之,从而吸引最有实力的科学家赴俄工作。[2] 总之,或许我们今天看起来是可资借鉴的经验,有时未必都是可取的经验,而是弯路;即便是经验,移植到我国也面临适切性问题。我国高等教育应走的路,是要学人所长、避人所短,而不是对学习对象面临的困惑选择性地视而不见,甚至将别国的问题误作我们的发展捷径。研究者和决策者们在注意到"企业化"倡导者反复说明这一变革有何好处的同时,还应注意倾听反思的声音,严肃评估将其借鉴到我国之后是否会带来风险或出现意外后果,在综合考虑基础上作出选择。

实际上,美国高等教育之所以走上世界巅峰,正是因为它在其发展历程中没有一

---

[1] Robert Reich. The Destruction of Public Higher Education in America, and How the UK Can Avoid the Same Fate [EB/OL]. (2014 - 03 - 25). http://www.hepi.ac.uk/wp-content/uploads/2014/03/SecondAnnualHEPILectureRobertRiech2004.doc.
[2] 尤里·梅德韦杰夫."只有痛苦和伤心":著名俄裔学者谈俄罗斯科学[EB/OL]. (2013 - 06 - 28). http://tsrus.cn/keji/2013/06/28/25531.html.

味地盲从和狂热,而是始终保持着对本土化和适切性的考虑。在广泛学习、继承英国和德国大学传统基础上,最终发展出独具特色的高等教育美国模式。诸如赠地学院制度、研究型大学创立和威斯康星思想等一次次重大突破,都是结合本土国情的独创物,而非对他国经验的照抄。哈佛大学前校长查尔斯·艾略特(Charles William Eliot)曾总结道:"一所名副其实的大学,必须是发源于本土的种子。而不能在枝繁叶茂、发育成熟之际,从英格兰或德国移植而来。……美国的大学在成立之初就决不是外国体制的翻版。"[1]真正成功的改革,更有赖于对发展路线图的自主、理性构划。不能流行什么,就不加反思地仿效什么。成功的经验借鉴就像化合反应,最终形成了新的道路或模式;而失败的经验照搬则类似于水与沙子的混合,沉淀之后终究不能融为一体。今天我们要做的,或许并不是要跟在发达国家后面一味地推进高等教育同市场、产业融合与大学"企业化",而是要首先去体认大学逻辑、建构大学文化传统,由此出发探寻本土化的高等教育发展道路,在吸收各国先进经验的基础上发展出真正的中国大学制度、中国大学模式。

---

[1] 转引自:钱理群,高远东. 中国大学的问题与改革[M]. 天津:天津人民出版社,2003:292.

结语　追问大学逻辑：在变革中坚守大学文化传统

我们已然身处市场伦理和企业逻辑无孔不入的时代。1980年代以降，市场化、企业化成为全球高等教育领域最激烈变革和最重大挑战之一。虽然大学"企业化"倾向在越来越多国家和地区蔓延，但学界就大学走上这条道路的利弊远未达成共识，相关论战至今仍在持续。种种迹象表明，大学已站在十字路口，未来将何去何从关乎大学乃至社会的历史命运。作为大学中人，对大学使命和前途的关切、对所处学术生态的感悟自然成为我选择这一主题展开探讨的主要缘由。当然，在当下语境中如是选题可能会显得与主流不够合拍。毕竟，无论从国际还是国内形势来看，大众化和普及化时代的高等教育所面临的资源压力和责任压力将长期存在，而对产学研用一体化的呼声和诉求也使得学术资本化、商业化成为鼓励而不是批判的对象。政府的经济增长目标、产业的知识与应用对接需要、大学自身的利益角逐都迫切要求大学走向创业。尽管省思的呼声可能微不足道，但作为高等教育研究者，笔者一直坚定这样的信念：企业就是企业，政府就是政府，大学就是大学。长期以来，人们对政府与大学之间关系的认识已相当透彻，强有力的政府干预并不利于高等教育和大学发展，人们已就此达成广泛共识；但对于大学是否应接纳资本与企业逻辑，学界内外还存在一定的分歧。虽然我们的确不应片面从经济意义上理解学术创业，而要看到学术创业中蕴含的开创精神对于大学和学术的积极意义和正面价值；但也务必要认识到，将开创精神注入大学或有助益，但若大学创业的主要目的是物质上的自给自足，它就很难挣脱经济理性的铁笼。当今时代，企业逻辑越是有僭越的倾向，越有必要重申大学自己的立场和逻辑，使大学回归大学本身。尽管将扭转和超越大学"企业化"倾向的构想付诸实践存在困难，甚至不免成为螳臂当车，但这并不妨碍我们从思想理论层面对此进行必要的重审。无论一国之发展，还是个人的自我实现，都源于理想和现实保持张力，有时我们不能让自己变得太现实。只有每一个人都心存理想的彼岸,现实才有可能朝向理想无限逼近。笔者的这些体悟渗透于本书的每一章节之中;在即将竣稿之际,有必要对本研究的主要工作和基本结论进行简单而系统地总结、归纳。

本书对大学"企业化"倾向的探讨从五个方面展开。

第一,考察了大学"企业化"倾向的背景缘起。这一倾向主要是新自由主义、新公共管理和知识社会等全球性因素合力作用的产物。新自由主义奉行市场至上理念,将市场的地位和作用推崇到极致,极大地拓展了市场的领地和范围。在其渗透下,原本属于非市场领域的高等教育被改造为市场的领地。作为新自由主义在公共部门改革的延伸,新公共管理主张将"企业家精神"引入公共部门、推行政府再造。在其影响下,高等教育分权的发展伴随着绩效问责的有力实施,进而使得大学到市场中寻求资源并强化绩效责任。知识社会的发展则抽空了知识的非实用、非经济价值,在知识社会条件下,大学与产业由相对分离走向深度融合,知识商品化趋势日益明显。三者共同为大学"企业化"倾向的形成奠定了基础和条件。

第二,本书概括了大学"企业化"倾向的共性特征。一方面是市场化经营,无论是研究、教育还是其他活动,都出现了明显的市场化、商业化特征。走向市场成为大学应对资金压力、实现创收的手段。就研究活动而言,大学广泛地从事知识产权经营活动并获取利润;就教育教学而言,大学通过收取学费、继续教育、跨境教育服务贸易等途径,也同样实现了市场化和商业化。市场经营行为导致了研究和教育职能的分离,并引起了不同学科地位的分化,重研究轻教学、重科学轻人文等趋势明显。另一方面是企业式管理,在大学内部,管理更趋于专业化、集中化,学术权力与行政权力此消彼长,传统的教授治校被以行政权力为中心的专业管理所取代。与此同时,大学奉行以绩效为中心的企业管理方式。这一系列管理上的变化使得学术职业面临着重重压力。

第三,本书批判性地分析了"企业化"倾向中大学面临的价值张力。大学效仿企业,在密切产学关系和缓解自身面临危机方面具有积极意义,但是,若大学走向追求经济利益和自给自足,就不免陷入身份困境,这最终有损于大学的教育性和公共性。就作为大学之根本的教育性而言,一是教育责任有所缺失,大学将重心转移到研究,弱化了教育责任;二是教育的目标和内容窄化,在某种程度上沦为职业训练,偏离了塑造全人的使命;三是教育性质扭曲,学生成为消费者,受教育者和教育者的关系异化为高等教育商品买卖关系。就作为大学社会合法性基石的公共性而论,一是高深知识公共性缺失;二是大学的价值中立和客观立场动摇;三是大学提供的高等教育逐渐沦为私人产品,高等教育公共性弱化;四是大学批判、反思社会现实的功能受到削弱。为此,我们有必要扭转、超越大学"企业化"倾向,还原大学作为社会文化机构的本质。

第四,本书尝试提出了扭转、超越大学"企业化"倾向的路径。首先是厘清市场界限。高等教育并非可高度市场化的领域,政府不可懈怠发展高等教育的责任。其次是改革管理方式。新公共管理用企业逻辑改造高等教育不具适切性,为此须转向尊重大学自身的逻辑。最后是转变大学定位。片面强调大学为产业服务的工具主义不可取。大学要实现其广泛的社会文化功能,必须超越工具主义,回归培育人的理性和主体性的公共领域,这就有赖于大学与政府、市场和社会之间契约关系的重建。总之,要在根本上尊重大学的社会文化机构的身份;理解大学长期以来形成的组织特性;从更加宽广和长远的意义上看待大学在人类社会中的价值,避免片面地从经济意义上认识大学的功用。

第五,本书还结合本土实际,对我国大学如何应对"企业化"倾向进行了分析。市场力量影响、企业逻辑渗透和知识社会的诉求同样导致了我国大学"企业化"倾向。无论是市场经营行为,还是企业管理方式,在我国大学中都已客观存在。但不同于西方大学,我国大学存在着学术精神匮缺和"行政化"积弊。在此背景下,"企业化"倾向进一步强化了对知识的工具主义态度,削弱了对知识的忠诚和信仰;进一步强化了行政权力,致使大学过度科层化;进一步加剧了学术浮躁,有损于学术生态;进一步损害了大学的道德性和声誉。要扭转"企业化"倾向,必须使大学超越市场和企业管理逻辑的束缚,使其与知识社会的经济诉求保持必要张力,并探寻本土化的大学发展道路。

正如本书开篇所言,转型与变革未必是正向的,并不必然意味着进步。企业化生存的确给大学带来了更多资源,一定程度上缓解了经济压力,也的确响应了市场的功利性需求,符合大学和社会的即时利益,这一点必须予以承认。然而,其负面影响是大学身份的迷惘与困惑,进而导致教育性的缺失和公共性的淡化,长此以往,大学之所以为大学的价值就会失落,立足长远观之,这样的大学显然不是人类社会所真正需要的大学。正如埃里克·阿什比所指出的,一所大学"必须有足够的稳定性,以便支持其创建时的理想,同时也要充分地对支持它的社会作出回应,以便维持其与后者的联系"。[①] 大学使命和目标的实现有赖于其保守性、稳定性的特质。革新对于大学紧跟社会步伐、适应环境变化而言意义重大,而必要的守旧则是大学维系自身本质的前提。

[①] 转引自:菲利普·G·阿特巴赫,罗伯特·O·波达尔,帕崔凯·J·甘波特. 21世纪的美国高等教育:社会、政治、经济的挑战[M]. 施晓光,蒋凯,主译. 青岛:中国海洋大学出版社,2007:3.

无论时代如何激变,大学要继续成其为大学,总是有一些东西是不变的,也是值得我们悉心呵护的。或许,我们并无必要片面强调大学与时俱进,一味地适应环境、求变求新,而应转向选择捍卫大学的核心价值与使命。特别是对缺乏大学传统、"行政化"问题突出的我国大学来说,选择效仿企业可能将进一步导致不理想的后果。模糊了大学与企业的边界,其工具价值是短期的、有限的,而弊端则是长远的、难以估量的。它不仅可以解构存续于人类文明史中近千年的大学制度,而且还将在长远意义上危及社会公共利益。

我们已然身处一个高等教育持续变革的时代。在处于强势地位的市场和政府按照自己的意愿不断改造大学的今天,我们比以往任何时候都更需要重新思考大学的身份和大学的逻辑,并基于此去重新思考如何推进高等教育改革。对国外大学而言是如此,对正在建构现代大学制度的我国大学来说更是如此。无论何时,大学是从事高等教育的公共机构。大学可以从事一定的市场行为或类似市场的行为,但不能违背其作为公共高等教育机构的承诺;大学也可以为社会直接创造经济价值,但同样要以不损害其作为公共高等教育机构的核心使命与基本责任为前提。在市场处于相对强势地位的环境中,我们必须警惕将市场逻辑、企业逻辑有意或无意地不当移栽于大学的举动。今天大学制度面临的最大危机,不完全是资源上的拮据,不完全是新技术的挑战,也不完全是大众化、多样化诉求的压力,而是身份困境以及由此引发的目标使命模糊和文化精神空虚。要还大学以光明前景,就必须在潮流中始终保持清醒和自觉。不断追问、坚定信仰并勇于捍卫大学自身的逻辑,在变革中坚守大学的文化传统,是理所当然的选择。

主要参考文献

中文参考文献
〔著作类〕

[1] B·盖伊·彼得斯. 政府未来的治理模式[M]. 吴爱明, 等, 译. 北京: 中国人民大学出版社, 2001.

[2] C. A. 坦基扬. 新自由主义全球化——资本主义危机抑或全球美国化?[M]. 王新俊, 王炜, 译. 北京: 教育科学出版社, 2008.

[3] R. K. 默顿. 科学社会学——理论与经验研究(上册)[M]. 鲁旭东, 林聚任, 译. 北京: 商务印书馆, 2003.

[4] 阿尔弗雷多·萨德-费洛, 德博拉·约翰斯顿. 新自由主义批判读本[M]. 陈刚, 等, 译. 南京: 江苏人民出版社, 2006.

[5] 阿什比. 科技发达时代的大学教育[M]. 滕大春, 滕大生, 译. 北京: 人民教育出版社, 1983.

[6] 埃里克·古尔德. 公司文化中的大学[M]. 吕博, 张鹿, 译. 北京: 北京大学出版社, 2005.

[7] 爱德华·W. 萨义德. 知识分子论[M]. 单德兴, 译. 北京: 生活·读书·新知三联书店, 2013.

[8] 爱德华·希尔斯. 学术的秩序——当代大学论文集[M]. 李家永, 译. 北京: 商务印书馆, 2007.

[9] 安东尼·吉登斯. 现代性的后果[M]. 田禾, 译. 南京: 译林出版社, 2011.

[10] 安东尼·吉登斯. 资本主义与现代社会理论: 对马克思、涂尔干和韦伯著作的分析[M]. 郭忠华, 潘华凌, 译. 上海: 上海译文出版社, 2013.

[11] 安东尼·史密斯, 弗兰克·韦伯斯特. 后现代大学来临?[M]. 侯定凯, 赵叶珠, 译. 北京: 北京大学出版社, 2010.

[12] 保罗·萨缪尔森, 威廉·诺德豪斯. 经济学(第十九版)[M]. 萧琛, 等, 译. 北京: 商务印书馆, 2011.

[13] 比尔·雷丁斯. 废墟中的大学[M]. 郭军, 等, 译. 北京: 北京大学出版社, 2008.

[14] 彼得·F. 德鲁克. 后资本主义社会[M]. 傅振焜, 译. 北京: 东方出版社, 2009.

[15] 彼得·布劳, 马歇尔·梅耶. 现代社会中的科层制[M]. 马戎, 时宪民, 邱泽奇, 译. 上海: 学林出版社, 2001.

[16] 彼得·达沃豪斯,约翰·布雷斯韦特. 信息封建主义[M]. 刘雪涛,译. 北京：知识产权出版社,2005.

[17] 伯顿·R·克拉克. 高等教育系统——学术组织的跨国研究[M]. 王承绪,等,译. 杭州：杭州大学出版社,1994.

[18] 伯顿·克拉克. 高等教育新论——多学科的研究[M]. 王承绪,等,译. 杭州：浙江教育出版社,2001.

[19] 伯顿·克拉克. 建立创业型大学：组织上转型的途径[M]. 王承绪,译. 北京：人民教育出版社,2003.

[20] 伯顿·克拉克. 大学的持续变革——创业型大学新案例和新概念[M]. 王承绪,译. 北京：人民教育出版社,2008.

[21] 陈洪捷. 德国古典大学观及其对中国的影响(修订版)[M]. 北京：北京大学出版社,2006.

[22] 陈洪捷,施晓光,蒋凯. 国外高等教育学基本文献讲读[M]. 北京：北京大学出版社,2014.

[23] 陈廷柱. 大学的理想：价值取向及其言说立场与限度[M]. 青岛：中国海洋大学出版社,2008.

[24] 程星. 细读美国大学(增订本)[M]. 北京：商务印书馆,2006.

[25] 大卫·哈维. 新自由主义简史[M]. 王钦,译. 上海：上海译文出版社,2010.

[26] 大卫·杰弗里·史密斯. 全球化与后现代教育学[M]. 郭洋生,译. 北京：教育科学出版社,2000.

[27] 戴维·奥斯本,特德·盖布勒. 改革政府：企业家精神如何改革着公共部门[M]. 周敦仁,等,译. 上海：上海译文出版社,2006.

[28] 戴维·哈维. 后现代的状况——对文化变迁之缘起的探究[M]. 阎嘉,译. 北京：商务印书馆,2003.

[29] 戴晓霞,莫家豪,谢安邦. 高等教育市场化[M]. 北京：北京大学出版社,2004.

[30] 丹尼尔·贝尔. 后工业社会的来临——对社会预测的一项探索[M]. 高铦,等,译. 北京：新华出版社,1997.

[31] 德里克·博克. 走出象牙塔——现代大学的社会责任[M]. 徐小洲,陈军,译. 杭州：浙江教育出版社,2001.

[32] 杜维明,卢风. 现代性与物欲的释放：杜维明先生访谈录[M]. 北京：中国人民大学出版社,2009.

[33] 菲利普·G·阿特巴赫,罗伯特·O·波达尔,帕崔凯·J·甘波特. 21世纪的美国高等教育：社会、政治、经济的挑战[M]. 施晓光,蒋凯,主译. 青岛：中国海洋大学出版社,2007.

[34] 菲利普·阿特巴赫,利斯·瑞丝伯格,劳拉·拉莫利. 全球高等教育趋势——追踪学术革命轨迹[M]. 姜有国,喻恺,张蕾,译. 上海：上海交通大学出版社,2010.

[35] 风笑天. 社会学研究方法(第三版)[M]. 北京：中国人民大学出版社,2009.

[36] 弗兰克·富里迪. 知识分子都到哪里去了——对抗21世纪的庸人主义[M]. 戴从容,译. 南京：江苏人民出版社,2012.

[37] 弗兰斯·F·范富格特. 国际高等教育政策比较研究[M]. 王承绪,等,译. 杭州：浙江教育出版社,2001.

[38] 弗雷德里克·E·博德斯顿. 管理今日大学：为了活力、变革与卓越之战略[M]. 王春春,赵炬明,译. 桂林：广西师范大学出版社,2006.

[39] 国家中长期教育改革和发展规划纲要(2010—2020 年)[M].北京:人民出版社,2010.
[40] 哈瑞·刘易斯.失去灵魂的卓越:哈佛是如何忘记教育宗旨的[M].侯定凯,译.上海:华东师范大学出版社,2007.
[41] 海尔格·诺沃特尼,彼得·斯科特,迈克尔·吉本斯.反思科学:不确定时代的知识与公众[M].冷民,等,译.上海:上海交通大学出版社,2011.
[42] 何秉孟.新自由主义评析[M].北京:社会科学文献出版社,2004.
[43] 何建坤,等.研究型大学技术转移——模式研究与实证分析[M].北京:清华大学出版社,2007.
[44] 亨利·埃茨科威兹.三螺旋:大学·产业·政府三元一体的创新战略[M].周春彦,译.北京:东方出版社,2005.
[45] 亨利·埃兹科维茨.麻省理工学院与创业科学的兴起[M].王孙禺,等,译.北京:清华大学出版社,2007.
[46] 亨利·埃兹科维茨,劳埃特·雷德斯多夫.大学与全球知识经济[M].夏道源,等,译.南昌:江西教育出版社,1999.
[47] 亨利·吉鲁.教师作为知识分子[M].朱红文,译.北京:教育科学出版社,2008.
[48] 洪晓楠,等.当代西方社会思潮及其影响[M].北京:人民出版社,2009.
[49] 华勒斯坦,等.开放社会科学:重建社会科学报告书[M].刘锋,译.北京:生活·读书·新知三联书店,1997.
[50] 怀特海.教育的目的[M].庄莲平,王立中,译注.上海:文汇出版社,2012.
[51] 黄俊杰.全球化时代的大学通识教育[M].北京:北京大学出版社,2006.
[52] 季诚钧.大学属性与结构的组织学分析[M].北京:人民教育出版社,2006.
[53] 简·柯里,等.全球化与大学的回应[M].王雷,译.北京:北京大学出版社,2010.
[54] 蒋凯.全球化时代的高等教育:市场的挑战[M].北京:北京大学出版社,2013.
[55] 教育——财富蕴藏其中(由雅克·德洛尔任主席的国际 21 世纪教育委员会向联合国教科文组织提交的报告)[M].联合国教科文组织中文科,译.北京:教育科学出版社,1996.
[56] 教育研究和改革中心.OECD 展望:高等教育至 2030(第二卷·全球化)[M].杨天平,王宪平,译.重庆:重庆大学出版社,2012.
[57] 杰夫·惠迪,萨莉·鲍尔,大卫·哈尔平.教育中的放权与择校:学校、政府和市场[M].马忠虎,译.北京:教育科学出版社,2003.
[58] 杰勒德·德兰迪.知识社会中的大学[M].黄建如,译.北京:北京大学出版社,2010.
[59] 卡尔·雅斯贝尔斯.大学之理念[M].邱立波,译.上海:上海人民出版社,2007.
[60] 卡尔·雅思贝尔斯.什么是教育[M].童可依,译.北京:生活·读书·新知三联书店,2021.
[61] 克拉克·克尔.大学之用(第五版)[M].高铦,高戈,汐汐,译.北京:北京大学出版社,2008.
[62] 旷乾.教育资源配置中的政府与市场——基于中国现状的分析[M].南宁:广西教育出版社,2007.
[63] 雷蒙德·E·卡拉汉.教育与效率崇拜——公立学校管理的社会影响因素研究[M].马焕灵,译.北京:教育科学出版社,2011.
[64] 林塞·沃特斯.希望的敌人:不发表则灭亡如何导致了学术的衰落[M].王小莹,译.北京:商务印书馆,2011.

[65] 刘铁芳.回到原点:时代冲突中的教育理念[M].上海:华东师范大学出版社,2006.
[66] 刘献君.教育研究方法高级讲座[M].武汉:华中科技大学出版社,2010.
[67] 刘易斯·科塞.理念人——一项社会学的考察[M].郭方,等,译.北京:中央编译出版社,2001.
[68] 路易丝·莫利.高等教育的质量与权力[M].罗慧芳,译.北京:北京师范大学出版社,2008.
[69] 罗伯特·K.默顿.社会理论和社会结构[M].唐少杰,等,译.南京:译林出版社,2006.
[70] 罗伯特·M·赫钦斯.美国高等教育[M].汪利兵,译.杭州:浙江教育出版社,2001.
[71] 罗伯特·波恩鲍姆.高等教育的管理时尚[M].毛亚庆,樊平军,郝保伟,译.北京:北京师范大学出版社,2008.
[72] 罗杰·盖格.大学与市场的悖论[M].郭建如,等,译.北京:北京大学出版社,2013.
[73] 罗纳德·巴尼特.高等教育理念[M].蓝劲松,主译.北京:北京大学出版社,2012.
[74] 马克斯·韦伯.学术与政治:韦伯的两篇演说[M].冯克利,译.北京:生活·读书·新知三联书店,1998.
[75] 玛吉·伯格,芭芭拉·西伯.慢教授[M].田雷,译.桂林:广西师范大学出版社,2021.
[76] 玛丽·亨克尔,布瑞达·里特.国家、高等教育与市场[M].谷贤林,等,译.北京:教育科学出版社,2005.
[77] 迈克尔·A·彼得斯,西蒙·马吉森,彼得·墨菲.创造力与全球知识经济[M].杨小洋,译.上海:华东师范大学出版社,2013.
[78] 迈克尔·D·科恩,詹姆斯·G·马奇.大学校长及其领导艺术:美国大学校长研究[M].郝瑜,主译.青岛:中国海洋大学出版社,2006.
[79] 迈克尔·W·阿普尔.教育的"正确"之路——市场、标准、上帝和不平等(第二版)[M].黄忠敬,吴晋婷,译.上海:华东师范大学出版社,2008.
[80] 迈克尔·吉本斯,等.知识生产的新模式:当代社会科学与研究的动力学[M].陈洪捷,等,译.北京:北京大学出版社,2011.
[81] 迈克尔·桑德尔.金钱不能买什么:金钱与公正的正面交锋[M].邓正来,译.北京:中信出版社,2012.
[82] 米尔顿·弗里德曼.资本主义与自由[M].张瑞玉,译.北京:商务印书馆,2004.
[83] 米歇尔·福柯.规训与惩罚:监狱的诞生[M].刘北城,杨远婴,译,北京:生活·读书·新知三联书店,2007.
[84] 尼科·斯特尔.知识社会[M].殷晓蓉,译.上海:上海译文出版社,1998.
[85] 潘懋元.多学科观点的高等教育研究[M].上海:上海教育出版社,2001.
[86] 裴娣娜.教育研究方法导论[M].合肥:安徽教育出版社,1995.
[87] 齐格蒙特·鲍曼,蒂姆·梅.社会学之思(第二版)[M].李康,译.北京:社会科学文献出版社,2010.
[88] 齐格蒙特·鲍曼.流动的现代性[M].欧阳景根,译.上海:上海三联书店,2002.
[89] 钱理群,高远东.中国大学的问题与改革[M].天津:天津人民出版社,2003.
[90] 乔治·里泽.麦当劳梦魇:社会的麦当劳化[M].容冰,译.北京:中信出版社,2006.
[91] 让-弗朗索瓦·利奥塔尔.后现代状态:关于知识的报告[M].车槿山,译.南京:南京大学出版社,2011.

［92］史蒂夫·富勒.智识生活社会学[M].焦小婷,译.北京：北京大学出版社,2011.

［93］斯蒂芬·J·鲍尔.教育改革——批判和后结构主义的视角[M].侯定凯,译.上海：华东师范大学出版社,2003.

［94］斯科特·拉什,约翰·厄里.组织化资本主义的终结[M].征庚圣,袁志田,等,译.南京：江苏人民出版社,2001.

［95］斯坦利·阿罗诺维兹.知识工厂——废除企业型大学并创建真正的高等教育[M].周敬敬,郑跃平,译.北京：高等教育出版社,2012.

［96］索尔斯坦·凡勃伦.学与商的博弈：论美国高等教育[M].惠圣,译.上海：上海人民出版社,2009.

［97］唐纳德·肯尼迪.学术责任[M].阎凤桥,等,译.北京：新华出版社,2002.

［98］童世骏.批判与实践：论哈贝马斯的批判理论[M].北京：生活·读书·新知三联书店,2007.

［99］王逢振.疆界2——国际文学与文化·A[M].北京：人民文学出版社,2003.

［100］王逢振.美国大学批判[M].天津：天津人民出版社,2004.

［101］王建华.第三部门视野中的现代大学制度[M].广州：广东高等教育出版社,2008.

［102］王建华.我们时代的大学转型[M].北京：教育科学出版社,2012.

［103］王绍光.波兰尼《大转型》与中国的大转型[M].北京：生活·读书·新知三联书店,2012.

［104］王雁.创业型大学：美国研究型大学模式变革的研究[M].上海：同济大学出版社,2011.

［105］温正胞.大学创业与创业型大学的兴起[M].杭州：浙江大学出版社,2011.

［106］乌尔里希·贝克,安东尼·吉登斯,斯科特·拉什.自反性现代化——现代社会秩序中的政治、传统与美学[M].赵文书,译.北京：商务印书馆,2001.

［107］邬志辉.教育全球化——中国的视点与问题[M].上海：华东师范大学出版社,2004.

［108］吴国盛.什么是科学[M].广州：广东人民出版社,2016.

［109］西蒙·马金森,马克·康西丹.澳大利亚企业型大学的权力结构、管理模式与再创造方式[M].周心红,译.杭州：浙江大学出版社,2007.

［110］希拉·斯劳特,拉里·莱斯利.学术资本主义：政治、政策和创业型大学[M].梁骁,黎丽,译.北京：北京大学出版社,2008.

［111］徐辉.高等教育发展的新阶段——论大学与工业的关系[M].杭州：杭州大学出版社,1990.

［112］许宝强,渠敬东.反市场的资本主义[M].北京：中央编译出版社,2001.

［113］阎光才.识读大学——组织文化的视角[M].北京：教育科学出版社,2002.

［114］阎光才.美国的学术体制：历史、结构与运行特征[M].北京：教育科学出版社,2011.

［115］杨东平.大学二十讲[M].天津：天津人民出版社,2009.

［116］叶隽.大学的精神尺度[M].福州：福建教育出版社,2011.

［117］易高峰.崛起中的创业型大学：基于研究型大学模式变革的视角[M].上海：上海交通大学出版社,2011.

［118］约翰·S·布鲁贝克.高等教育哲学[M].王承绪,等,译.杭州：浙江教育出版社,2001.

［119］约翰·亨利·纽曼.大学的理想（节本）[M].徐辉,顾建新,何曙荣,译.杭州：浙江教育出版社,2001.

[120] 约翰·齐曼.真科学:它是什么,它指什么[M].曾国屏,匡辉,张成岗,译.上海:上海科技教育出版社,2008.
[121] 张才国.新自由主义意识形态[M].北京:中央编译出版社,2007.
[122] 张荆,等.高校教师收入分配与激励机制改革研究[M].北京:社会科学文献出版社,2014.
[123] 张铁明.教育产业论——教育与经济增长关系的新视角(第二版)[M].广州:广东高等教育出版社,2002.
[124] 张应强.在计划与市场之间:我国高等教育治理转型和治理体系建设[M].武汉:华中科技大学出版社,2020.
[125] 郑也夫.代价论:一个社会学的新视角[M].北京:生活·读书·新知三联书店,1995.
[126] 中国社会科学院语言研究所词典编辑室.现代汉语词典(第6版)[M].北京:商务印书馆,2012.
[127] 中华人民共和国教育部科技发展中心,中国高校校办产业协会.2012年度中国高等学校校办产业统计报告[M].北京:北京理工大学出版社,2013.
[128] 中华人民共和国教育部科学技术司.2013年高等学校科技统计资料汇编[M].北京:高等教育出版社,2013.
[129] 中华人民共和国教育部科学技术司.2019年高等学校科技统计资料汇编[M].北京:高等教育出版社,2020.
[130] 周雪光.组织社会学十讲[M].北京:社会科学文献出版社,2003.
[131] 资中筠.感时忧世[M].桂林:广西师范大学出版社,2011.

〔论文类〕
[1] Gili S. Drori.大学品牌化的趋势和策略[J].国际高等教育,2013,(2).
[2] John P. Walsh,洪伟.美国大学技术转移体系概述[J].科学学研究,2011,(5).
[3] 阿列克斯·克里尼克斯,保罗·麦克内.新自由主义世界中的大学[J].周宏芬,译.马克思主义美学研究,2000,(1).
[4] 蔡辰梅,刘刚.论学术资本化及其边界[J].高等教育研究,2013,(9).
[5] 陈洪捷.论高深知识与高等教育[J].北京大学教育评论,2006,(4).
[6] 陈振明.评西方的"新公共管理"范式[J].中国社会科学,2000,(6).
[7] 程天君.改革教育改革——从作为政治—经济改革到作为社会—文化改革[J].湖南师范大学教育科学学报,2012,(2).
[8] 德里达,等.大学、人文学科与民主[J].读书,2001,(12).
[9] 房阳洋.美国大学学费将暴涨[J].比较教育研究,2003,(7).
[10] 顾远飞.市场化环境下的大学运行逻辑研究[D].武汉:华中科技大学,2010.
[11] 贺武华,方展画.公立学校"科层制批判"的反思与批判[J].浙江大学学报(人文社会科学版),2009,(4).
[12] 亨利·奥古斯特·罗兰.为纯科学呼吁[J].王丹红,译.科技导报,2005,(9).
[13] 亨利·吉鲁.超越新自由主义高等教育的边界:全球青年的抵抗和美英分裂[J].吴万伟,译.武汉科技大学学报(社会科学版),2012,(3).
[14] 加瑞思·威廉姆斯.高校企业化管理[J].李强,译.教育研究,2006,(5).
[15] 蒋凯,马万华,陈学飞.适应还是引领:社会变革中的大学——北京论坛(2007)教育分论

坛综述[J].北京大学教育评论,2008,(1).
[16] 蒋凯.知识商品化及其对高等教育公共性的侵蚀[J].北京大学教育评论,2014,(1).
[17] 金子元久.高等教育市场化:趋势、问题与前景[J].刘文君,钟周,译.清华大学教育研究,2006,(3).
[18] 卡洛斯·阿尔伯托·托里斯.新自由主义常识与全球性大学:高等教育中的知识商品化[J].许心,译.北京大学教育评论,2014,(1).
[19] 拉亚妮·奈杜,乔安娜·威廉斯.学生合约与学生消费者:学习的市场化与高等教育公共产品性质的侵蚀[J].许心,译.北京大学教育评论,2014,(1).
[20] 李琳琳.时不我待:中国大学教师学术工作的时间观研究[J].北京大学教育评论,2017,(1).
[21] 李琳琳,卢乃桂,黎万红.新公共管理理念对中国高等教育政策及学术工作的影响[J].高等教育研究,2012,(5).
[22] 李小科.澄清被混用的"新自由主义"——兼谈对 New Liberalism 和 Neo-Liberalism 的翻译[J].复旦学报(社会科学版),2006,(1).
[23] 刘振天.大学社会批判精神的源泉及当代境遇[J].北京大学教育评论,2003,(3).
[24] 卢乃桂,罗云.西方高等教育的企业化进路[J].高等教育研究,2005,(7).
[25] 卢威.高校管理机构"大部制"改革研究[D].天津:天津工业大学,2012.
[26] 卢威,周海涛.知识生产转型时代大学变革的共性趋势与本土反思[J].现代教育管理,2014,(8).
[27] 孟景舟.自由教育的实用性追问:从亚里士多德到纽曼[J].教育学术月刊,2013,(6).
[28] 孟丽菊,刘则渊.联盟还是殖民:大学与企业关系的双重视角[J].高等教育研究,2006,(3).
[29] 南佐民.《拜杜法案》与美国高校的科技商业化[J].比较教育研究,2004,(8).
[30] 陶美重."学生消费者"辨析[J].教育与经济,2013,(5).
[31] 王保星.美国大学教师职业忠诚的挑战——基于大学治理企业化视角[J].高校教育管理,2007,(1).
[32] 王佃利.美英澳三国新公共管理改革的新进展[J].中国行政管理,2004,(2).
[33] 王建华.高等教育的理想类型[J].高等教育研究,2010,(1).
[34] 王建华.学术—产业链与大学的公共性[J].高等教育研究,2012,(6).
[35] 王建华.我们需要什么样的大学[J].高等教育研究,2014,(2).
[36] 王英杰.大学学术权力和行政权力冲突解析——一个文化的视角[J].北京大学教育评论,2007,(1).
[37] 王英杰.大学文化传统的失落:学术资本主义与大学行政化的叠加作用[J].比较教育研究,2012,(1).
[38] 温明丽.高等教育企业化的危机与转机[J].教育学术月刊,2014,(4).
[39] 邬大光,林莉.教育服务:现代教育交流中的一种异化[J].教育研究,2005,(6).
[40] 西蒙·马金森.为什么高等教育市场不遵循经济学教科书[J].孙梦格,覃文珍,译.北京大学教育评论,2014,(1).
[41] 徐显明.大学理念论纲[J].中国社会科学,2010,(6):36—43.
[42] 亚伯拉罕·弗莱克斯纳.无用知识的有用性[J].陈养正,赵汐潮,编译.科学对社会的影

响,1999,(1).
[43] 阎凤桥.非营利性大学的营利行为及约束机制[J].北京大学教育评论,2005,(2).
[44] 阎光才."要么发表要么出局":研究型大学内部的潜规则?[J].比较教育研究,2009,(2).
[45] 阎光才.于危机中重思高等教育的公共性[J].大学(学术版),2009,(12).
[46] 阎光才.我国学术职业环境的现状与问题分析[J].高等教育研究,2011,(11).
[47] 阎光才.谁的大学?最后的教授?[J].读书,2013,(11).
[48] 杨庆霞.英国:大学学费陷入混乱,联合政府被批改革"失控"[J].比较教育研究,2011,(7).
[49] 杨义萍.撒切尔政府的教育改革政策[J].欧洲研究,1990,(3).
[50] 展立新,陈学飞.理性的视角:走出高等教育"适应论"的历史误区[J].北京大学教育评论,2013,(1).
[51] 张楚廷.教育就是教育[J].高等教育研究,2009,(11).
[52] 张静宁.美国本科教育中的"教学资本主义"述评[J].现代大学教育,2013,(5).
[53] 张静宁."学术资本主义"与英美大学教师学术身份的变迁[J].教育科学,2014,(2).
[54] 张学文.大学理性失范:概念、表现及其根源[J].北京师范大学学报(社会科学版),2010,(6).
[55] 张银霞.新管理主义背景下西方学术职业群体的困境[J].高等教育研究,2012,(4).
[56] 张应强.新中国大学制度建设的艰难选择[J].清华大学教育研究,2012,(6).
[57] 中共中央关于全面深化改革若干重大问题的决定[J].求是,2013,(22).
[58] 周作宇.论高等教育中的经济主义倾向[J].北京师范大学学报(社会科学版),2008,(2).

〔其他〕

[1] 澳洲政府教育新政推高学费 学生或大批涌入新西兰高校?[EB/OL].[2014-07-07]. http://world.people.com.cn/n/2014/0701/c1002-25223874.html.
[2] 财政部教育部关于完善中央高校预算拨款制度的通知(财教〔2008〕232号)[Z].财政部办公厅,2008-10-10.
[3] 大学就像一家奇怪的公司混合了政府和企业的功能[N].新快报,2012-06-26(A6).
[4] 大学学费飙升12倍 学生身背巨额贷款只能靠救济生活[EB/OL].[2014-10-13]. http://news.sinovision.net/society/201410/00317327.htm.
[5] 冯杰,孙震.基础学科坐冷板凳 大学重商难出诺贝尔奖[N].中国青年报,2014-10-09(8).
[6] 郭莹.多地高校学费上涨北京仍稳定[N].京华时报,2014-08-08(9).
[7] 何艳霞.《拜杜法案》原则广为亚洲国家采纳[N].中国知识产权报,2009-07-08(4).
[8] 亨利·吉鲁,维多利亚·哈珀.新自由主义、民主与作为公共空间的大学——亨利·吉鲁采访记[EB/OL].吴万伟,译.(2014-04-25).http://www.21ccom.net/articles/sxwh/shsc/article_20140425105056.html.
[9] 华东师范大学国家教育宏观政策研究院.中国教育发展论坛2019"人口变动与教育资源配置"成果汇编[Z].上海:华东师范大学国家教育宏观政策研究院,2019.
[10] 季卫东.教育行政化催生了"指标人"和"申报学"[EB/OL].[2019-01-26].https://mp.weixin.qq.com/s/Bj8_8De1Xh6uE8GOYdSZSw.

[11] 姜朝晖. 高等教育国际化须警惕过度商业化[N]. 中国教育报,2014-04-16(2).
[12] 雷宇,黄伟. 湖北一独立学院对教师每月要打分,4次不合格被淘汰 大学教师企业化考评引发争议[N]. 中国青年报,2009-06-08.
[13] 李大庆. 用SCI论文考核高校:"巨型"失去优势[N]. 科技日报,2014-10-08(1).
[14] 李零. 大学改革,更要警惕企业化[N]. 文汇报,2014-08-15(12).
[15] 联合国大会. 经济、社会、文化权利国际公约[Z]. A/RES/2200(XXI),1967-01-12.
[16] 联合国大会. 世界人权宣言[EB/OL]. [2014-05-10]. http://daccess-dds-ny.un.org/doc/RESOLUTION/GEN/NR0/044/86/IMG/NR004486.pdf?OpenElement.
[17] 联合国教育、科学及文化组织. 从信息社会迈向知识社会[R]. 巴黎:联合国教育、科学及文化组织,2005.
[18] 罗涛. 当代西方大学知识产权经营[R]. 国务院发展研究中心调查研究报告,2003,(100).
[19] 梅刚,李玉波. 论文买卖市场是如何形成的[N]. 中国青年报,2013-09-23(11).
[20] 上海交通大学新闻中心. 任正非在上海交通大学、复旦大学、东南大学、南京大学座谈时的发言纪要[EB/OL]. (2020-08-29). https://news.sjtu.edu.cn/jdyw/20200829/129713.html.
[21] 孙芳华. 拜杜法案起草人做客国知局[N]. 2007-12-19(2).
[22] 外媒:德国所有大学免学费 促进年轻人继续深造[EB/OL]. (2014-09-23). http://world.cankaoxiaoxi.com/2014/0923/506183.shtml.
[23] 武洁. 大学办产业要有约束边界[N]. 工人日报,2014-02-07(5).
[24] 徐立凡. 去行政化不能滑向企业化[N]. 京华时报,2013-11-19(2).
[25] 英国名校教授疑因筹集研究资金压力大 自杀身亡[EB/OL]. (2014-12-05). http://www.chinanews.com/gj/2014/12-05/6850404.shtml.
[26] 尤里·梅德韦杰夫. "只有痛苦和伤心":著名俄裔学者谈俄罗斯科学[EB/OL]. (2013-06-28). http://tsrus.cn/keji/2013/06/28/25531.html.
[27] 元龙. 象牙塔精神不能丢[N]. 光明日报,2014-11-30(6).
[28] 张敏. 调查显示学费上涨使得英国学生倾向于出国留学[EB/OL]. (2014-04-25)[2014-07-07]. http://news.china.com.cn/world/2014-04/25/content_32208285.htm.
[29] 赵小娜. 澳高校学费居全球最高行列[EB/OL]. (2014-07-03)[2014-07-07]. http://news.xinhuanet.com/2014-07/03/c_1111449567.htm.
[30] 中华人民共和国科学技术进步法[Z]. 中华人民共和国全国人民代表大会常务委员会公报,2008,(1).
[31] 中华人民共和国驻悉尼总领馆经济商务室. 澳大利亚大学学费明年起很可能出现暴涨[EB/OL]. [2014-05-17]. http://sydney.mofcom.gov.cn/article/jmxw/201405/20140500590569.shtml.

外文参考文献
〔著作类〕
[1] Bauman Z. Legislators and Interpreters [M]. Cambridge:Polity Press,1987.
[2] Bok D. Universities in the Marketplace:The Commercialization of Higher Education [M]. Princeton:Princeton University Press,2003.

[3] Parsons T, Shils E. Toward a General Theory of Action [M]. Cambridge: Harvard University Press, 1951.

[4] Tight M. Researching Higher Education [M]. Buckingham: SRHE and Open University Press, 2009.

〔论文类〕

[1] Cohen M D, March J G, Olsen J P. A Garbage Can Model of Organizational Choice [J]. Administrative Science Quarterly, 1972,17(1).

[2] Dominelli L, Hoogvelt A. Globalization, contract government and the Taylorization of intellectual labor in academia [J]. Studies in Political Economy, 1996,(spring).

[3] Giroux H A. Neoliberalism, Corporate Culture, and the Promise of Higher Education: The University as a Democratic Public Sphere [J]. Harvard Educational Review, 2002,(4).

[4] Neave G. On the Cultivation of Quality, Efficiency and Enterprise: An Overview of Recent Trends in Higher Education in Western Europe, 1986 - 1988 [J]. European Journal of Education, 1988,(1/2).

[5] Scott P. The Changing Role of the University in the Production of New Knowledge [J]. Tertiary Education and Management, 1997,(1).

[6] Slaughter S. Professional Values and the Allure of the Market [J]. Academe, 2001,87(5).

[7] Teichler U. The Future of Higher Education and the Future of Higher Education Research [J]. Tertiary Education and Management, 2003,9(3).

〔其他类〕

[1] Elisabeth Pain. European scientists ask governments to boost basic research [EB/OL]. (2014 - 10 - 10). http://news.sciencemag.org/europe/2014/10/european-scientists-ask-governments-boost-basic-research.

[2] Robert Reich. The Destruction of Public Higher Education in America, and How the UK Can Avoid the Same Fate [EB/OL]. (2004 - 03 - 25). http://www.hepi.ac.uk/wp-content/uploads/2014/03/SecondAnnualHEPILectureRobertRiech2004.doc.